習近平

南京（公開）宣戰江澤民

新紀元周刊編輯部

目錄

習近平南京宣戰江澤民

第一章

江澤民小傳

一個漢奸、水貨、貪慾狂、姦夫、劊子手，堂而皇之統治中國 15 年。
（AFP）

　　1989 年 6 月，全中國人民永遠不會忘記的血腥日子裡，一個名不見經傳的人物，踏著愛國學生的血跡，被中共邪黨推到前台，成為中共第三代黨首，開始他禍亂中國 15 年的政治生涯。這就是被當今中國社會朝野各群體蔑視、嘲弄、甚至是追打的小丑江澤民。

　　當全世界一致譴責中共軍隊血洗天安門廣場、殘酷鎮壓學生和民眾之際，江澤民在中共 13 屆四中全會上，應劫坐上中共中央總書記之位，直到 2004 年 9 月中共 16 屆四中全會被迫辭去中共軍委主席職務止。15 年間，江澤民犯下無數罪惡。其中最大的兩件是，徹底顛覆中華道德文明以及殘酷迫害一億法輪大法修煉人。

　　前者，正像《真實的江澤民》一文中所指出的：「故義勝利者為治世，利勝義者為亂世」。這個亂世丑角，以他猥瑣的個性特點，以壞事做絕的方式讓中共最後埋葬著自己；他在社會中建立了披著現代外衣的奴役制度，以共同犯罪把官吏們緊緊捆綁在執政道德喪盡的腐敗中；截斷了深植在人們心中傳統文化的根，以致代代相傳維續香火的中華傳統文化幾近蕩然無存。

　　後者，正像《九評共產黨》所言，江澤民出於一己之私，利用共產黨固有的邪惡，在中國發動這場針對修煉「真、善、忍」的民眾的血腥迫害，對社會上這股向善的、對國家社會最有益無害的力量發起征討。這場迫害不僅把國家和人民拖入一場罪惡和災難，也最後從根本上打倒了共產黨自己。

　　那麼，江澤民到底是個什麼貨色？這個世紀小丑禍亂中國 15 年，究竟幹了些什麼？其對中國危害多麼巨大，影響多麼惡劣？完全可以由其掌權十數年、從同僚到下屬再到平民百姓，統統貶損有加，得不到任何人尊重而窺見一斑。這個被全民戲稱「三呆娭」的江三代，上至「胡中央」，下至街坊沒齒老太，無論關不關心政治都不屑於評價他，而只對其醜聞爛事感興趣。

一個漢奸、水貨、貪慾狂、姦夫、劊子手竟然堂而皇之統治中國 15 年，這不能不說是天朝的一大「奇蹟」。在這個傢伙即將被押上歷史審判台之際，本書匯集各方祕聞，據實還原這個中國第一丑角罪惡齷齪的一生。

第一節

真漢奸・江澤民不光彩的出身

江氏父子鐵定是日偽漢奸。

　　江澤民生父江世俊，任汪精衛偽政府行政院宣傳部副部長兼社論委員會主任委員，成為漢奸作家胡蘭成的一員大將。而江澤民本身所受日偽特工訓練，幫助他在日後逃過了國民政府的懲處和中共歷次政治運動的清查。

　　中國大陸有一位民間學者叫呂加平。呂加平 1941 年生於上海，曾在中共解放軍中服役，退役後在湖南邵陽祁劇院工作，是個無黨派人士、自由撰稿人、中國二戰史研究會會員、民間戰略研究學者。其父呂炳奎生前曾任江蘇省衛生廳廳長、中央衛生部中醫司司長等。因此按大陸人的說法，呂加平是個中共幹部子弟。

　　21 世紀初，呂加平在自己的學術研究中，偶然發現一個驚天祕密——當朝中共主席江澤民是個漢奸！這一驚非同小可，這位仍然寄希望於中共的黨外人士馬上開展調查，並在取得第一手證據後，越級上報時任中共中央總書記胡錦濤，意圖請胡為共產黨清除這個坐上最高位的「異己分子」。不料，他這下卻捅了馬蜂窩，也就此拉開了一齣離奇曲折的大鬧劇。

2009 年 12 月 1 日，呂加平拿著自己花了 10 天寫好的文章《關於江的「二奸二假」和政治詐騙問題與要求調查的呼籲》，走進自己居住的城市——湖南邵陽市公安局雙清分局國保大隊辦公室，將文章交給了該大隊的一位負責人，並說：「以前我寫過多篇揭露江的歷史問題和腐敗問題的文章，但都是零零碎碎的，這次我完整系統地寫了出來。這樣一個騙子、壞人、賣國賊，不僅當了中國共產黨的最高領袖，而且一當就是十多年，為所欲為地騎在黨和胡總書記的頭上當『太上皇』，甚至直到現在還在排斥胡而想插手 18 大接班人的人事安排，簡直是囂張狂妄、毫不收斂、不要臉到了極點。這篇文章我寫好後沒有給任何人看，更沒有寄發給別人和上網傳播。現在我委託你們通過組織系統，直接上交給公安和國安的領導，並呈送給胡錦濤、李長春、習近平、賀國強、周永康等黨和國家領導人，請他們過目審示，然後給一個明確的答覆。」

早在 2004 年 2 月 21 日，呂加平就在互聯網個人主頁上公布了《向中央領導和人大代表、政協委員反映我聽說的一些有關江澤民的事情和傳聞》（又稱《反映信》）一文，由於深知此舉之危險，該文還特意加了按語：「呂加平先生早已作好為反賣國、反腐敗、反專制而不惜犧牲個人一切⋯⋯」當時造成相當轟動。

江氏父子鐵定是日偽漢奸

　　中共喉舌「新華網」公布江澤民早年學生簡歷超級簡約：1943 年起參加地下黨領導的學生運動，1946 年 4 月加入中國共產黨。1947 年畢業於上海交通大學電機系。就這麼兩句話。至於上的哪所學校，在哪裡參加中共地下黨，任什麼職務，有什麼功績，一概詭祕的忽略不談。這對慣於吹噓黨首的黨媒來講，尤其蹊蹺。而且眾所周知，江本人是極好出風頭的，這不合其性格，因此其中必有隱情。那麼，真相是什麼呢？

　　據密級史料披露，江澤民生父江世俊 1938 年參加日偽漢奸組織「和平救國會」，南京淪陷後又供職於「南京臨時維持會」，為侵華日軍效力。1940 年 3 月，汪精衛偽政府在「行政院」下設立了宣傳部，江世俊被委以宣傳部副部長兼社論委員會主任委員，成為汪偽政府直屬報刊《中華日報》的主筆和當時最著名的漢奸作家胡蘭成的一員大將。

　　1945 年日本投降，胡蘭成逃到日本後還寫了一本小冊子《歷史的漩渦》，其中特別提到與之共事的江世俊，還有 1942 年曾攜江世俊到北平與偽自治政府洽談「和平救國文化共進大計」的往事。偽政府宣傳部的工作重點是加強對中國人的奴化教育，封殺一切關於日軍侵華和南京大屠殺的內容，嚴禁南京市民收聽「敵台」，對於日偽管轄地的報刊實施嚴格的管理和監視，其所屬報刊，在宣傳策略上和日軍保持一致。1941 年，日軍還把控制下的南京廣播電台移交給偽政府，並改名為中央廣播電台。江世俊在宣傳部的「出色」工作多次受到日本陸軍大本營的嘉獎。

　　父親是徹頭徹尾的漢奸無疑。兒子呢？江澤民這個汪偽高幹子弟並沒有像新華網造假簡歷所言 1943 年 17 歲在老家揚州高中畢業，「參加地下黨領導的學生運動」，而是靠其父的關係，到南京汪偽中央大學就讀。

據史料載，江澤民小學畢業後考不上揚州中學，只考進江都縣立初中。第二年，他憑藉著父親的關係轉入揚州中學。1942 年，江進入偽中央大學工學院電工系。1989 年 7 月幾經核對後複印的《南京中央大學（1940-1945）校友通訊錄》的第 42 頁上列有江澤民的名字，寫明他「42 年肄業」，即 1942 年江澤民是該校工學院電工系學生。

而當時的南京中央大學是日軍培養高級漢奸和實施皇民化教育的偽中央最高學府。1939 年 9 月侵華日軍在南京設立「大日本皇軍支那派遣軍」總司令部。1940 年起在南京、北平、上海、蘇州、杭州、武漢、廣州等七城市挑選忠於日軍的學生送到南京偽中央大學，對學生一律免收學雜費及住宿費，相當多專業的學生連吃飯也不要錢，此外還有多種獎學金、清寒補助金、工讀辦法等助學措施。

那份《校友通訊錄》修訂過三次，準確無誤。通訊錄上印有五線譜校歌，歌詞中的「干戈永戢，弦誦是崇」，即是江澤民上大學時所唱的「永遠放下武器，共頌皇道樂土」的歌頌日軍的校歌。

侵華日軍陸軍大將土肥原賢二的得力助手丁默村，是侵華日軍間諜頭目。丁默村早年加入過中共，1932 年轉去國民黨，1938 年潛入上海，在上海基斯菲爾路 76 號成立「特工總部」。丁默村、李士群分任正、副主任。李士群 1924 年加入中共，1927 年 4 月，受中共指派前往蘇聯接受「特工」訓練，1928 年底返回上海，在中共「特科」工作。1938年，李士群投靠侵華日軍。

丁默村授命重建偽中央大學之前，不想讓日軍辦的大學培養出抗日分子，因此安插「職業學生」特務摻雜其中，監視抗日思想和行為。為此丁創辦了偽中央大學青年幹部培訓班，從偽政府高級官員子弟中選拔幼苗，從小培養。

丁默村一共辦了四期青年幹訓班。江世俊深知唯有特工身分才能得到侵華日軍的信任與重用，所以力薦其子。於是江澤民參加了第四期培訓。幹訓班是以偽中央大學名義辦的，請有關專業教授及特工兼課，每期結業，直接送入偽中央大學。幹訓班成員在日軍投降後紛紛逃散。落入中共手中者，都成了保衛部門的業餘教員，定期給保衛幹部上課。

江澤民的漢奸身分被呂加平與一位住在北京通州的知情者陳某核實。江和李士群（或丁默村）合影的照片刊登在1949年後出版的一本揭露汪偽76號漢奸特務魔窟罪行的書中，呂加平曾看過這本書，也看到過書中這張照片，因當時並不知內情，所以只把它當作一般抗日書籍。陳某也看過這本書，而且知道這張照片有江及其漢奸背景。後來陳曾多方尋找這本書，但自江上台後這本書就在市面上突然消失，據說現在只有北京圖書館可能還有收存。於是呂、陳相約一起去北圖查找，查實後，再把江的這段漢奸歷史揭出來轉交給中共中央。

2003年10月，有人以題為《李士群江澤民合影》發文，公開呼籲知情人提供攝製於1942年6月的一張照片。有目擊者表示，李士群接見偽中央大學青年祕密幹訓班第四期成員，當時一共23人合影。第二排左五即為江澤民。這是江澤民漢奸特務出身的鐵證，也是他揮之不去的夢魘。而江澤民所受日偽特工訓練，幫助他在日後逃過了國民政府的懲處和中共歷次政治運動的清查。

江澤民難忘棉花坪

幾十年後，江澤民已成為中共黨首。他好出風頭的陋習讓所有人嗤之以鼻。然而，有一件事情卻讓身邊的隨從百思不解。

有一次，江要去井岡山朝拜，途中專門在江西永新縣停留了一天，並悄悄去了一個叫棉花坪的小村看了看。人們都很納悶，總書記為什麼光顧這個不為外界所知的偏僻小山村，當然也不知道他與這裡究竟有什麼不為人知的特殊關係。

原來，江曾在這裡住過半年，因為當時國民政府以漢奸罪追捕他。那時的江惶惶不可終日，於此落難。

1945 年 9 月 3 日日本戰敗投降，汪偽政府覆滅，漢奸高官江世俊受到國民政府通緝、逮捕和懲處。政府收復南京後即頒布《收復中等以上學校學生甄別辦法》，對日本侵華時期淪陷區裡公立院校專科以上的在校偽學生進行審查，甄別是否漢奸，一旦查實，即以投敵賣國漢奸罪逮捕法辦。同年 10 月，國民政府教育部把上海交通大學、重慶交通大學和南京中央大學三校合一，校址定在上海徐家匯的上海交大，並把南京中央大學、上海交大等六所院校列為日偽漢奸偽院校，對在校學生進行甄別。

江澤民因是汪偽高幹子弟，又就讀於漢奸大學並有漢奸嫌疑，遂成為國民政府追查懲辦的重點對象。江聞訊後極為驚恐，於是「三十六計走為上策」，匆匆逃離，隱名埋姓，東藏西躲。後來跑到江西省永新縣偏僻小村棉花坪躲了起來。因盤纏用盡、難以生存，即編造受難謊言，被一位好心農民收留，並讓他在自己家中躲藏了半年。

國民政府對這個漢奸高幹子弟並自有漢奸問題的江曾發出通緝令捉拿，而當時中共上海地下黨學委利用學生對國民政府甄審偽學生的不滿情緒，發動六所院校的學生成立上海學生聯合會，並在 1945 年 10 月至 1946 年 3 月的半年時間內，組織舉行了七次抗議遊行、八次請願、多次中外記者招待會。南京、北平等地被列為偽學校的學生在當地中共地下黨的鼓動下也相繼遊行抗議，要求國民政府取消甄審漢奸偽學生。立足未穩的國民政府在此壓力下終於同意取消甄審。

此時，躲避於江西的江得知這個消息，喜極而泣，便離開棉花坪。傳說他臨走時萬分感謝那位收留救助他躲過劫難的農民，並在這位農民的一本舊醫書上，寫下了如果以後他發達了一定會回來報答這家人之類的感恩之語，還簽下了自己的名字，以表示絕不食言。然後回到上海，進入與南京中央大學合併的上海交大繼續學業。他的這樁漢奸偽學生案，靠中共上海地下黨這種形式的幫助，就這樣僥倖逃脫，不了了之了。

誰想幾十年後，那個因躲避追查的漢奸江澤民，竟然陰差陽錯當上了中共黨首，哪個還敢問這件使他心驚膽戰的可怕往事呢？而江本人也並沒有敢堂而皇之的去向那位救命農民報恩，早已忘了曾經信誓旦旦。據說 1997 年時，那位農民的後人發現了那本有江留下感恩報答之言的舊醫書，就想辦法找到也是永新人的尉健行（時任中央紀委書記）之妻的一位親威，想通過尉去和江取得聯繫，圖其兌現報答諾言。但那位尉妻親威很可能知道江是因漢奸問題被國民黨通緝而來此避難的內情，生怕因此漏了江的這個見不得人的漢奸底細而招來麻煩和災禍，於是就把這位農民的後人給勸住了。

校慶風波：此校非彼校

南京大學百年校慶前，校方不知怎的查到了江澤民原是抗戰後期南京大學的學生，頓時喜出望外，原來當朝江總竟是南大校友！即向中央組織部彙報，希望好招搖的江總能前來南京參加母校百年大慶紀念活動，並能給母校題詞祝賀，校方也順便得到一些實惠。不料他們的邀請立即遭到中組部高層的制止，勒令他們不要再提此事，更不要請江出席南大校慶。

校方接此指示後不知其因，深感困惑，上下啞然。後來才知道，原來江當年讀的是被國民黨定性為漢奸偽大學的汪偽南京中央大學，而不是國民黨、共產黨辦的金陵大學和南京大學。更使人瞠目結舌的是，眼前的江總當時竟是一個被國民政府通緝捉拿而要予以嚴懲的漢奸偽學生！這樣的敵偽身分又怎能來出席南大百年校慶，將自己暴露於光天化日之下讓人所皆知呢？於是知趣而退、無奈作罷。不過，因此江的漢奸偽學生身分已經流傳甚廣。南大校方在上級指令下為了掩人耳目，堵人嘴巴，不再擴散江是日偽漢奸，而且在百年校慶後出的紀念文集中，專門刊登了江的一篇自述，讓其大肆吹噓自己在汪偽中央大學時，如何奔走南京街頭，參加示威遊行和衝入煙館賭場禁鴉片禁賭的「愛國」學生運動。

稍有歷史常識的人都知道，在當時中國的日本淪陷區城市和學校裡，任何中國學校的師生要想上街抗議示威、集會遊行，舉行反對和打倒日偽的抗日學生運動，必遭日偽當局逮捕關押、嚴刑拷打，甚至格殺勿論。但江把在南京日偽當局允許搞的對侵華殖民統治有利的禁煙禁賭活動，恬不知恥地標榜為愛國學生運動，把自己打扮成為「愛國者」，反而不打自招地供認了他為日偽效力的漢奸學生真面目。

呂加平踢爆了黨首江澤民竟是個漢奸的中共家醜後，遭到來自江和周永康把持的中共政法委的持續打壓，甚至將這位 70 高齡的老人無端判處 10 年徒刑，下獄折磨，不許保外就醫。這些醜行激起海內外輿論的一致譴責。

民間學者呂加平踢爆了黨首江澤民竟是個漢奸的中共家醜後，遭到來自江和周永康把持的中共政法委的持續打壓，被判處 10 年徒刑，下獄折磨，不許保外就醫。（呂加平提供）

第二節

假黨員‧
江澤民不是共產黨員的鐵證

　　篡政多年的中共第三代黨首江澤民，竟被發現根本不是中共黨員。呂加平在 2009 年 12 月 5 日寫的《二奸二假》一文中揭露江是假中共黨員的問題。文中指出，2002 年 11 月中共 16 大結束後，大會公報在介紹江的履歷時說他 1946 年入黨；2003 年 3 月第十屆全國人大公報說得更是具體：他 1946 年 4 月入的黨。

　　呂加平說，這兩個公報文件漏洞百出，難以成立。因為當時這個日偽漢奸高幹子弟是國民黨政府通輯追查的漢奸學生。江不可能在 1946 年 4 月剛從江西逃避政府通緝回來、從南京偽中央大學生轉上海交通大學時加入中共上海地下黨。可以肯定的說，他從來就沒有加入過中共，所謂 1946 年 4 月加入中共地下黨之說是假的，是偽造騙人的。

　　2010 年 7 月 29 日，呂加平外出旅遊回來後，有機會進一步接觸到了當時江的假地下中共黨員的材料，所以又寫了《關於江假中共地下黨員問題的新證據》。

他披露說：「江是一個貨真價實的假中共地下黨員，在 1949 年前他從來沒有入過黨，有人證物證。知情的共五個人。當時中共南京地下黨市委書記陳修良、上海市委地下黨的一個負責人賀崇寅、上海交大當時的地下黨支部書記吳增亮、賀崇寅的夫人及揭發的一位老幹部，他們互相碰面核實，證實江澤民根本沒有入過黨，這個假黨員是昭然若揭的。」

現在關於江的假中共地下黨員問題，又有了知情者披露出了更加確鑿詳實、更有說服力的新證據：

呂說，7 月 30 日收到上海一位名叫胡鎖明的軍隊離休老幹部 7 月 26 日發來的信，胡在信中自我介紹說，他生於 1925 年，1942 年 17 歲時在中學加入了中共上海地下黨，同年考入上海交通大學機械系，於抗戰勝利後的 1946 年畢業，1951 年從地方調到解放軍總參三部工作，一直到 1985 年離休回到老家上海定居於部隊幹休所。

85 歲高齡的胡鎖明在信中說，他看到了呂寫的《二奸二假》一文後對江不勝憤怒，但他認為呂對於江是假中共地下黨員一事的揭露，理由還不夠充分，他另有證明江 1946 年不論在南京偽中央大學還是轉學上海交大後都根本沒有加入中共地下黨的更詳實證據。他希望能夠盡快同呂加平取得聯繫，要呂打電話或寫信給他，好把這些證據的事實真相如實告訴呂加平。

呂加平當晚就給他打了電話。電話中胡鎖明詳細介紹了他知道的關於江是假中共地下黨員的一些情況。

三頭對案

　　胡鎖明說，江澤民是在 1946 年隨南京偽中央大學合併到上海交大時轉學來滬的，在上海交大就讀機電系，而他讀的是機械系。江只比他小一歲，低一級，因此他和江是上海交大同校不同級也不同系的同期校友。因為級系不同，又因為在上海交大中共地下黨員組織活動時，他從來沒見過江參加的身影，也沒任何人向他說起過江的事情和江也是中共地下黨員的情況，所以他不知道、也從不認為江在 1949 年以前是中共地下黨員。

　　胡鎖明說，要搞清楚江在 1946 年時是不是中共地下黨員的問題，有三個人特別重要，因為他們最知道其中的內情真相。這三個人，一個是抗戰時期和抗戰勝利後擔任是中共南京地下黨市委書記的陳修良（女）；一個是從陳修良手中接收轉移到上海的南京地下黨員的上海地下黨市委的賀崇寅，而賀又是胡在中學入黨時的介紹人；第三位是上海交大地下黨負責人吳增亮，也就是胡在上海交大時的直接上級。胡與這三位認識，尤其與賀和吳的關係更是熟悉和密切，只是後來胡調到解放軍總參三部工作，因情報工作的原因，才在這三十多年間和他們很少聯繫，直到他離休回到上海後才又重新來往。

　　胡鎖明說，對江是不是 1946 年入黨的中共地下黨員問題，是 1989 年江靠那場流血鎮壓事件當上共黨的總書記後才提出來並引起他們質疑和關注的。當時胡鎖明離休回到上海已有數年，他覺得如果江是從南京轉到上海交大的中共地下黨員，或者江是在轉學到上海交大後在交大入的黨，那麼與江同校並也是中共地下黨員的他，而且又都在吳增亮掌管下，胡是應該知道江的，吳增亮和其他交大中共地下黨員也會告訴他。可是他對江在上海交大時也是中共黨員這件事卻一無所知，吳和其他黨員也從未向他說起過江是地下黨員的事。這使他感到非常詫異和不解。

於是胡就去問了兩個人：胡在上海交大時的地下黨上級、上海市政協副主任吳增亮，還有胡的入黨介紹人賀崇寅，並通過他們去問陳修良。結果答案如下：

陳修良說江澤民在南京上偽中央大學時沒有加入中共南京地下黨，她不知道她手下的黨組織中有江這個地下黨員；賀崇寅說他接收的南京來滬地下黨員中沒有江這個中共南京地下黨員；吳增亮也否認他的上海交大地下黨組織中有江這個地下黨員。人證俱在，真相大白！

胡鎖明向呂加平進一步介紹了歷史背景。他說，抗戰勝利後，在國民黨壓力下，中共南京地下黨一些在日偽部門、學校工作和學習的共產黨員處境困難，又因為南京偽中央大學要遷到上海與上海交大合併，因此他們紛紛轉移到上海或躲避，或遷移。於是時任中共南京地下黨市委書記的陳修良和市委領導與上海地下黨市委協商，經上級黨組織批准，決定將這些人的黨組織關係正式從南京轉到上海地下黨市委，由中共上海市委接管，這裡面就包括原在南京偽中央大學來滬的中共地下黨員，但由於種種原因，這次南京一些地下黨員由寧移滬工作一直沒有及時辦理，一直拖到 1947 年，陳修良才將他們的黨員組織關係轉交到上海市委手中，上海市委負責接收的就是賀崇寅。

在這些被移交給上海地下黨的人員中，陳修良回憶說，她不知道江是中共南京地下黨員，也正因為江在南京偽中央在學時不是地下黨員，所以在向上海市委的移交名單中並沒有江，她也不可能把一個不是地下黨員的人移交給中共上海市委；賀崇寅回憶說，他在 1946 年接手這些從南京轉來的中共黨員中沒有江這個人，所以他也就不可能將江作為南京地下黨員交給上海交大地下黨負責人吳增亮。而吳增亮更是表示，根本沒有從賀崇寅手中接收過江。他的上海交大地下黨組織中也沒有江的這個黨員，而江也從未向他要求過入黨，因此吳沒有吸收過江在交大入黨。

因為是不是中共地下黨員這件事，與他們三人都有著直接的關係且又事關重大，於是後來吳、賀、陳三人為這個問題專門聚到一起碰面核對，並得出了共同的結論：江在 1946 年不論在南京偽中央大學還是在上海交大，都不是中共地下黨員，而且一直到中共控制上海時他都沒有加入過中共地下黨。最後他們把這個結果告訴了胡鎖明，才使胡最終確認江的確不是中共地下黨員。

極盡所能的造假

中國人現在都說，見過不要臉的，沒見過這麼不要臉的。

江澤民為了「說明」自己的黨員身分，到處宣傳，說他是 1946 年從南京轉學上海交大後在交大入的黨，其入黨介紹人是也曾在南京偽中央大學讀書的中共地下黨員王嘉猷。對此胡鎖明揭露說，王嘉猷本人在南京偽中央大學時的入黨手續沒有辦好，不算正式的中共黨員。王後來也轉學來到上海交大，但由於他這時還不是中共正式黨員，所以陳修良並沒有把他不完整的黨組織關係轉交給賀崇寅。因此王沒有資格也沒有可能給江當入黨介紹人，吳增亮也從沒有接收過王嘉猷對江的入黨介紹，可見江澤民說王嘉猷在上海交大介紹他入黨的說法純屬捏造。胡鎖明說，當時上海市委和交大地下黨把與王相似情況的人稱為「袋袋戶口」，是指把手續不全的黨組織關係放在口袋裡而沒得到上海市委和交大地下黨認可的「半戶口戶」，而江則絕對是「沒有戶口」的非中共黨員。

江在當上總書記後，極力想「證明」自己1946年已加入中共，因此不惜把當時還不是中共正式黨員的王嘉猷拉出來說是他在上海交大的入黨介紹人，而且還無中生有地捏造賀崇寅也是他在上海交大的入黨介紹人。賀崇寅得知後，對江的這種卑鄙做法大感吃驚和氣憤，並力加駁斥，但因為這時江已經坐上中共第一把椅子，同時也擔心江小人會為掩蓋其假地下黨員的真相而加害於他們這些知情者，只好不從正面批駁闢謠，但還是寫文章委婉表示他沒有介紹過江入黨。雖然他們三人曾和江有一定來往，但為了避嫌避害，他們從此斷絕了與江的往來。

胡鎖明說，現在陳修良和賀崇寅已相繼去世，但賀的妻子還健在。賀去世後胡又專門到賀家找了賀妻，再次詢問江的假地下黨員問題。賀妻說，丈夫生前多次對她講過，江在中共建政前並沒有加入過中共地下黨，他也根本沒介紹過江入黨，江的中共地下黨員身分是假的。

這次讀到呂加平揭江「二奸二假」和政治詐騙的材料，胡鎖明希望立刻把這些他所知道的向中共黨中央、胡總書記和中共相關報告，並公布於眾，讓人人都知道這個事實真相，以使中共中央和有關部門立即著手對江進行調查。胡表示，如果中共中央和組織上真的對江進行調查，他將提供一切自己知道的江的假地下黨員的情況和線索。

據胡鎖明說，當時上海交大地下黨的負責人吳增亮好像還健在，江是不是從南京轉來的地下黨員或有沒有在上海交大入黨，他最清楚，也最有發言權。不過已經許久沒有和他聯繫。胡鎖明把吳增亮的地址、電話告訴了呂加平。呂加平馬上給吳老打電話，但打了多次始終無人接聽。是不是搬了家或改了電話，或者發生別的什麼事情，就不得而知了。

胡鎖明說，當他確認江是一個不折不扣的非黨員、假黨員後，感到震驚和不解，他不知道共黨和國家政審部門是怎麼使江漏網並任他奪到最高權力的，也不知道江澤民用什麼妖法騙術騙過所有人並直線爬上中共黨、政、軍最高權位的。於是想揭露江，也就成了胡鎖明義不容辭的責任。

第三節

賣國賊．
江澤民奉送 40 個台灣給俄國

　　共產黨教義公開宣稱：無產者沒有祖國。意思很明白，奪來的就是我的，沒什麼愛不愛。包括金錢、女人、土地……因此，所謂愛國賣國，完全是為權力服務。這個概念，尤其被漢奸、俄奸江澤民玩得很熟。

蘇俄美女俘獲江澤民

　　民間學者呂加平在調查中發現，江不僅是個漢奸，還是個俄奸。後來，除了呂加平的研究，更多的史料也被解密。證據顯示，江澤民是個不折不扣的雙料賣國賊。

　　1945 年，蘇聯紅軍突襲東北，獲得日軍土肥原賢二的全部特工系統檔案，其中當然包括江澤民曾接受培訓的日偽青年幹訓班的文字及照片檔案。

　　江在中共建政後被派往蘇聯企業學習和工作。據國外有關情報部門披露，期間克格勃間諜機關專門派了一名叫克拉娃的蘇聯年輕女特工與他聯絡。江澤民貪戀女色，饑渴難耐，不知是計，便一頭栽進美女的懷抱。誰知濃情蜜意時，克拉娃在江耳邊輕聲說出他的日偽漢奸上司李士群的名字，嚇得江淫意頓失，六神無主，隨即就範，被迫加入克格勃遠東局，受命收集中共留蘇學生及中國大陸情報。作為交換，克格勃許諾不洩漏他的日偽漢奸歷史，在他回國前還可以與克拉娃風流快活，並甩給江一筆錢。

　　1991 年 5 月，江澤民主政後出訪蘇聯。中共官媒《人民日報》事後報導說，在江訪問原來工作的利加喬夫汽車製造廠時，見到當年和他在一起的職工，江不禁熱淚盈眶。實際上是「巧遇」了當年讓他拜倒在石榴裙下的色情間諜克拉娃。這個女人見到他媚叫：「親愛的江啊！」

　　此間蘇聯特工安排江與老情人舊夢重溫。1999 年 12 月 9 日和 10 日，中國人遭遇了當代史上最恥辱的日子。江澤民與來訪的俄羅斯總統葉利欽簽署了《中俄國界線東西兩段的敘述議定書》，無償割讓中國領土約 150 萬平方公里。相當於東北三省面積的總和，或約 40 個台灣；與當下中共和菲律賓不依不饒相爭的漲潮時露出水面不超過 20 平方米的黃岩島比，江贈送給俄國的中國國土相當幾百億個黃岩島！

　　世界上沒有任何一個國家的領導人如此慷慨的贈送本國領土給外國，哪怕一個彈丸小國，哪怕一塊巴掌大的地方。江的惡行招致朝野上下萬分義憤與萬分不解。這種不合情理的做法，後來在其「二奸二假」的身分暴露後才得出答案。江澤民這個克格勃遠東局特務，自知身分一旦暴露，就會立刻下台，甚至死無葬身之地。他當然心知肚明，毫無國家民族意識的江急於做成這筆交易以求自保。

江澤民簽署了賣國條約，生米煮成熟飯，共產黨也怕公開條約詳情導致共黨垮台。這便是中共內部後來了解情況後，也不肯追究江澤民責任的原因。

永遠不能原諒這個奸細

據維基百科披露：1999 年 12 月 9 日，江澤民和葉利欽簽訂的《關於中俄國界線東西兩段的敘述議定書》，成為中俄邊界的法律文件，該文件完全承認了清政府與俄國間的一系列不平等條約，它使中國永遠喪失了 150 萬平方公里的土地。這些土地是列寧曾三次發表政府聲明要歸還給中國。而江卻在所謂保障北方安全和與俄建立戰略協作夥伴關係的名義下，把黑龍江和額爾古納河對岸及烏蘇里江以東本屬於中國領土主權，以法律條約形式拱手相讓、白白奉送給了俄羅斯。

此事實完全可以證明江不僅是一個賣身投靠日偽並在抗戰勝利後受到國民黨當局通緝的漢奸，而且還是一個打入中共黨政軍最高核心領導層內部、出賣國家領土主權和大宗國家利益的蘇俄奸細，其榮膺「二奸」之「美譽」當之無愧。

江簽署的中俄《議定書》不僅徹底否定了清朝康熙年間中國官兵浴血奮戰換來的中俄邊界平等條約——《尼布楚條約》，還承認了滿清與俄國簽訂的不平等的《璦琿條約》、《北京條約》等。出賣了外興安嶺以南、黑龍江以北的「外興地區」，烏蘇里江以東的「烏東地區」，並且將大片當年被沙俄強占的領土永久性地劃歸俄國，其中包括 1953 年聯合國大會表決裁定為中國領土的唐努烏梁海地區（約 17 萬平方公里，相當於貴州省面積），還包括連不平等的《璦琿條約》都承認是中國領土的江東六十四屯（3600 平方公里，相當於香港面積的三倍多），和自金代開始即歸中國管轄、《尼布楚條約》中明確劃歸中國的庫頁島（7.64 萬平方公里，相當於兩個台灣）。

江澤民從 13 億中國人每人手中奪走一畝肥沃的可耕地送給了俄國，把永遠的傷痛和屈辱留在了中國人的心中，並且斷了中華民族生存發展的後路。

蘇俄政權剛建立時，脆弱不堪一擊，隨時都有被西方強國消滅的危險。列寧為拉攏中國共同抵抗蘇聯的敵人，一度提出要歸還這些領土。

列寧在 1919 年發表對華宣言稱：「凡從前俄羅斯帝國政府時代，在中國滿洲以及別處，用侵略的手段而取得的土地，一律放棄。」1920 年 9 月 27 日，前蘇聯政府又宣布：「以前俄國歷屆政府同中國訂立的一切條約全部無效，放棄以前奪取中國的一切領土和中國境內的一切俄國租界，並將沙皇政府和俄國資產階級殘暴地從中國奪取的一切，都無償地永久地歸還中國。」（見《俄羅斯蘇維埃聯邦社會主義共和國政府對中國政府的宣言》）

史達林掌權後，否認「對華宣言」，並將簽署此宣言的外交人民委員部副部長列文‧卡拉罕作為「叛國犯」槍決。

江澤民割讓的大片國土都是極其肥沃的土地。有人形象地比喻說，那裡的土「攥一把都流油」。中國人的祖先留下的這片遼闊土地，不僅覆蓋著大片原始森林，而且蘊藏豐量的礦產和石油，是未來中華民族騰飛和發展最寶貴的生存資源。

　　在中國現今 960 萬平方公里的國土上，荒漠化約占國土總面積的 33％，嚴重水土流失的國土約占 38％，剩下的生存條件較好的國土只占國土總面積的不到三分之一！中華民族的人口重心已經從中原退向東南沿海一弧、沿長江一線，背後已是大海。人口還在繼續增加，耕地還在繼續減少，環境還在繼續破壞。中國國土對人口的承載力已逼近極限。江澤民出賣的這片遼闊富饒的土地本來是中國未來生存和發展的希望，實際上江澤民已經把中華民族的後路斬斷，把炎黃子孫逼入了絕境！

　　難怪中共公安傳訊呂加平大兒子大林時，一位警察說：「你父親可以寫這些（反江）文章，可以把文章向中央報告，但不能上網公布，因為這是家醜，家醜不能外揚，影響不好。」

第四節

貪腐・江澤民「悶聲」發大財

「人類社會發展的歷史告訴我們，貪污腐敗現象是社會穩定、發展與進步的阻礙因素。它們破壞社會政治體制的正常運轉和國家政策的實施，擾亂社會秩序和資源的合理分配，破壞社會公平和正義的原則，侵蝕社會道德和人們的精神世界。所以，要維護社會的穩定，促進社會的發展和進步，就必須堅持進行反對貪污腐敗的鬥爭。」

請不要驚訝，這不是哪位正人君子的演講，這是時任中共中央總書記江澤民 1995 年 10 月 6 日在「第七屆國際反貪污大會」開幕式上的講話原文，由黨媒新華社播發。

旅美經濟學家何清漣在其被業界稱為當代中國小百科全書的《中國現代化的陷阱》修訂本前言裡，引述了一名深圳官員的話說：「我們沒辦法，身在衙門，不由自主。一個社會如果十個人中有七個做賊，剩下的三個也得跟著做，要不然你就會被真賊當做賊來抓，因為你不貪污腐敗，別的人心裡就不踏實。」

那麼，中共官場舉世聞名的貪腐風是怎樣颳起來的呢？除了共產極權制度的根本因素之外，可以說，中共黨首江澤民就是始作俑者和黑旗手。

2000 年 10 月 27 日，香港記者張寶華在中南海問江澤民關於董建華在 2002 年香港特首選舉中是否已經「欽定」，江澤民怒而譏諷香港記者簡單、幼稚，並不失時機的「教導」他們：「中國人有一句話叫『悶聲大發財』，我就什麼話也不用說了，這是最好的……」

江澤民撈錢的貓路

美國「卡內基國際和平基金會」列舉的數據顯示，自 1990 年以來，中共官員貪污腐敗，每年造成的直接經濟損失大約在 9875 億到 1 兆 2570 億之間。這其中，江澤民首當其衝。

2007 年中共 17 大前夕，中共財政部長金人慶突然下台，有人傳因其中了台灣女特工的美人計，洩露了機密；但另有消息指，這與金人慶和江澤民前些年合謀把國庫的錢轉到國外有關，當時胡溫正在徹查近 1000 億人民幣去向問題。當時未經朱鎔基批准，是江直接從金人慶那裡劃錢出去的。

據《中國事務》披露：江澤民在瑞士銀行的祕密帳戶上存有 3 億 5 千萬美元；江還在印尼的峇里島有一棟豪宅，據悉是由中共前外長唐家璇於上世紀 90 年代花 1000 萬美金替江購買的。

前中國銀行香港總裁劉金寶 2005 年因貪污罪被判死緩。香港《開放》雜誌披露，國際結算銀行 2002 年 12 月發現一筆 20

多億美金的巨額中國外流資金無人認領。之後劉金寶在獄中爆料，這筆錢是江澤民在 16 大前夕，為自己準備後路而轉移出去的。劉金寶還曾擔任中國銀行上海分行行長。

江家幫涉案的不歸路

2003 年 6 月下旬，中共中央政治局討論審議由中紀委、監察部提交的「關於黨政幹部和家庭公開公布經濟收入，擁有資產、資金的提案」，議案後來在政治局常委會上表決：結果四票贊成，二票反對，三票棄權。投反對票的二人為黃菊和賈慶林；投棄權票的三人為吳邦國、曾慶紅、李長春。於是關於中共幹部公開財產案第五度被擱置了。而五分之四的分母當時均隸屬江家幫。

在江澤民任中共總書記 13 年和通過政變留任兩年軍委主席期間，中共官場空前糜爛，從上至下吸金成風，官位越大越貪腐。其中有幾大名案。

■王雪冰案

據萬維網 2002 年 6 月載文：中共建設銀行行長王雪冰涉嫌「貪污」10 億元人民幣，被美國政府從紐約中國銀行揭露幾個月後，共產高檢院已對王雪冰正式立案。

據透露，王雪冰是江澤民的密友，江每年過年都會在家中設宴邀請約 20 個知已聚會，王雪冰夫婦必然到座。獲王雪冰違規貸款的許多人都與江澤民關係密切。現已證實，1991 年到 1999 年王雪冰主管過的紐約中國銀行違規貸款中，主要被告客戶周強和劉平夫婦，是以 NBM 公司和揚美公司名義舉貸的，涉及到江蘇省五礦進出口公司和揚州經濟開發總公司。揚美公司裡，揚州市政府的揚州經濟開發總公司持股股 70％，另 30％的股份則是揚美總裁周強的妻子劉平個人所有。周、劉二人從紐約中行取得大量貸款、不斷增加信用額度，並在貸款到期後一再延期，其所依據的，主要是各類假造或不實抵押物。更令人匪夷所思的是，該二人從紐約中行貸款後，又經由其他公司將款項轉存至香港廣東省銀行和寶生銀行，詐稱該存款為黃金買賣收入，並以之為抵押，再度進行貸款。

萬維報導，揚州在中國只是一個小城市，而該市的一家不起眼的空頭公司居然能得到在美國的中國銀行特殊規格的違規關照，周強、劉平夫婦顯然在揚州大有來頭。如果人們聯繫到江澤民家族在揚州的影響，聯繫到江的侄兒邰展欠揚州工商銀行 1150 萬人民幣，邰因炒地產失敗無法償，偽造文書被告上法院，法院竟宣布停止調查和審訊，以及周、劉二人憑江澤民座上客身分進出紐約中行那趾高氣揚的架式，就不難發現，王雪冰貪污案後面江澤民的影子。

上下事例一對照，讀者就不難聯想到，香港中行劉金寶 20 億無名錢和紐約中行王雪冰牽出的貪腐案，都與江澤民利用海外銀行洗錢中飽私囊有關。

■招沽權證案

2012 年 4 月 16 日，中共中央機關刊物《求是》發表了溫家寶文章，稱「要強化問責，對於工作不力、發生重大案件和對腐敗案件查處不及時的部門、地方，要按有關規定嚴格追究責任」。與此同時，有消息稱，中紀委正在追查一個與江澤民、江綿恆、江澤民姨外甥吳志明等關係密切的金融貪污大案——招沽權證案，此案案發於 2007 年，被掩蓋了五年，是中國證券市場驚爆金融史上第一大醜聞，涉案金額高達 1.2 萬億人民幣。

2007 年 17 大前，中共統戰部在海外以《通了「海」的海歸美女》一文，報導了這一中共證券市場有史以來第一大醜聞黑幕。

該案主要涉及上海證券交易所高管劉嘯東。劉嘯東是江澤民長子江綿恆在美國時的好友，劉妻、海歸美女劉敏又是江澤民姨外甥吳志明的情人，劉嘯東夫妻自然成了替江家撈錢的代理人。招沽權證案 1.2 萬億涉案金額，使 50 多萬中國大陸股民傾家蕩產、血本無歸，直接損失 228 億元人民幣，間接損失 500 多億元人民幣。

因中共高層的討價還價，此案 2008 年之後一度被擱置。中紀委現在翻出舊案，矛頭直指江澤民。

■王維工案

另據《大紀元》2009 年 4 月報導，上海公安局系統一位劉姓副局長祕密披露，中共中央雙規黃菊的大祕書王維工時，王的妻子和子女卻成功離開上海，回到擁有永久居留權的澳洲悉尼。其實當時王妻已在上海市公安局掌握之中，王妻的護照號碼等都在公安檔案裡，並已對其實行了邊控（控制出境的限制），按大陸最基本的辦案程式，因丈夫涉重大案件，她此時不可以離境。

這位再三叮囑不要暴露其姓名的上海市公安局副局長透露，王維工被雙規後，其妻已在監控中，但由於一個神祕電話，不但對其妻解除了監控，並取消了邊控。原來，神祕電話來自江澤民的大祕書。事情反映到北京後，江很關注。江大祕後來專門到上海市委做過一次說明。他說，江認為，共產黨從來不搞株連，王被雙規是罪有應得，沒有理由監控他的妻子，不能開這個先例。

由於江祕直接抬出了江，北京沒有繼續追問。知情人士認為，江澤民整陳希同時，正是用株連方式迫陳希同認罪，而下台後，卻突然跳出來保護一個貪污犯的老婆，還美其名曰不株連。其司馬昭之心，路人皆知。

這位知情者透露，江澤民一直堅決反對公布財產的陽光法案。其實更擔心自己貪污腐敗的子女貪腐的資產因此曝光。

另據公安局刑警大隊一位分隊長講，江澤民下令讓王維工老婆出境是有交換條件的，條件就是王維工「知道說什麼和不說什麼」。他說，這一點從王維工目前的受審情況可以看出來：王知道妻子和子女在澳洲，就一副心平氣和的樣子，至今沒有透露任何涉及江澤民家族的事情。

江澤民之子斂財的鼠路

2012 年 5 月，《紐約時報》在《中國的「太子黨」們靠裙帶關係致富》一文中提到：好萊塢夢工廠沒有張揚的是它最新、也是最重要的合作夥伴：61 歲的江綿恆，他是中國過去 20 年來最有權力的政治首腦江澤民的兒子。

江綿恆的商業集團還和微軟、諾基亞成立了合資公司，並監督電信、半導體和地產項目等國家支持的一系列投資平台。

在今日中國，如夢工廠這般要通過江綿恆這種中間人才能達成交易幾乎是理所當然的。分析家們說這正是中共如何分贓的方式，讓高級領導人的親屬在經濟繁榮中中飽私囊。江澤民之子江綿恆，是上海一好萊塢工作室夢工廠最新、也是最重要的合作夥伴。

江澤民手握中共黨政軍大權後，讓大兒子江綿恆趕快「悶聲大發財」，江公子深得其父貪慾真傳，也很快贏得「中國第一貪」的頭銜。

1994 年，上海市經委黃姓副主任策劃創辦了上海聯合投資公司，公司剛運作了 3 個月，黃卻突然被調回市經委。原來，沒人認識的江公子綿恆看中了「上聯」，遂「貸款」幾百萬人民幣買下市值上億的「上聯」，並自任董事長兼總經理。「上聯」就這樣被江綿恆搶去，黃副主任就此消失，連名字都沒人記得。

表面上「上聯」是國企，但實際等於江綿恆私產。江綿恆以上聯為個人事業的旗艦，坐鎮上海。繼續涉足各重要經濟領域，令很多國企先後落入江家私囊。到 2001 年，上聯和上聯控股的公司已有十餘家，如上海信息網路、上海有線網路、中國網通等。業務相當廣泛，如電纜、電子出版、光碟生產、電子商務的全寬頻網路等。由於他是江澤民的兒子，所以要錢有錢，要權有權，做生意包賺不賠，海外華裔和西方商人包括雅虎掌門人楊致遠等紛紛上門拜訪或投靠，幾年時間江綿恆已建立起他的龐大電信王國。

江綿恆胃口大得不行，董事頭銜多得數不清，甚至上海過江隧道、上海地鐵董事會他也有份。有商人在飛機上看到空中雜誌中刊登的上航董事會照片，江綿恆赫然其中。江綿恆儼然成了上海灘的大哥大。

然而，中共當今的規則是，錢一定要與權掛勾。於是 1999 年 12 月 2 日，和科學建樹毫無瓜葛的江綿恆被江澤民授意中共國務院任命為中國科學院副院長，擠進國家領導人行列。緊跟著，2001 年 5 月，香港舉行《財富論壇》，江代表有意帶了江二代出席，與國際要人和跨國公司富豪接軌。外國商人深諳中共官場潛規則，中國申奧成功第二天起，江綿恆就陸續與富豪們簽下大單，進而成為中共「官商一體」最高代表。

江綿恆是「網通」老闆，但前邊沒加中國二字，是個地區性公司，且早已讓江綿恆給折騰空了。忽一日他揚言要吞併「北方電信」，而以「網通」當時的狀況，收購「北方電信」完全是做白日夢。於是江公子上演了最早版的「我爸是李剛」——由江澤民親自下令中國電信必須一分為二，分為「北方電信」和「南方電信」，「北方電信」10個省固定資產送給「網通」。就此，爹甩給兒子一個大錢包：「中國網通」。

蹊蹺的是，拿到金荷包後，作為大陸四大電信商中最後一個沒上市的公司，「網通」的上市時間表卻一拖再拖，難道江公子不喜歡上市圈錢？難道他得到北方電信10個省固定資產後還是沒有資產？那麼錢哪兒去了？

2004年10月是規定上市最後期限。這段時間，江綿恆開始玩花活。他把網通三次整合，之後再統統撤銷。後來才知道，江在令人眼花的整合、撤銷把戲中，將國家電信資產都巧妙挪進自己荷包。江綿恆的親信、中國網通總裁張春江毫不隱諱的說：這一切就是「為了股票上市」。說白了就是先把官產掏空，再拿買「網通」股票人的錢繼續玩。

還有一件眾所周知的醜聞，2000年9月，江綿恆和台商王永慶的兒子宣布合辦宏力微電子公司，總投資64億美元。據王文洋透露，號稱合資，他一分錢沒出，全是江綿恆從銀行弄來的錢。藉著江老賊，這個江小賊大洗國庫，成了名符其實的「中國第一貪」。

大地產商周正毅號稱上海首富，2003年5月被查扣。據透露，調查周正毅官商勾結圈地問題時，已查到江澤民兩個兒子頭上。

調查人員查到緊鄰靜安區的普陀區時，發現江綿恆和普陀區政府在靜安區圈了一大塊地。而江綿恆和江綿康在上海都是免費圈地，不掏一分錢。江綿恆卻比周正毅還惡劣：周圈地還要給上海幫進貢，江大公子卻強遷住戶到遠郊，絕不按規定給予任何補償。

周正毅逃稅、操縱股票和不法貸款導致香港中銀總裁劉金寶被撤職。此案被稱為中共建政以來最大的金融詐騙疑案，調查結果直指江綿恆。劉金寶當初透過周正毅夫婦攀上江綿恆，才坐上了香港分行行長的寶座。作為回報，幾單巨額貸款經他手直接批給了江綿恆，其中就有成立那個假合資的宏力微電子公司時違規操作批出的十幾億貸款。外界分析，江綿恆貪腐所涉金額，絕對超出當年「上海幫」陳良宇等人，其數目之巨大，可謂怵目驚心。

新華網後來報導了周正毅被判決：處罰金人民幣 3300 萬元；以虛報註冊資本罪判處罰金人民幣 700 萬元，執行罰金人民幣 4000 萬元。因操縱證券交易價格罪判處有期徒刑兩年六個月；因虛報註冊資本罪判處有期徒刑一年，執行有期徒刑三年。

如此輕判讓輿論和民眾大跌眼鏡。周勾上江綿恆，使得判決「與眾不同」。

隨著江澤民日益失勢，2011 年 11 月 18 日，中共人力資源和社會保障部免除了江綿恆中國科學院副院長職務。中國網通也在 2009 年宣布與中國聯通合併。

江家貪腐天文數字 祕密帳戶藏海外

2014 年 5 月 7 日英國《金融時報》報導，6 日在巴黎舉行的歐洲財長會議上，瑞士同意簽署一項有關自動交換信息的全球新標準。瑞士的這一行為，預示著瑞士告別了幾百年來堅持保護銀行客戶隱私的做法。目前瑞士銀行總共管理著 2.2 萬億美元的離岸資產。

與瑞士一起簽署協議的還有至少 44 個國家，其中包括其他經合組織國家、G20 成員國以及開曼群島和澤西島等離岸中心。

據《中國事務》早前透露：「江澤民在瑞士銀行存有 3.5 億美元的祕密帳戶；在印尼的峇厘島買了一棟豪宅，1990 年就值 1000 萬美元，由前外長唐家璇替他辦理。」

據稱，原中行副董事長劉金寶獄中曾招供，設在瑞士、專門對口各國中央銀行的國際結算銀行在 2005 年 12 月發現一筆無人認領的 20 多億外流美元。這筆錢是江澤民在「16 大」召開前夕，為自己準備後路而轉移到國外去的黑金。

在江澤民當政時期，其子江綿恆在短短幾年就建立起龐大電信王國，同時還插手幾乎所有的上海大項目，成為上海的「大哥大」。

江澤民之子江綿恆一直被外界稱為「中國第一貪」，他牽涉中國近年多起最重大貪腐案——「周正毅案」、「劉金寶案」、「黃菊前祕書王維工案」、中國最大金融醜聞「上海招沽案」等，這些案件都涉及到天文數字的貪污受賄、侵吞公款。「路透社」曾曝光江澤民之孫江志成 2010 年成立博裕公司後，僅從投資日上、信達兩筆生意就大賺數億美元。

中共 5000 高官在瑞士銀行有帳戶

「維基解密」幾年前披露，中共高官在瑞士銀行大約有 5000

個帳戶，三分之二是中央級大員。從中共的副總理、銀行行長、部長到中央委員，幾乎人人都有一個帳戶。而且，在香港工作過的局一級的官員大部分也都有瑞士銀行帳戶。

據報導，2013 年中共國資委主任、原中石油董事長蔣潔敏落馬後，什麼都供出來了。

蔣潔敏執掌中石油時，利用收購海外油田、採購油田設備等專案，向中共前政治局常委、中共江派大員周永康家族輸送利益，令周氏家族通過海外公司賺取逾 100 億美元（逾 780 億港元），並將鉅款洗到瑞士銀行。

中共江派要員、政變主角薄熙來落馬後，日媒《朝日新聞》曾報導稱，中共當局調查結果確認，薄熙來夫妻向海外轉移了 60 億美元的非法收入。

2014 年 1 月，國際調查記者同盟（ICIJ）公布了中共高層家族離岸帳戶。

資料顯示，至少有五名現任與前任中共中央政治局常委的親屬在英屬維京群島和科克群島等離岸金融中心持有離岸公司。但外界發現蹊蹺的是，諸多高官太子黨捲入「離岸」醜聞，唯獨江系巨貪江澤民、曾慶紅和周永康家族等缺席。據悉，這是江派人馬江澤民、曾慶紅、周永康等對外選擇性放料的結果，折射當下中共高層內鬥已趨於白熱化。

隨著習江鬥的加劇，江系巨貪江澤民、周永康等家族在瑞士銀行的祕密帳戶或將曝光。

第五節

邪勁 ·
江澤民一意孤行迫害正信

1997 年鄧小平去世之後，江澤民感到「兒皇帝」熬到頭了，更是急於樹立自己的個人權威，放言「現在要好好坐一下」。按照中共的潛規則，權威無非就是軍勢權威與政治權威。

洪災練兵控軍權

1998 年中國長江流域遭遇一場水患，被江澤民利用為調兵控權的軍事機會。儘管大陸官媒統一口徑稱此次洪水為「百年一遇」的「特大洪水」，但許多水利專家們卻認為，這場洪水本身其實並不算「特大」。根據其最大洪峰流量，遠未達到 20 年一遇的洪水流量，應屬於「小洪水」，但卻意外釀成「高水位，重災情」。長達兩個多月之久的災難過去後，官方的內部統計證實：洪水受災人口近 4 億，死亡近 5000 人，直接經濟損失 3000 多億元。

究其原因，主要是和江澤民執意要「嚴防死守、拒不分洪」的決定有關。溫家寶與氣象、水文專家都主張在荊江分洪，但江澤民卻以中共軍委主席的身分發出命令，沿線部隊全部上堤，「軍民團結，死守決戰，奪取全勝」，否定了分洪方案。

雖然長江主幹堤紛紛決口，哀鴻遍野，但兩個多月的抗洪，江澤民藉機組織了自朝鮮戰爭以來最大的一次軍事行動，對於長江流域是中共軍隊渡江戰役以後的最大一次兵力調動。在這次軍隊「抗洪搶險」行動中，江澤民調集了廣州、濟南、南京、北京和瀋陽軍區，包括空軍、海軍、二炮、武警部隊以及解放軍沿江沿湖各大專院校，共計 10 多個集團軍、30 萬官兵。其中，114 名將軍、5000 多名師團級幹部聽從江澤民調度親臨長江大堤，總計出動官兵 700 萬人次，組織民兵和預備役人員 500 多萬人次，用兵總人數居然超過了中共建政之前的淮海、遼瀋、平津三次國共內戰解放軍人數的總和。

對於沒有摸過槍的江澤民，滿意地檢驗了軍隊不顧險情只聽命於自己。通過這次調兵，江澤民牢牢的控制了軍權，完成了軍事權威樹立。

群眾運動樹業績

接下來，江盤算的就是政治權威的樹立了。那時江的「三個代表」還未發表，江只有一個所謂的「三講」運動，就是要「講學習、講政治、講正氣」，但中共官場上上下下都是走過場，從 1995 年起，搞了兩年也沒弄出什麼名堂。模仿「文革」，江想用大規模的群眾鬥群眾的方式，即全國性的政治運動立下權威，更快捷有效。鎮壓法輪功成了江澤民意圖豎立政治權威的選擇。1999 年 7 月，江澤民發動了一場對法輪功信仰團體的非法鎮壓運動，這場運動已經超過了近 15 年，至今仍未平息。

法輪功也稱法輪大法，是以「真、善、忍」為指導的性命雙修的功法，按照宇宙演化原理而修煉。在眾多的健身功法中，法輪功的發展最快，在群眾中影響最大，從 1992 年 5 月由李洪志先生傳出後，到 1999 年的七年間，中國民間已有上億人習煉，就連中共體制內的大多數人也想不到江真敢對這樣上億的修煉群體大開殺戒。但是，透過江澤民「在某重要會議的談話要點」（以下簡稱「談話」）可以了解到江為什麼敢如此大膽妄為？

「談話」中說：「相比之下，其他氣功組織就不那麼容易解決，很可能在全國引起劇烈動蕩，甚至於製造暗殺、毒氣、爆炸等恐怖暴力活動，就會給我們的工作帶來相當大的難度，對社會穩定起破壞作用，起不到懲戒的效果，法輪功講『真、善、忍』我們的打擊工作就可以放手進行。以後利用打擊法輪功的經驗，可以有效的運用於其他氣功組織。」

另外，「談話」中還稱：「中央鑒於蘇聯社會主義制度消亡的歷史教訓，一直決心對各種反馬克思主義的思想、信仰和理論進行批判，奪回並鞏固無產階級的思想陣地，在意識形態領域進行一次消毒，法輪功鼓吹『真、善、忍』，給了我們動手『消毒』的機會。」

而江的最終賭注似乎寄託在暗殺法輪功創始人上，江澤民下令成立「特別行動小組」實施暗殺法輪功創始人的計畫，下令說：「要加強行動，設計多種方案」「保證刺殺行動萬無一失……」刺殺成功，則「許多問題會迎刃而解。」

　　即便如此，江澤民鎮壓法輪功，開始時，時任中共中央常委七人，除了江澤民本人，沒有一個支持的。但江澤民認為：六常委越是不支持鎮壓，就越要鎮壓，鎮壓是對六常委是否忠心於江的試金石。

妒嫉心驅使 江魔性大發

　　1999 年 4 月 25 日，由於天津市公安部門抓捕多名法輪功學員，加上多年來中共政法和宣傳部門一直在暗中騷擾法輪功（如禁止法輪功書籍出版等），上萬名法輪功學員只好到中南海附近的中央信訪局上訪，史稱「4・25」事件。

　　該事件由於法輪功學員的和平理性，也由於時任總理朱鎔基的妥善處理，僅一天時間即得到基本解決。但江澤民看到有上萬名法輪功學員寧願為法輪功上訪，內心就受不了了。更令他受不了的是，他看到上訪的人群中有幾十位肩上有軍銜的軍人，江曾震驚得大呼「動員能力之強，組織紀律之高，非常罕見！」另外，外電對此事件的讚賞，包括對朱鎔基的讚賞，對江澤民來說無疑是火上澆油。

　　江澤民如此生氣還有一個原因，就是喬石對法輪功的支持。喬石雖然在 15 大上退休，但是他把鄧小平指定胡錦濤為第四代領導核心的祕密，向全世界公開，等於宣布江澤民到 16 大就必須退休，而且只能傳位給胡錦濤。不管江如何想繼續連任或提拔自己的人馬接任總書記和國家主席，都做不到了。僅此一點，凡是喬石支持的，江澤民就反對。

　　喬石不但在 1998 年做出「法輪功於國於民有百利而無一害」

的結論，還特意提到「得民心者得天下，失民心者失天下」的古訓，令江澤民大為不悅，當即批示（大意）：「寫得玄玄乎乎，我看不懂。」並把報告推給羅幹。羅幹心領神會，編造「法輪功有國外政治背景」為由，製造事端嫁禍法輪功。江澤民對法輪功的妒嫉心因受「4‧25」事件刺激而爆發。

江身上有一股邪勁

1999 年 4 月 25 日晚，江澤民模仿毛澤東寫大字報「炮打司令部」的手法，連夜向全體中共政治局委員寫信，並且強行把個人信件作為中央文件下發，江在信中假裝憂心忡忡地說：「難道我們共產黨人所具有的馬克思主義理論，所信奉的唯物論、無神論，還戰勝不了法輪功所宣揚的那一套東西嗎？」

在「4‧25」上訪事件的第二天，羅幹（政法委）、賈慶林（北京市）和政治局常委召開會議商討處理意見。政治局七個常委，除了江澤民之外，其他人都明確表達了反對意見。

1999 年 6 月 7 日，江在中共中央政治局會議上發表關於抓緊處理和解決法輪功問題的講話，把法輪功的產生和迅速傳播說成是「國內外敵對勢力同我黨爭奪群眾、爭奪陣地的一場政治鬥爭」。

據中共高層透露，那時的江在會上聲勢逼人，其身體上確實有一種東西讓人懼怕，想反對，但也不敢發聲。

為調集全國所有資源來鎮壓法輪功，江澤民從中央到各省市都成立了類似蓋世太保的特務機構——「610 辦公室」。該機構類似「文革」中的「中央文革小組」，是中共為對付緊急狀態成立的臨時祕密的最高權力機構，能根據需要調動軍隊、武警、公安、外交、財政、電訊、教育等等部門的資源和人力，並有權要求政府其他部門服從「610」為鎮壓法輪功作的安排和調度。

據報導，一位「610」官員透露說，在一次小範圍的所謂「慶功」宴會上，現任公安部副部長劉京興致大發，給陪酒的吉林省和長春市公安局「610」官員透露，在「610」編制和鎮壓經費大規模擴大上，江澤民曾經對胡錦濤大聲咆哮。

劉京當時說，2001年江澤民在一次布置對法輪功打壓的會議上宣稱，原各地「610」辦公室是以各地政府名義設立的，但由於公安廳、國家安全部、公安局、司法局等部門利益驅使和業務特點不同，扯皮、推諉、應付、不服從命令、消極對待等現象已經使得「各地法輪功事件不但沒有減少的趨勢，反而愈演愈烈」。

在會上江澤民提出要在國家安全廳、公安廳、各地公安局也增加設立相應的「610」辦公室，這時胡錦濤說：「增加『610』機構得增加人員編制，經費不少。」江立時大怒，衝著胡錦濤咆哮道：「都要奪你權了，什麼編制不編制、經費不經費的！」胡聽了一聲不吱，面無表情地在筆記本上寫著什麼。劉京還表示，從那以後，胡不得不「要錢給錢，要人給人」。

但令人奇怪的是，江的邪勁，並非鬥勇，卻類似於鬼邪，很怕見光。專門迫害打壓「法輪功」的「610」成立後，江澤民是這個組織的總頭目，所有重大密令都是由他傳達下去。但江卻怕留下證據，送去的密令從來不落款，但「610」辦公室的人見到此類「白條」就會立刻執行。

如果說江澤民因一時失去理智鎮壓法輪功，那麼在一次次「構陷」一輪輪「升級」失敗後，它會重新考慮如何收場而有所收斂。江是那種明知是錯也要幹到底的邪勁，從「三個月消滅法輪功」，到後來，要進行「二、三十年時間」長期鬥爭，可以看出其持續鎮壓的迫切渴望。有民間高人曾經解讀到江的這一邪惡使命的宿命。

1989 年在四川樂山發生了一起十分轟動的奇事。在一次滑坡中，大佛寺內的山根處露出了一座東漢時期為葬死人而開鑿的崖墓，墓中竟藏了一個人的造像，造像的模樣頗像剛剛爬上中共權力頂峰的江澤民。在造像的背後有一塊「功德碑」，記載著民國初年為建造此像捐款者的姓名，其中姓江者有 13 人。後來就有人將 13 解釋為「泽民」兩字為 13 畫、江統治中國 13 年（1989 至 2002 年），依此證明此造像非江莫屬。當時就有投機鑽營之輩捧其為「喜生彌勒」，匆忙張燈結綵、焚香膜拜，裝修墓門、鐫碑刻文，將一張假彌勒的紅底彩照懸於凌雲寺的展廳。

江接到被加封為「彌勒」的喜訊，迫不及待的趕到樂山以睹自己的「尊容」。當江在崖墓中看到造像確與自己相像時，以為自己真是神佛下世、喜不自勝，興奮的哈哈大笑。隨從們齊聲捧頌「像，太像了！」江還補充一句：「就差一副眼鏡！」

1989 年四川樂山一次滑坡中，大佛寺內山根處露出一座古崖墓，墓中藏一個民國初年的造像，凸眼鼓肚，頗像「江大蛤蟆」。早有高人說過，江澤民元神是一隻久藏古墓的蛤蟆精。

二十多年過去了，隨著江的下台和他的惡行、醜聞世人皆知，所以造像也被冷落。儘管缺乏維修，燈光昏暗，像體骯髒，但面部輪廓仍不失江的明顯特徵。

為什麼在民國初年江出生前後，就有高人能建造出一個與半個多世紀之後江澤民的模樣惟妙惟肖的人像，而且恰在江上台的 1989 年與世人見面呢？或許是上天要通過「藏江墓」這一奇觀向世人透露與江澤民其人相關的玄機。

當「藏江墓」剛被發現時，有人興沖沖的將那張為造像披紅掛彩的照片遞給峨眉山的一位得道高僧。高僧看後只說了一句話：「此人與水有緣！」道出了他所看到的天機：此人的元神是一隻來自江澤之民的蛤蟆。

如果仔細端詳造像就會看出，那凸出的眼泡、鼓鼓的肚皮和那幾乎沒有脖頸的體形正好勾畫出了蛤蟆最為明顯的特徵。這也印證了上海民眾早就呼江澤民為江大蛤蟆。

也早有高人說過，江澤民在轉生人身之前是一隻久藏古墓的蛤蟆精。

在去「藏江墓」的坡道旁的「虎丘」景點裡，有一隻面目猙獰的下山虎石雕，背後有一個山洞（虎穴）。導遊告訴人們別在這裡照相，因為這是一隻下山餓（惡）虎，它是要吃人的。

江是屬虎的，或許，假佛被人奉稱時，也就是惡虎要下山吃人行惡了。

然而，凌雲山的大彌勒佛像與山齊高、與日月同輝，崖墓（「藏江墓」）中的假彌勒（實為魔鬼）龜縮墓穴、怕見天光。這一真一假、一明一暗、一大一小、一高一矮的明顯反差，正預示著這場驚天地、泣鬼神的正邪大戰以及歷史的必然趨勢。

習近平南京宣戰江澤民

第二章

「白皮書」令香港成主戰場

中共江派意圖攪局香港，出台「香港白皮書」變相改動「一國兩制」定義，恐嚇港人。習近平陣營在這場角力中，借力使力將江澤民擺上台。（大紀元合成圖）

第一節

「香港白皮書」涉中南海決鬥

　　《新紀元》2014 年 8 月出版的《習江三次生死交鋒》一書介紹了江澤民為了逃避清算，不斷利用其黨羽對習近平政權發出各種反撲，等到了「六四」25 周年紀念日之後，江習鬥又轉變為另一種形式。

國新辦拋「香港白皮書」　恐嚇港人

　　2014 年 6 月 10 日，中共國務院新聞辦公室發表了《「一國兩制」在香港特別行政區的實踐》白皮書。該「白皮書」首次改動了鄧小平「一國兩制」說法，稱「兩制」從屬「一國」，內容強調中共對香港擁有「全面管治權」，「愛國」是對治港者的基本政治要求。內容中也提及駐港部隊由中共中央軍委領導等，此「白皮書」被香港媒體解讀為「京官治港」。

　　這個「白皮書」出台的時機是18萬香港人參加的悼念「六四」25周年燭光集會落幕後，港人「佔領中環」行動在6月20至22日舉行政改方案全民投票，以及「七一」大遊行前夕。

　　大陸維權律師滕彪指，「白皮書」對於香港的「佔中」而言，相當於八九民運中將民運定性為動亂的「四二六社論」。同時，「白皮書」也被多家港媒認為，對香港人的恐嚇意味濃厚。

江澤民集團在背後運作

　　美國華府中國問題專家石藏山稱，「白皮書」的出台，外界明顯感到曾長期控制中共港澳辦、國新辦的中共江澤民集團試圖激怒香港人，在香港問題上給習近平難堪和壓力。從目前情況看，習陣營顯然同時在利用這次機會，讓江澤民集團做法曝光，同時也將其擺上台。

　　他說，江派勢力過去一直盤據在中共國新辦、外交部、港澳辦，這次選擇國新辦作為釋放此消息的機構，更突顯江派在背後的運作。

　　在「白皮書」之前，中南海圍繞香港政治有二個最重要的文件，都有負責分管該事務的中央機構名稱，這個「白皮書」出台，沒列明任何中央主責機構。

　　針對香港政治的第一個文件是《中英聯合聲明》。此聲明在1984年12月19日由時任國務院總理趙紫陽與英國首相撒切爾夫人在北京簽訂，當時中共領導人鄧小平和主席李先念等在場；兩方政府在1985年5月27日互相交換批准書，並向聯合國祕書處登記。

第二個文件則是《香港基本法》。該法於 1990 年 4 月 4 日，中共人大第三次會議通過，時任中共主席楊尚昆簽署主席令，《基本法》出台。

石藏山說，通常這類「白皮書」會有相關政府職能部門做政策解讀，國新辦做報導，但現在這個「白皮書」在提法上超越此範圍，由國新辦這樣一個負責推動政策的宣傳部門發出並強調「一國兩制」中的「一國」之權限，突顯高層對「白皮書」的分歧。

「白皮書」重彈「23 條立法」老調，首次變相改動「一國兩制」定義，且在江澤民設的非法特務機構「610」辦公室成立 15 年那一天發表，使得整個香港都譁然。

據消息人士透露，曾慶紅辦公室因曾被軟禁而癱瘓，江澤民集團第二號實權人物無法對外發揮指揮作用，江派現由江澤民兒子江綿恆掌門，其權術手法遠比不上曾慶紅，江派雖力圖攪局，卻屢屢被習近平陣營擺上台。

據該消息來源分析，「白皮書」出台背後涉習江在中南海決鬥，江派意圖攪局香港，反而被習近平擺上台，中南海在香港問題上出現兩種聲音。

當時多起事件，如普京會見江澤民、中共單方面設立「東海防空區」，都涉及江習鬥，手法相似。曾慶紅遭內控，被監視居住，無法參與當時江澤民集團幾大事件的策劃，江澤民集團接連失利。

董建華在第二日蹊蹺發聲

2014 年 6 月 11 日，有接近董建華的消息人士向《南華早報》

否認了《明報》在 10 日的一個說法。

《明報》10 日在其頭版刊登報導，指民主派主席劉慧卿援引一位來自商界消息人士的說法，稱聽說前特首、中共全國政協副主席董建華「走到北京，跟北京說普選不是對的、並非對香港好。」

這名接近董建華的消息人士 11 日對《南華早報》表示，《明報》「缺乏憑據」。

董建華一直被認為是香港親胡、習派系人物。1997 年之後，習在福建任省長，就與時任香港特首董來往甚密。2007 年習成為中共「儲君」後，仍保持與董的私誼。2011 年 8 月習在北京接待到訪的美國副總統拜登，董是主要陪同成員；2012 年 2 月習訪美，董更是代表團要員之一。2012 年 9 月，在習近平「神隱」前後，董建華在接受 CNN 專訪時透露，習近平在游泳中傷了背部。同時，董還釋放胡錦濤會連任軍委主席的消息。

石藏山說，在此敏感時刻，董建華的這個蹊蹺否認，更是清楚地以「你懂的！」的方式，向外界表明了習近平對「白皮書」的態度，以及中南海之間的極大分裂。

對於中共國新辦出台的這個「白皮書」原文，與習近平陣營關係密切的大陸媒體《財新網》只在兩天後，簡單轉發了新華社報導的有關中共外交部發言人在例行記者會上回答有關此「白皮書」的問題。

東海防空區背後的政治角力

2013 年 12 月，曾經有港媒稱，中共國防部曾屢次向軍委提議，要求盡快設防空識別區。最終獲習近平確認。

消息稱，習近平雖在 2013 年同意了東海防空區的成立，官方甚至報導習對此說過話，但實際習並不支持此舉。習近平陣營也早知此舉會引發國際社會的憤怒和壓力，並利用國際間猛烈抨擊給中共帶來政治、外交和經濟的困境，習派把握機會對軍中的江澤民勢力下手，軟禁了徐才厚，孤立了郭伯雄。

2013 年 11 月 23 日，中共宣布在東海設立防空識別區，引發國際間強烈譴責。2013 年 12 月初，美國副總統拜登訪華，與習近平會談。習在表面上官式地重申了中方在「劃設東海防空識別區等問題上」的原則立場。

罕見的是，這次拜登在北京與習近平進行了長達五個半小時的會晤。原本計畫 45 分鐘的二人閉門會談，延長到了兩個小時。外媒報導，拜登在北京與習近平密談數小時後「神情嚴峻」。而在此前拜登於日本訪問時，曾透露「習正處非常艱難時刻，我不能給習添麻煩」，意味深長。

此後的 2014 年 3 月 21 日，「路透社」發表前軍委副主席徐才厚遭到軟禁的消息。6 月 11 日，「法廣」引用微博消息指，徐才厚已經在 6 月 9 日被移送檢察機關。

李源潮談「白皮書」 聚焦張德江

6 月 11 日，「鳳凰網」公布了中共副主席李源潮的一段視頻。視頻中，李首先與一名西方人交談，其後對「白皮書」只是淡淡的一句，「中央的精神在這個「白皮書」裡都寫了。」在隨後，「鳳凰衛視」記者提問：「那為什麼會在這個時間想到對香港（提出「白皮書」）？」李源潮臉色一變，臉上笑容驟失，鏡頭也沒有持續下去。

香港熟悉中共運作的內幕人士稱，江派在國新辦、外交部、港澳辦都有勢力，國新辦作為釋放「白皮書」的機構，本身就是把江澤民擺上台。李源潮對此的表態也只因為其是港澳小組副組長，而把火燒到張德江和整個港澳辦的身上。在這件事情上，即使今後習近平出面做官式表態，也不代表其對「白皮書」的實際態度。

此消息來源還說：「江澤民已經被習設定為『對將來香港混亂局勢的罪責承擔者』。江澤民集團在港澳的勢力將因引發香港社會矛盾激化，再度遭到大清洗。香港將發生大的勢力重組，不排除梁振英被抓的可能性。」

江澤民集團曾長期把持港澳系統

2003 年曾慶紅接手港澳小組組長的職務後，在香港各個重要位置，安插特務人員。曾的勢力一直盤據在中央港澳系統，現任香港特首梁振英也是江派的死黨。到了 18 大以後，江派張德江接手港澳小組組長職務，江澤民勢力一直有著對港澳系統的控制權，爪牙遍布中聯辦、各大在香港的央企、各類協會等。

近期在香港落馬的華潤集團董事長宋林，其後台就是曾慶紅。據報，宋林在曾慶紅的授意下，一直在香港力挺江澤民集團在香港扶植的特首梁振英，為梁當上特首賣力。宋打破華潤董事長由外經貿部副部長或部長助理出任的慣例，靠的就是投靠中共江派勢力。而曾慶紅扎根的基地，是中共在新界的黑幫勢力。

梁振英另一支持者、前摩根大通亞洲區投資銀行副主席方方，2014 年 3 月底被美國聯邦調查局調查拋出，被逮捕後現處於保釋之中。

普京一句話 江澤民被擺上台

2014 年 5 月 20 日，俄羅斯總統普京訪中國，在上海與江澤民會面，只有部分大陸媒體報導兩人會見。報導中並沒有提及江澤民的任何話語，只提及普京說「感激江澤民對中俄關係的貢獻」。一向愛出風頭的江澤民，在這次會見中罕見成「啞巴」。

華府中國問題專家石藏山說，普京的話被習近平陣營有意選擇性釋放，普京一句「感激江澤民對中俄關係的貢獻」，實質點到江澤民要承擔在 1999 年與俄羅斯簽署出賣 100 多萬平方公里中國領土，相當於東北三省面積的總和、幾十個台灣的賣國條約的責任。

「這就是近期習近平在把江澤民擺上台的做法，其後微博對江澤民賣國的評論出奇地多，使得當局不得不關閉這條普江會消息的評論功能。」

江澤民集團頭目變成江綿恆

《大紀元》報導稱，曾慶紅已遭監視居住，對外的官式聯絡已經被切斷。現在的江澤民集團，因周永康和曾慶紅相繼出事，江綿恆被推上檯面。

石藏山說，曾慶紅的手法以陰毒著稱，其對手通常被栽後「有苦說不出」。在「六四鐵漢」李旺陽事件上就是一個體現。當年，曾慶紅通過謀殺李旺陽，曾讓國際怒火針對 18 大前夕的胡錦濤。再有就是 2014 年兩會之前的昆明血案，曾慶紅雇凶殺人，製造恐怖攪局習近平，讓當局有苦難言。不少熟悉中共事務的人士認為，馬航事件（2014 年 3 月 18 日，一班由馬來西亞吉隆坡飛往北京的航班神祕失蹤）也有曾慶紅在背後的身影，但當局卻說不出口，因這其中每個事件真相曝光，就足以讓中共倒台。

「反觀近期江澤民集團的做法，在曾慶紅被監視居住後，昏招迭出。江澤民去見普京，本還想露臉，卻被習近平擺了一道。本想用『白皮書』嫁禍習近平，又被董建華以『你懂的』方式戳穿。」

他說：「本來中南海內鬥極複雜，只有圈內人看得懂。但經江綿恆策劃，懂的人卻越來越多。」

香港是中國的「自由西柏林」

也許有些大陸讀者對「香港白皮書」的重要性理解不足。《新紀元》中國問題專家臧山曾撰文表示，香港對於中國，就好比西柏林對於德國，沒有西柏林，德國也就沒有今天。

文章寫道，中共費九牛二虎之力，挖空心思想出了一招「一國兩制」，終於在 1997 年 7 月 1 日將「東方明珠」香港納入自己的統治管轄之下。當年，從英國手中「收回」香港。

所謂的「一國兩制」，中共自己表述為「一個國家，兩種制度，大陸實行社會主義制度，香港實行資本主義制度」。大陸和香港兩種社會制度根本的差異，乃是大陸被迫實施中共獨裁專制，香港實行的是源自西方歐美國家的通行自由制度。

對香港實施了 100 多年殖民統治的英國人，給中國人留下了一份「禮物」——自由的種子：香港。這顆自由的種子很可能成為一棵參天大樹並轉而蔭澤全中國。

相對於台灣那種土生土長的民主制度，香港的民主制度帶有西洋血統，香港這種與西方主流社會完全接軌的司法體系能讓香港成為世界三大國際金融中心之一，和美國紐約、英國倫敦並駕齊驅。

正是這種有獨到之處的自由制度，讓香港的「回歸」越來越成中共的心頭噩夢，越來越成為一杯讓中共難以下嚥的「苦酒」，越來越成為一顆可能觸發中共獨裁專制崩潰的「定時炸彈」。

2014 年的 6 月 4 日，在「六四」事件 25 周年紀念日，香港支聯會在維多利亞公園舉行「六四」燭光集會，大會宣布超過 18 萬人參加，參與人數歷年最多。香港支聯會呼籲民眾一起攜手平反「六四」，結束中共一黨專政。

這也是在全球範圍內，參與人數最多、規模最大的一次「六四」紀念活動。這無疑深深刺痛了中共敏感的神經。或許此刻，在中共眼中，香港正成為中國的「自由西柏林」。

中共「白皮書」變相重彈「23 條」老調

6 月 10 日，中共「國新辦」發表《一國兩制在香港特別行政區的實踐》白皮書，是香港主權移交以來首份針對香港的「白皮書」，全長 2.3 萬字。其內容強調中共對香港擁有「全面管治權」，香港享有的高度自治權不是完全自治，也不是分權，「中央授予多少權力，香港特別行政區就享多少權力」，不存在「剩餘權力」。

「白皮書」又宣稱「一國」是「兩制」的前提，「兩制」從屬「一國」，並稱港人治港是有界限和標準，「愛國」是治港者的基本政治要求。

顯然，中共「白皮書」在變相重彈「23 條立法」老調。中共的「愛國」是以「愛黨」為衡量標準。在中共看來，無論是 6 月 4 日的香港維園「六四」悼念燭光集會，還是 6 月 22 日「佔領中環」行動政改方案投票和「七一」大遊行，都不是「愛黨」行為，因此需要以「白皮書」的形式對香港民眾予以恐嚇、彈壓和威脅。

自由「駭客」正在改變中國

還有一件事情也很讓中共恐懼。

2014 年 3 月 18 日至 4 月 10 日的台灣「太陽花學運」，不僅使中共「以經統政」，滲透台灣的陰謀破產，而且其在自由政治示範方面所產生「蝴蝶效應」，更讓中共恐懼。

「太陽花學運」、「六四」燭光集會、「6・22 佔中公投」和「七一」大遊行，港台地區民眾近期的這四大自由政治活動，如其聚集的社會能量疊加在一起，再通過香港這個中國的自由橋頭堡向大陸腹地輻射，極有可能再次啟動大陸民眾參與自由政治活動的熱情，催化產生新一場類似於「八九民運」的大規模自由政治運動。這對於中共來說，是一種致命的政治風險。

中共搶在「6・22 佔中公投」前，迫不及待地拋出針對香港「全面管制」版的「白皮書」。

如香港民眾「6・22 佔中公投」取得極佳社會效應，會引起中國大陸民眾關注，大陸民眾自然會想：香港人能公投，我們大陸人為什麼不能公投？在各種移動互聯網應用已經相當發達的今天，一旦在大陸普遍形成這種社會心理，那麼，大陸民眾通過民間的自發投票活動讓中共「下台」，可能會觸發中國政局突變。

現在，中共嚴控軍隊、嚴控公安、嚴控武警、嚴控官員……但中共不能嚴控一切，更不能嚴控人心。

2007 年，中共喊停了「超級女聲」，乃是因為那種觀眾以手機短信投票選秀的參與方式太過於「自由化」，一旦形成強烈社會互動機制，就將從社會內部撕裂中共的那一套獨裁嚴控系統。

新技術時代下來自中國社會的廣大正義力量正迅速聚集，如出現騰訊「倒戈」或「被倒戈」，微信到處流傳「退黨」消息，中共獨裁政權的末日時刻會降臨。

中共發布「白皮書」，但是自由「駭客」正在改變中國。

第二節

三種力量在「白皮書」中絞殺

「白皮書」出台背後事關中共內部三種勢力的互相絞殺，事涉習近平陣營、江澤民集團和相關港澳辦、中聯辦的一批官員。圖為「6．22」公投日一群藝術家表達對白皮書的不滿。（大紀元）

6 月 10 日中共推出的「香港白皮書」，令香港動盪，也令國際關注。「白皮書」出台背後事關中共內部三種勢力的互相絞殺，事涉習近平陣營、江澤民集團和相關港澳辦、中聯辦的一批官員。

「香港白皮書」背後主要的運作是江澤民集團；江派利用港澳辦官員僵化、守舊和怕犯政治錯誤、出於自保的恐懼思維來具體執行；習近平陣營受制於中共體制，在同意「白皮書」出台的同時，開始猛烈阻擊「白皮書」背後的江澤民勢力，雙方搏殺激烈。

江派幕後推動「白皮書」兩大目的

2014 年 6 月 10 日「香港白皮書」的出台，江澤民集團和梁振英是背後的主要運作推手。

　　江澤民集團力推「白皮書」的用意主要是兩個：一、針對習近平，香港越亂就越有機會逼迫習下台。曾慶紅曾經說過「香港越亂越好辦」；二、推動香港立法，以「反中共」就是「不愛國」為由，再次變相實行「23 條」，取締其「眼中釘」法輪功。

　　2003 年「23 條」立法遭到 50 萬港人的抗議，江澤民對此一直耿耿於懷。梁振英自掌權香港後，就成為江派實施激化香港局勢計畫的執行人。

　　「白皮書」出台之前一年，中共的港澳辦在所謂「政改諮詢」不斷對港人和民主派「統戰」，其中包括：2013 年 7 月 16 日，中聯辦主任張曉明到立法會出席午宴，與 50 幾名議員見面；林鄭月娥領導的「政改諮詢」專責小組在 3 月份，分批會見立法會議員聽取意見，並舉辦「早餐會」，「邊吃邊交流」；4 月 13 日，中聯辦主任張曉明、港澳辦主任王光亞、人大常委會副祕書長兼香港基本法委員會主任李飛與泛民議員在上海會面等。

　　「白皮書」發表後香港局勢突變，中共所有統戰努力等於全部白費。其後，梁振英對「白皮書」力挺，大肆為其吹風。梁更四度表示「白皮書」有「七種外國文字」，但是據《852 郵報》向中共駐法、西、日等國大使館查詢，都沒有英文之外任何其他文字的版本。

香港不穩定局勢的由來

　　香港與中國大陸的矛盾根源在於其政治制度的不同，兩種制度本就格格不入，水火不容。而江澤民集團一直在香港問題上夾帶私心，採用不斷激化局勢的策略。這也使得香港政局在短短 10

多年內就發生劇變，鄧小平的所謂「一國兩制」正面臨被徹底打破的局面。

1999 年以後，香港的法輪功一直公開存在，成為江澤民集團的「眼中釘」。江澤民集團隨後將私憤摻入公策，指使香港政府在 2003 年對「23 條」立法，實際針對的就是法輪功，此舉在當時導致嚴重的政治危機。江澤民試圖通過在香港正規立法的方式，再對法輪功等團體扣以「反共＝反中國」的帽子進行取締，與現在的「白皮書」幾乎如出一轍，但是當時遭到 50 萬港人的激烈抗議而不得不作罷。

江的此舉，使得 1997 年前港人對中共最擔心的事情轉化成了現實，實際已經造成了香港和北京之間的最大裂痕，此後香港人已經徹底不再信任北京。鄧小平和英國人談判後拿回的香港，瞬間又被江推了出去。

2004 年後，因胡錦濤和習近平等開始掌握實權，江澤民集團在香港轉入暗中運作，但是江對此一直沒有真正作罷。作為曾慶紅手下的特務梁振英，在成為香港特首之後，暗藏的使命就是要針對法輪功、並攪亂香港局勢脅迫當權者。

2012 年 6 月 10 日（「610」特務辦公室成立 13 周年）香港青年關愛協會（簡稱青關會）組織在香港成立，總部位於深圳。青關會的主要頭目均是香港新界總商會、新界社團聯會、新界工商業總會、香港各區工商聯等社團骨幹，以及香港民建聯的前黨員等等，也是中共周邊特務組織的成員，其香港大老闆就是特首梁振英，背後則受控於中共江澤民集團的特務機構「610」辦公室、周永康和曾慶紅等。

此後，青關會夥同有黑道背景的港富商楊受成，投入大量金錢，包括雇人在香港辱罵、毆打法輪功，甚至聘人漏夜「看管」誣衊法輪功的橫幅。

2013 年 8 月，梁振英落區巡視時，公開恐嚇為法輪功說話的一名林姓老師，梁的行為遭到譴責後，動用黑社會恐嚇示威抗議者，使得整個香港社會為之震動。

梁振英以黑道治港

在解決其他香港問題時，梁振英也體現出其慣有的特務黑道思維。

2013 年 11 月 22 日，亞洲首富、長實和黃系主席李嘉誠罕有地接受了《南方都市報》的專訪，並首次談起張子強十多年前綁架其長子李澤鉅的往事。

有報導引用北京高層消息人士的話稱，這次李嘉誠公開接受《南都》採訪，實際公開了自己多年來被中共江澤民家族和曾慶紅等所脅迫的艱難處境，其遭脅迫隱情類似於長子被綁架時的處境。他暗示曾遭遇江澤民集團發出的死亡威脅。專訪中，李嘉誠藉談論死亡話題坦言：「我不懼怕死亡。」以此表明自己立場，不再受江派的死亡威脅，也不會繼續支付「贖金」。

2003 年起，江派的核心人物曾慶紅控制中共管理香港事務的機構「港澳小組」，曾慶紅曾要求李嘉誠在治理香港等重大問題上幫其「站台」，遭李嘉誠拒絕後，李家一直被針對，包括曾慶紅下令中共地下黨在香港和黃工潮中起作用。

2014 年，梁振英政府推出電力方案，試圖藉此完全控制香港的電力，李嘉誠的「香港電燈有限公司」將受到影響。

2013 年 11 月 7 日前後，梁振英製造電視發牌風波，數萬民眾身著黑衣抗議。早前的國教事件也是梁在香港「拉一派、打一派」手法的體現。梁的所為不斷激起民憤，連建制派亦四分五裂。

2014 年以來，從《明報》換總編輯、《am730》、《蘋果日報》被抽廣告，到名嘴再被封咪，再到《明報》劉進圖被砍成重傷，中共滲透打壓香港新聞自由的事件 愈演愈烈。這些事件，大多經中共江澤民集團幕後直接策劃，透過地下黨特首梁振英通過白道或者黑道的手法進行實施，攪局香港激化矛盾。

6 月 13 日，香港立法會財委會審議新界東北發展計畫前期撥款，激起過千名反對拆遷的村民與支持者在立法會外抗議，期間一群身分不明的蒙面人以暴力手法衝擊立法會，他們的背景引起香港泛民主派懷疑。

港澳辦的心思和處境

港澳辦和中聯辦的官員，相當一部分抱著一種怕「犯錯誤」的想法，在執行某些相對自由的政策時，為逃避責任，趨向於選擇所謂「政治正確」的做法。還有一部分是江派曾慶紅在香港經營多年的心腹，一直執行曾對香港的攪局政策。近期，新華社香港分社前社長周南等人的講話就顯現了這點。

在「白皮書」出台兩天前，港媒引用周南的話說，提出「佔中」口號的人屬於「反華力量」。周南特別提到《基本法》第 18 條規定，如香港發生動亂時，中共中央有權宣布戒嚴，並進行干預。此外，周南也提到第「23 條」就是為「不允許香港作為顛覆大陸基地而制定，因此『23 條』遲早要落實」。

有說法稱，一些負責香港事務的官員，害怕「犯錯誤」，即便看到了「白皮書」出台的後果，也無能為力，可以說是中共這個體制運作的必然結果。

陳佐洱的「慨嘆」

在 6 月 19 日，全民公投人數達到 50 萬之際，港澳辦前副主任、現為中共全國港澳研究會會長的陳佐洱在 6 月 20 日現身香港，發表了為「白皮書」降溫的言論。

陳佐洱在研討會開始前被傳媒追訪時的表述，顯得主動和慎重，明顯有備而來，他首先拿出一張紙條、逐字讀，重申當年鄧小平對一國兩制的看法等。當記者問到「白皮書」強調中共中央對香港的全面管治權，是否代表要收回香港的權力，陳佐洱表示，不用擔心收權。

陳佐洱隨後在論壇上致辭時慨嘆，回歸 17 年以來，香港的土地已回歸了，但人心回歸還要一段時間。他自稱為香港競爭力下降「感到痛心」，舉例早前瑞士洛桑公布全球競爭力排名，香港跌到第四，是 2005 年以來首次跌出三甲。

張德江對香港的態度

6 月 11 日，李源潮對「白皮書」表態，因為其是港澳小組副組長，而把火燒到整個港澳辦和港澳小組組長張德江的身上。

中共內部管理香港事務的最高機構是「中央港澳工作協調小組」，簡稱「港澳小組」，下設辦事機構「港澳辦」。其組長一直由中共政治局常委直接擔任，並對港澳問題負責。現任組長為兼任中共人大委員長的張德江。張本人對香港的態度從 2005 年的一個事件中可以看得出來。

2005 年 9 月，香港特首曾蔭權與 59 名立法會議員在廣東進行訪問，並與時任廣東省委書記張德江會面交談。

報導指，多名民主派議員與廣東省委書記張德江會面時，提出要求平反「六四」的訴求，對方先回敬一句「話不投機半句多」，後質疑香港是否有那麼多人支持平反「六四」。

張德江回應稱中共中央已就「六四」事件作出決定，而這決定是正確的，毋須平反；政改方面則須按照《基本法》的規定發展，張更警告議員道：「要搞發展，不要搞這麼多東西！」李卓人向張德江表示，若要港人對大陸政治增添信心，便應平反「六四」。據稱張說李卓人「這句話是說大了」，又質疑李能否代表全體香港市民，並稱香港不是很多人支持平反「六四」。

江派利用中共體制推出「白皮書」

在底下官員一致要求推出「白皮書」的情況下，因受到中共體制的限制，現任當局並無選擇。

中共在權力即將不保的今天，對絲毫的形勢變化，都驚懼不已。就目前而言，這個體制內部的大多數人仍然抱著一種僵化的思維看待問題，對於港人「平反六四」的想法、香港人在政治上要求民主的想法，感到很害怕，怕影響到中國大陸，怕大陸民眾都開始起來要求政治上的民主。

江澤民集團也正是利用了這種恐懼和港澳辦等官員的心態，

在這種錯綜複雜的情況下，在背後運作推動「白皮書」，通過各種手法不斷刺激香港民眾、中聯辦及港澳辦的官員，使得「白皮書」最後順利出台。

這點在江澤民集團控制的《環球時報》6 月 23 日的社評中說得非常清楚。這個名為《香港非法公投人再多，也沒 13 億人多》的社評稱，「如果中國各地都搞類似公投，豈不天下大亂。」

「白皮書」出台後 台灣漸走遠

中共自己也清楚，這個「白皮書」一出台，為了統一台灣而在香港苦心經營的「一國兩制」形象就會毀於一旦。

6 月 22 日，台灣總統馬英九說，中國大陸原本對香港的保證，例如說像河水不犯井水、港人治港等，就看大陸是不是能夠在 2017 年實現直選承諾，這是中國大陸必須要面對的問題。本來中國大陸的「一國兩制」是為台灣設計的，不過台灣早就宣布「無法接受」，中國大陸在香港能不能做得成功，這要看如何處理香港人對自由民主的要求。民進黨也表示不接受「一國兩制」的言論。

6 月 25 日，國台辦主任張志軍在接連四天的抗議聲中訪問台灣，與陸委會主委王郁琦會面。王郁琦在會中向大陸重申，台灣的未來應該在中華民國憲法架構下，由台灣 2300 萬人民自己決定。中共張志軍方面則「表述了北京的一慣看法」、即台灣前途由包括台灣同胞在內的中國人共同決定。

習派在「白皮書」出台後猛擊江系

現任當局最高層也清楚江澤民集團在背後的動作。「白皮書」出台後的第四天，江派「副國級」高官蘇榮落馬被查。23 日，江澤民的「能源管家」劉鐵男被提起公訴。25 日，蘇榮被快速免去政協副主席職務，被撤銷其政協委員資格。隨同一起被追認撤銷資格的，還有曾慶紅的心腹宋林。

蘇榮本身就是江澤民集團「吉林幫」的重要成員，「吉林幫」的老大就是張德江。蘇榮同時還是曾慶紅的心腹，2006 年曾被調任中央黨校副校長職務，當時曾是校長。2007 年，蘇榮被曾慶紅調任江西書記，替曾「看護」其江西老家。

第三節

「七一」前梁振英「被休假」

「七一」前夕，香港特首梁振英突然因個人原因要離開香港請假四天，令普通民眾困惑，但很多專家認為，這是必然結果。（AFP）

截至 2014 年 6 月 25 日，香港民眾自發設立、自發參與的「6·22 公投」人數已將近 74 萬，眼看離「七一」大遊行還有四個工作日，突然有消息傳出說，香港特首梁振英因個人原因要離開香港請假四天，從 24 日開始，一直到 27 日周五還在假期中，等周末結束他開始上班時已是大遊行的前一天了。特首在如此關鍵時刻度假，令普通民眾困惑，但很多專家認為，這是必然結果。

「白皮書」引爆的「6·22 大公投」

6 月 10 日，眼看香港泛民派組織的一年一度抗議中共亂港的「七一」大遊行和「6·22 公投」日就要到來，有劉雲山背景的國新辦拋出了《「一國兩制」在香港特別行政區的實踐》的所謂「白皮書」，強調港人必須聽從北京的命令，「兩制隸屬於一國」

等強硬言論，再次變相推動令香港人深惡痛絕的「23條立法」，對香港人進行恐嚇和威脅，企圖迫使港人屈服，從而減少「6‧22公投」和「七一」遊行的規模。

哪知結果適得其反。在短短三天裡，有超過72萬香港市民以網路和實體投票的方式參與「6‧22公投」，顯示出港人爭取獨立普選的強烈願望。香港是個特殊之地，這裡是中國人唯一可以公開大規模紀念「六四」的地方，也是唯一一個法輪功可以公開大規模遊行的地方，也是民眾唯一可以暢所欲言而無需害怕國保的地方，在這1100平方公里的小島上，中國人享受著最多的自由。

香港雖然從未是個民主的社會，但一直是個法制社會，社會推行的是公平、法制，而不是獨裁，但這個「白皮書」卻威脅香港人說：這些只取決於中共的恩賜，北京擁有對香港的「司法管轄權」等等，這些強盜式的言論讓香港人非常憤怒，於是促使很多人參與了「6‧22公投」。

「6‧22公投」是倒梁民意的體現

「6‧22公投」全稱「6‧22民間全民投票計畫」，由香港大學學者提出，要求民眾在三個不同民間組織提出的「佔領中環運動方案」之間進行選擇，得票最多的將成為「佔中」運動方案。公投於2014年6月20日中午開始網路投票，6月22日開放實體投票站，計畫為期十天，於6月29日結束。凡是18歲以上的香港居民，憑身分證就可參與網路或實體投票。

佔領中環運動全稱「讓愛與和平佔領中環」（Occupy Central with Love and Peace），簡稱佔中，是由香港本地學者戴耀廷、陳健民及牧師朱耀明發起並領導的香港政治示威運動。他們質疑中共人大確定的 2017 年香港特首候選人的提名方式沒有按照「國際標準的普選」方式進行，呼籲香港市民到中聯辦所在地中環舉行和平抗議。

自香港大陸回歸以來，60％以上的港人呼籲普選特首而不是由北京指定。根據中共制定的《香港特別行政區基本法》，2007 年中共人大公布了普選時間表：2017 年普選行政長官、2020 年普選立法會，不過在這期間，中共不斷蠶食香港的獨立兩制，不斷在政治上把香港變成另一個上海。

2013 年 1 月，香港大學法律學者戴耀廷教授在報刊上發文表示，過去港人各種爭取政治權利的方式，如遊行示威、苦行、五區公投和佔領政府總部兼絕食等帶來的壓力都不能夠令北京政府讓步，再不採取其他行動，2017 年真正的特首普選將落空，於是他提議發起佔領中環行動，希望藉此爭取到香港人對自己行政長官的選舉權。

「6·22 公投」不在於三個方案中哪個被選中，而是從參與公投的人數中看到香港民眾對現任特首梁振英的態度，「6·22 公投」實質就是對梁振英執政效果的民意測驗，參與公投的人越多，說明反對梁振英執政的人越多。據組織者和泛民派介紹，他們都沒有料到短短三天就有 70 多萬民眾投票，這令他們很受鼓舞，與此相對應的是，這個結果令北京方面很沮喪，甚至很惱火。

《環時》挑釁 江派再度火上添油

此前中共黨媒新華網 6 月 19 日在首頁顯著位置發表了五篇

反對香港公投的文章，20 日中共港澳辦發表聲明稱全民投票「是非法的，也是無效的」，中聯辦則稱全民投票結果「不具任何參考價值」，「是一場鬧劇」。

就在大陸國信辦「不報導 6 · 22 投票」的密令傳出後，20 日在首日投票超過 40 萬人後，包括新華網、人民網在內的中共喉舌媒體在香港問題上連續多天「默不作聲」，但唯獨中共江澤民集團掌控的《環時》發表措辭強硬的社評，繼續煽風點火刺激香港民眾，激化局勢。

6 月 23 日《環球時報》發表社評《香港非法公投人再多，也沒 13 億人多》，揚言「在香港政改的核心問題上，13 億中國人同樣有發言權」，並恐嚇稱「他們需抬眼望整個國家 13 億多人的大社會，並且記得這個國家當年是如何制服了英國的『鐵娘子』政府，收回了香港。」

此番言論立即引起中港台民眾的圍剿，有港民表示，「雖然沒有 13 億人多，但此刻我們可以講真話！」還有香港民眾諷刺道：「《環時》說得很好，請給 13 億中國人對國內事務的發言權。」

24 日《環時》又發表社評：「激進反對派要把香港往黑暗拽」，說香港一旦政治失控，「很多不可思議的事情都可能降臨」，恐嚇意味更強烈。

江派挑事端 令習在出兵香港上尷尬

為什麼江派要在這個時候激怒香港人呢？《新紀元》獲悉，江派攪亂香港局勢的目的，一是針對習近平，藉香港亂局讓習下台；另一目的就是藉立法，取締其「眼中釘」法輪功。2003 年「23

條立法」沒有成功，江澤民對此一直耿耿於懷。梁振英自掌權香港後，就是江派激化香港局勢計畫的執行人。

到了 2014 年 6 月，眼看江派二號人物曾慶紅被軟禁，江澤民集團在江綿恆的主導下，開始了一系列更加瘋狂而愚蠢的反撲。為了阻止「6·22 公投」，江綿恆不惜動用中科院和中移動的高級駭客來攻擊公投網站，並利用《環球時報》評論不斷激怒港人。

《大紀元》時事評論員周曉輝分析說：如果按照這樣的情勢發展，最終「佔中」人數很可能再次出乎人們的意料。一旦「佔中」人數超出人們的想像，一旦有人渾水摸魚製造混亂、甚至爆炸案，如曾慶紅祕密安插的特務，在香港警察無法控制的前提下，中共駐港部隊是否會應所謂的香港政府的「請求」而武力清場？

早在 2013 年 7 月，梁振英政府中就有人要求對「佔中」進行政經風險評估，並提出港府應請求中共政府派軍入港進行鎮壓，此外，江派在「白皮書」中再次強調駐港部隊的職責，即「防備和抵抗侵略，保衛香港特別行政區的安全，擔負防衛勤務，管理軍事設施」等，尤其值得一提的是，其中還特別提到：駐港部隊由「中央軍委」領導，而中央軍委主席正是習近平。

另據《大紀元》6 月 19 日報導，有消息人士透露，為應對香港民眾的「和平佔中」運動，曾慶紅手下的特務將混入人群，並率先以暴力形式佔中，給中共鎮壓製造口實。13 日有不明身分的蒙面人衝擊立法會或許就是預演。

在中共高層博弈早已進入你死我活的大背景下，以上信號不難得出這樣的推理，即江系先釋放「鎮壓」輿論，再通過發布「白皮書」刺激香港民眾，激化社會矛盾，加劇港民對中共中央的不信任和反感，使更多民眾加入「佔中」運動。江系特務可以藉此機會製造震驚世界的事端，再通過梁振英向中共中央請求出兵維持香港秩序，迫使習近平做出是否出兵的決定。

對於習近平而言，真正面臨以上所言的情況，無論是出兵還是不出兵，都將自己陷入尷尬的境地。不出兵，以梁振英為特首的港警未必能控制住局面，加之江系特務煽風點火，事態有可能擴大，香港社會有可能陷入混亂和危局。而派駐港部隊控制局面，難保過程中不發生流血衝突，身為中共黨政軍一把手的習近平為此背上「鎮壓百姓」的罵名也不難想像，由此引發的後果將更為嚴重。

這後果就是：一方面港人將對中共中央更加離心離德，更多的港人會選擇用腳投票，離開香港，資本也會大規模離開，亦如李嘉誠一樣；另一方面國際社會將又一次認清中共的面目，不僅喪失對香港的投資信心，損害香港經濟，而且對習近平曾釋放出的「和平友好」信號表示質疑。「六四」就是前車之鑒。

文章最後說，「如果習近平真的被迫陷入這樣難堪的境地，將使自身非常被動。當然，習近平目前還有時間布局，可以避免這樣的境況出現。」

不久，人們看到了習近平採取的行動。

梁振英受北京控制 突然改口

6月10日，江派「白皮書」發表後，梁振英對此力挺，大肆為「白皮書」吹風。對於反對「白皮書」的任何言論，梁一概稱之為「斷章取義」、「只講結論，不講道理」。

　　6 月 23 日晚，梁振英依然重申「基本法裡沒有『國際標準』這四個字」，不過他改口表示，不同意《環時》23 日社評的說法，認為「任何人都不應將港人和中國人民對立起來」。梁振英發言期間不時低頭看稿，對於港澳辦稱公投是違法，梁振英解讀為公投沒有法律基礎，但不等於有刑事責任。他又稱，無論佔中全民投票人數有多少，都是表達了投票市民對 2017 年落實特首普選的願望和訴求，而這和中央政府、特區政府和他本人是一致的。

　　23 日，剛在 5 月休假過的梁振英，突然宣布從 24 日起請假四天，其間由政務司司長林鄭月娥署理特首職務。在被眾多傳媒追問為何又放假、如何看逾 72 萬人投票，梁一概不回應。

　　對於梁振英的突然轉向，很多香港人稱他是「先扭曲，後騎劫」了民意。隨後，親共媒體《文匯報》引述消息人士稱，梁振英要休假是去「處理私人事務」，又特別強調「目的地絕非北京」，且與公投無關。

　　熟悉中港政治事務的香港政經專欄作家廖仕明表示，在香港出現重大危機關頭，若正常情況下，即便特首已經定好的假期都要取消。梁振英這次放假，顯然是北京習當局故意藉此釋放已經不信任梁特首的信號，用以安撫香港公務員高層、中方官員和商界大佬們。

　　廖仕明還表示，「白皮書」是江澤民集團暗中通過地下黨特首梁振英在香港攪局，有意激化社會各界衝突，從而觸動中共港澳辦系統恐懼香港失控後運作出來的，在中共守舊、獨裁思維模式上，再加上江澤民集團直接操控的特首暗中攪局，白皮書的出現也是必然。

　　他分析說，在中南海高層激烈博弈時刻，當局恐懼局勢失控，現在習近平做不到立即公開撤換梁振英，但可以用這類「你懂的」的方式釋放信號，表達出對梁的不信任，隨後再逐步解體在香港的江派勢力。

此前，曾慶紅在香港安插的核心人物、華潤集團董事長宋林4月被立案調查，摩根大通中國前 CEO 方方 3 月突然辭職，兩人均與梁振英關係密切。時事評論員練乙錚 6 月 3 日在《信報》撰文，推測令梁神祕失蹤的「私事」，含處理與共黨的關係，「宋、方二人東窗事發，筆者認為黨有必要找梁特解釋並協助調查。」

有熟悉中國內情的消息人士稱，《環球時報》是江澤民集團的喉舌媒體，過去一直支持薄黨和軍中強硬派，其言論代表著中共內部的強硬派聲音。梁振英今次主動開腔反駁《環時》，顯然是接到現任當局的指示，讓其如此表態，突顯中共高層對香港問題出現的分裂。

華府的中國問題專家石藏山說，曾慶紅手下的地下黨特務梁振英，批評同為江澤民集團的《環時》的舉動，顯示其已被當局控制，處於「要其說什麼就說什麼」的狀態。在曾慶紅遭到監視居住，梁振英無法再聯繫上曾之後，梁顯得走投無路。很顯然，梁振英已經遭習近平拋棄。北京消息還指，當局正在評估，不排除在極端情況下抓捕梁振英，以消港人民憤。

梁粉發度假照 民眾譏畫蛇添足

梁振英離開香港去了哪裡呢？在他放假次日的 25 日早上，梁的二女梁齊昕突然在其 Facebook 上載兩張疑似「自殘照」，震驚外界。自殘相一張是左手手腕有兩道傷痕，另一張是右手手背染滿紅色疑為鮮血的照片，狀甚恐怖。梁齊昕又附上留言：「Will I bleed to death?」（我會流血至死嗎？）、「I love blood.」（我喜歡血），令人聯想她曾自殘或割脈。

最初兩張照片只是授權的朋友才能觀看，但其後相片轉為公開瀏覽，事件引起香港傳媒關注。雖然梁齊昕現已除去這兩張照片，但原圖已被廣泛「傳閱」。很多網民評論說，「有這樣的父母，當然想死！」「梁振英造業禍及子女」。

有網民估計梁振英突然休假，與家事有關。對於梁齊昕是否患抑鬱、梁振英是否知悉情況或休假是否因飛往英國處理梁齊昕事件，特首辦回答傳媒查詢時，一律只表示「不作評論」。

但同日下午兩家和北京關係密切的香港傳媒，及有梁粉背景的「港人講地」Facebook 專頁，不約而同發布梁父女的消息，有消息表示梁振英已到倫敦出席梁齊昕的畢業典禮，更刊出強調是香港時間 25 日下午 2 時梁振英與梁齊昕在英國的微笑合照，其中一張相片更顯示，梁振英手持英國當天報紙，似想平息「謠言」。

選舉期間曾力挺梁振英但一度又反目的《東方日報》，則引述消息解釋梁女割腕的可能原因。文章說，梁齊昕因為見到爸爸不斷遭到抨擊辱罵，連帶自己的心情都受影響，感到情緒低落，加上她早前在網上就（《明報》總編輯劉進圖被刀刺）與網民舌戰，遭到圍攻並受到多家傳媒大肆報導，蒙受極大壓力。

更多民眾認為，即使梁振英真的到了倫敦，那也只不過是為了掩蓋他實際上已經被控制的處境，是畫蛇添足的做法。習近平以變相的方式公開表達對梁振英的不信任，在此之前至少有三次。

梁振英配合周永康搞亂局勢

第一次是在 2012 年 9 月 5 日，原訂於當晚動身前往俄羅斯、但後來缺席 APEC 首腦會議的特首梁振英，在所有準備就緒出發前，突然以要專一公務為由，宣布取消行程，引來香港各方強烈關注。

這是梁出任特首後首次代表香港外訪，是梁樹立國際知名度的主要機會，被突然取消行程，分析認為這不僅僅是北京方面想給梁振英臉色看，也通過國際事件羞辱他，讓香港曉得梁並不獲中南海最高層信賴。

18 大前江派通過海外統戰部控制的海外間諜體系鼓動保釣，暗中放行香港保釣船到了釣魚島，令大陸反日情緒遽增，周永康控制的武警藉機冒充遊行民眾，在所謂「抗日愛國遊行」的同時，打出支持薄熙來的標語，在大陸各地打砸搶鬧事，令大陸局勢動盪不安，江派企圖藉機宣布採取特別軍事管制以推遲 18 大的召開，延續周永康等人的權力，再伺機反撲。胡錦濤識破了這個陰謀，及時平息了各地「反日示威活動」，所以取消了梁振英的國際亮相資格。

2 月份 APEC 會議事件 梁振英難堪

第二次是 2014 年 2 月末，北京當局突然致函特區政府，將原定於 9 月 10 日至 12 日在港舉行的亞太經合組織財政部長會議（APEC）的地點改在北京，並調整到 9 月下旬之後舉行，事件引起香港社會震動，成為各主要報張的頭條新聞。

　　包括香港泛民主派和建制派多位重量級人士認為，香港被取消舉辦 APEC，跟當時香港政局動盪有關。

　　有報導稱，李慧玲封咪事件是中共江澤民集團幕後直接策劃，透過地下黨特首梁振英逼迫商台解雇李慧玲，目的是再次捆綁習近平，讓剛剛參加索契冬奧會的習近平在國際上出醜。

梁 4 月在上海被勒令「離席」

　　2014 年 4 月 11 日，香港立法會主席曾鈺成帶 57 名立法會議員抵上海，展開 2 日訪滬行程，行政長官梁振英陪同訪問。此前 3 月 17 日梁振英強調，特首辦「通過」曾鈺成主席，收到立法會議員對今次去上海訪問行程和主要內容的一些想法和要求，梁強調會由他自己將這些要求向中共中央轉達，又稱如有任何具體的進展，他會第一時間「通知」曾鈺成。此後，梁振英又多次搶先於曾鈺成之前發表消息，顯示梁是當局和香港方面之間交流的「不二人選」。

　　但是在 4 月 10 日，曾鈺成卻宣布了「中央的意思」、「具體安排」：行政長官梁振英將在會晤時候「離席」。「先有一個全體的會議，然後在全體會議完了之後，部分的議員會留下，因為中央官員知道我們有一部分的議員想獨自與官員交換意見，那批議員（泛民主派）要留下與中央官員討論的，就會留下。」曾鈺成隨後表示，建制派在「全體會面」後就會退席，讓泛民留下單獨會見兩小時，而期間在席的特首梁振英也會同時「離席」。

　　泛民與中共中央官員會面這個環節，可謂是香港議員上海之行的關鍵時刻，而一直向外界表示自己極力爭取這次會面安排的梁振英，卻在「成功爭取」後，不可同時與泛民及京官單獨會面，這等於梁振英被習近平公開打了一個耳光。

　　如今在「七一」前夕最關鍵時刻，梁振英被調離香港，這也是北京方面再度出手調理梁的表現。

習近平南京宣戰江澤民

第三章

第一個落馬的
國家級領導人

2014 年 6 月 14 日中紀委發布中共委員會副主席蘇榮目前正接受調查。蘇榮的被查，讓他成為中共「18 大」後第一個被打下的「黨和國家領導人」，同時也牽出江西幫、吉林幫、石油幫、血債幫等眾多窩案。（新紀元合成圖）

第一節

政協副主席蘇榮落馬內幕

蘇榮是中共 18 大以來被打下的第一隻國家級「大老虎」。（新紀元資料室）

　　一聽到「蘇榮」這兩個字，很多人會想到「殊榮」這個諧音，也許他父母取名時就希望他能出人頭地獲得「特殊的榮譽」。在 1965 年之後，他真的得到了一個「殊榮」：中共 18 大以來被打下的第一個「黨和國家領導人」，是第一隻國家級「大老虎」。本來很多人以為這個「殊榮」是歸於周永康的。

首位副國級落馬

　　2014 年 6 月 14 日，中共中紀委像以往一樣，選擇在人們不上班的時間發布重要消息，好讓網民們有充裕的時間發表評論，令事件達到最佳發酵效果。中紀委網站 14 日下午 5 時發布消息稱，第 12 屆中共委員會副主席蘇榮，目前正接受調查。這條消息不長，但包含的內容卻不短。

　　按照中共官媒新華網的定義，目前被列為「黨和國家領導人」的共有 68 人，他們涵蓋 20 種職位、99 個職數，上到中共中央總書記習近平，下至中共政協副主席蘇榮。也就是說，蘇榮 2013 年 4 月被「調虎離山」高升到北京進入政協時，才剛進入權力金字塔最高層的門檻，能享受「死後進八寶山」的「殊榮」。

　　按照中共內部編制，最高的屬於正國級，如習近平、李克強這樣的政治局常委，這屬最高級別；第二級就是蘇榮這樣的副國級，包括中央政治局委員和候補委員、中央軍委副主席、中央書記處書記、中紀委書記、中央政法委書記、中共人大副委員長、國務院副總理、國務委員、中央軍委副主席、最高法院院長和最高檢察院檢察長等。

　　蘇榮的被查，讓他成為中共「18 大」後首名、所謂「改革開放」後落馬的第五個「黨和國家領導人」，前四人是陳希同、陳良宇、薄熙來以及成克傑。這四人都是因中共內部鬥爭而被拋出：陳希同落馬是江澤民清理北京幫的需要；陳良宇和薄熙來被拋出是因胡錦濤打擊江澤民集團；成克傑被殺據稱與他當年想染指「國母」宋祖英有關。

　　中紀委通告一出，「新華網」論壇博客就開始密集造勢，很快就發表了七篇文章，如《副國級官員蘇榮被查有啥懸念？》、《蘇榮「被秒殺」，「大老虎」將現形？》、《蘇榮被調查釋放了中央什麼重要信號？》、《「大老虎」蘇榮落馬非同小可！》、《「副國級」高官蘇榮落馬「可讀性」在哪？》等，一再把人們的關注力引向蘇榮背後的更大老虎，官媒這樣密集的造勢，同時也讓人感覺蘇榮將被關進秦城去和薄熙來作伴。

牽出四大幫網絡

據官場知情人介紹，出生在吉林洮南的蘇榮，52 歲前一直沒有離開過吉林，從農村大隊會計開始，一直到吉林省委副書記。要不是 1999 年江澤民發動第二場「文革」——鎮壓法輪功，他可能一輩子都只是個吉林省地方官。不過善於鑽營的蘇榮，像薄熙來一樣，為了升官，不惜昧著良心幹事，投江澤民所好，積極鎮壓法輪功。

他先是 2001 年到青海擔任省委書記，兩年後調到甘肅，也是當一把手，2006 年他被曾慶紅看上，調任中共中央黨校當副校長，當時校長是曾慶紅。一年後曾慶紅把他調到自己的老家江西省當省委書記，於是江西就成了曾慶紅真正的老家，江西官場的腐敗也就越發不可收拾。

蘇榮曾歷任中共四個正部級職位，如此資歷在當今中共政壇並不多見。很顯然曾慶紅是有意栽培他，想讓他成為自己退休後在老家的保護傘，沒想到這個心腹比自己還先落馬。

早就有民眾舉報蘇榮的貪腐，如 2006 年他從青海調到北京後，青海省委有關部門在他離任後替他收拾家中物品時發現一本「工作筆記」，裡面寫滿了青海官員們「送禮」的記錄，不過他們將這個受賄記錄交給紀檢部門後，杳無音信。

蘇榮的落馬表面上的直接原因是他在江西的貪腐被民眾舉報。從 2007 年開始就有江西老黨員舉報蘇榮和他妻子（人稱「余姐」）的貪腐醜聞，但都不了了之，直到 2013 年 5 月至 8 月，中紀委第八巡視組在江西巡視時，原江西省新餘市人大常委會主任周建華的前妻姚敏建，公開實名舉報蘇榮妻子涉及多項建設工程貪腐，以及周建華因舉報蘇妻而遭到蘇榮構陷等情況。前不久，周建華的舉報信在網上公開披露，引起軒然大波。

不過在此之前，王岐山已經提前做了準備。在派人到江西巡視前，習近平、王岐山、李克強陣營已經開始全面布局，在巡視組出發前一個月就把蘇榮從江西調到了北京，看似高升了，但實質是為了調虎離山，這樣才能進山「打虎」。人們看到，蘇榮在政協副主席的位置還沒坐滿15個月，便接受調查。

18大後習李王陣營「打虎」很多時候都採用了這種調虎離山計，比如對於蔣潔敏，也先是從其根深柢固的中石油「高升」到國資委當主任，但一去就下不來了，再也無法平安落地了。

從蘇榮的身上，不難看出他至少有四大標籤，分別是「江西幫」、「吉林幫」、「石油幫」和「血債幫」，到底哪個是他落馬的關鍵因素呢？也就是說，今後給他定罪，主要會從哪裡著手呢？下面我們將分篇來探討。

截至2014年6月20日，中共打虎已經把30個副省部級以上高官打入了老虎籠，他們集中在四川、江西、山西等地，從地理位置上看，這些地方已經成為王岐山打虎的「景陽崗」；從手法上看，中紀委採用了「鏈式推進」的同時「重點突破」，一窩一窩地打虎，由於老虎之間也有很多「聯姻關係」，什麼虎兄虎弟、老虎小虎都牽扯出來了，從企業性質來看，壟斷國有企業成了重點。

不過跳出這些表面現象來看，習陣營打虎，集中針對的就是江澤民派系的貪官，採用的戰術就是從外圍到內核，他們並不單刀直入，而是不斷地圍繞外圍入手，不斷打掉周永康、曾慶紅、江澤民提拔的祕書和親信，不斷擴大外圍打擊面，同時為了令中

共這艘破船不垮，習陣營也在不斷妥協，希望攔路老虎能自己讓
路，哪知江澤民集團並不服軟，還在不斷反撲滋事，就跟薄熙來
一樣，到法庭上了還全盤翻供，令雙方此前達成的各項妥協方案
一次次破局，各種協議一次次被撕毀，於是一回合連著一回合，
雙方展開了權力搏擊。

第二節

江西幫四人落水
「白皮書」燒出蘇榮

對於貪腐聞名的蘇榮的落馬，老百姓是皆大歡喜，同時也正式宣告以曾慶紅為首的「江西四人幫」全數落水。面對 2014 年 6 月 10 日江派出手推出的「香港白皮書」，習陣營四天後就把蘇榮推落馬。這算是江習鬥的又一回合。

蘇榮落馬後大陸微博出現一張照片，題為「共乘一條賊船」，相片上四名中共官員目前都落馬了，他們是左起：原省政協副主席、宜春市委書記宋晨光，蘇榮，副省長姚木根，陳安眾。「怎麼剛好江西省的四個落馬省領導在一個船上？這船邪呀！」有網友說道。

還有大陸民眾公開表示，「這就是傳說中的賊船。賊船的名字叫黨。一夥賊人上的同一條賊船。這條大船上，包括船底下的螺絲沒一個乾淨的！沉沒的腐敗之舟，眼看它船沉了！反正上了賊船就得一起沉。」

　　有消息說，這落網的四人「江西幫」的背後靠山都是曾慶紅。「多年來曾慶紅對江西高層的任命均有影響力，蘇榮上位江西書記靠的就是曾慶紅。」

　　這四人中最早落馬的是江西省政協副主席宋晨光、以及江西省人大常委會副主任陳安眾。宋晨光 2010 年 7 月被查後被判死緩。到了 2014 年 3 月 22 日，輪到了分管國土資源廳的江西省副省長姚木根，三個月後的 6 月 3 日，中共江西省委常委趙智勇被免職，11 天後就輪到了蘇榮。

　　說起趙智勇的被查，這裡面還有點小插曲。按照中共慣例，某個官員被查，一般是中紀委先發通告，然後才是組織部將其免職，不過這次對於趙智勇，他是走了「組織部免職、中紀委轉載、組織部再免職」這樣一條路。

　　6 月 3 日 19 時許，中共喉舌「人民網」援引中組部消息稱，趙智勇近日已被免去其江西省委常委、委員職務。隨後中紀委監察部網站於 20 時 50 分在其「要聞」板塊幾乎重複發布了這個消息，一周後的 6 月 10 日，趙智勇再被江西省委免去省委祕書長、省直機關工作委員會第一書記職務，這次不再稱趙為「同志」，6 月 11 日新華網博客發表文章《再免職無「同志」，趙智勇或凶多吉少》。

　　至今中紀委還沒有對趙智勇給出定性的說法，對此外界猜測：假如他積極配合中紀委的調查，幫忙挖出大老虎，他也許只是被免除某一職位、日後還能任命另一職位；若他表現不好，中紀委就可能會給他戴上「涉嫌嚴重違紀違法」的帽子，進入司法程式。

　　外界一直把趙智勇當成蘇榮的大祕和管家。蘇榮 2007 年任江西省委書記時，他把原來曾慶紅扶持起來的趙智勇，從政府系統的江西副省長，提拔到黨務系統的江西中共省委常委，一年後又讓他當了中共江西省委祕書長，成了自己的左膀右臂和心腹親信，蘇榮、趙智勇兩人共事五年，趙知道很多蘇的貪腐內情。

民眾放鞭炮　蘇榮貪腐驚人

對於蘇榮的落馬，老百姓是皆大歡喜，當天江西南昌民眾通宵放鞭炮，慶賀這個在江西為禍六年的大老虎終於下台了。

祝振強在其大陸博客日報上寫道：「最近的這一周，世界盃的激情與狂歡，仍然沒有蓋過人們對於反腐敗的熱議。南昌市有關人士證實，就在蘇榮落馬的消息傳來的當夜，南昌市的鞭炮聲徹夜不息、通宵達旦。人們以傳統、樸素的燃放鞭炮的方式，表達為害一方、為害江西的貪腐大蠹蘇榮落馬帶給他們的喜悅、激動之情。」當年江澤民被傳死亡時，大陸百姓也鳴放了鞭炮慶賀。

據說蘇榮的貪腐很多和他妻子余某有關。新餘市原人大常委會主任周建華和其前妻在舉報信中稱，新餘市內某金礦主找到蘇榮妻子，蘇妻通過趙智勇找到時任新餘領導，「讓」並「催」新餘市允許其因污水關停的金礦主恢復開採；新余高專對老校區300多畝土地公開拍賣時，某浙商陳某託請蘇妻通過時任新餘市高層中斷拍賣程式，並使得陳某以每畝70萬的極低價格獲得該地塊，正規價格至少每畝350萬以上，光這一筆交易蘇方就可獲利數億元。

然而據知情人士向搜狐財經透露——蘇榮到江西赴任前，已經跟妻子離婚，據說是為了方便蘇妻「運作商業」。另外，蘇榮在新餘市大搞光伏產業，當他在台前為光伏推波助瀾時，他的前妻就布局地產和城建，演了一齣「雙簧」。新餘市原人大常委會主任周建華因舉報蘇榮妻子，2011 年 11 月蘇榮下令對周建華立案調查，周建華被羈押上百天，親人受牽連。

蘇榮落馬後，一樁被隱瞞了四年的大案也浮出水面。2010 年 6 月 21 日，江西撫州市臨川區唱凱撫河大堤決堤，當地官方宣稱創造了十萬人安全轉移無一人傷亡的「奇蹟」。省委書記蘇榮高調向中共中央匯報後，各路媒體對此次「奇蹟」一片宣揚，決堤在媒體上反倒猶如難逢的喜事一般。但據《中國經濟時報》記者劉建鋒調查，證實有數人死亡。江西省委為了阻止真相報導，曾提出給錢讓記者封口，但記者還是發表了《零距離目擊者講述唱凱決堤瞬間》一文，隨後他的博客遭官方封殺。

蘇榮曾在江西大力推廣「一大四小」，大搞植樹造林，以至於有地方政府徵用農田種樹以滿足考核。蘇榮事發後，江西民間笑稱「一大四小」原來是：一大：蘇榮，四小：宋晨光、陳安眾、姚木根和趙智勇。

「香港白皮書」燒出了蘇榮

這次蘇榮落馬時間之快，超出了人們的想像，四天前他還公開露面，在趙智勇第二次被免職三天後就落馬，看來促成蘇榮的落馬，主要還不是趙智勇的招供，而是江澤民集團和習近平陣營之間發生的大事。這個導火索就是 6 月 10 日江派在香港搞的「白皮書」，於是 6 月 11 日趙智勇被第二次免職，再過三天，蘇榮就被公開調查，而此前四天的 6 月 10 日，大陸媒體還報導了蘇榮赴青海考察，這是他最後露面的時間。不過從公布的照片來看，他臉色很沉重，似乎已有預感。

這很類似薄熙來被抓前的舉動。當王立軍出逃美領館後，薄熙來馬上到其大後方雲南去考察，還故作鎮定地在滇池餵海鷗，這次蘇榮也是同樣的表現。6月3日趙智勇被免職後，蘇榮給自己安排了從6月8日到10日回青海。哪知回北京後第四天就落馬了。

6月10日，中共「國新辦」發表《「一國兩制」在香港特別行政區的實踐》「白皮書」，重彈「23條立法」老調，首次變相改動「一國兩制」定義，稱：兩制必須隸屬於一國，變相剝奪了香港的獨立性。對此，很多香港民眾怒燒「白皮書」以示抗議。

目前中共針對香港政治的至今只有三個文件，前兩個《中英聯合聲明》、《基本法》都有明確的出處與授權，唯獨這次的第三份文件「白皮書」出處授權均不明，最後中共官方拋出對此負責的僅僅是三個學者。整個「白皮書」的矛頭指向了江派控制的港澳辦、國新辦，港澳問題負責人張德江。

外界分析，江派讓張德江公布這樣一個徹底激怒香港人的「白皮書」，目的就是要在香港每年一度的「七一」大遊行前進一步激怒香港人，促使7月1日當天有更多香港民眾上街遊行，從而給習近平難堪。當分管港澳問題的副組長、習近平陣營的國家副主席李源潮被媒體問到「白皮書」時，他故意把臉一沉，用肢體語言來暗示，這是中央港澳領導小組正組長、人大委員長張德江的主意，於是江派人馬被擺上台。

第三節

蘇榮落馬
吉林幫主張德江慌了

中共政協副主席蘇榮被調查，再次掀開了江派「吉林幫」的醜聞。從左依次為蘇榮、回良玉、王儒林和張德江。（大紀元合成圖）

　　中共政協副主席蘇榮被調查，再次引起人們對江派「吉林幫」的關注。不管是王岐山在吉林代表團的審議當面「叫停」吉林省委書記王儒林的發言，還是官媒高調報導廣東掃黃四個月的結果，習近平陣營是在藉此警告張德江，並把矛頭指向江派二號人物曾慶紅。

　　2014 年 6 月 14 日，中共政協副主席蘇榮從青海考察回來不到四天，就被中紀委宣布正接受調查，也有傳言他已被逮捕。

　　在 52 歲之前，蘇榮沒有離開過吉林，被官場歸為「吉林幫」成員。「吉林幫」的幫主是江派常委張德江，他和蘇榮都曾主政吉林延邊，再深究下去，吉林幫的出現和江澤民有關。早前江澤民在長春一汽工作時就喜歡拉幫結派，江號稱對吉林「有感情」，上台後不斷提拔吉林官員，於是北京官場有了「吉林出高官」的說法，張德江、王剛、杜青林、蘇榮都成了中共「國家領導人」。

幾個月前就有消息說蘇榮出事了。目前被撤職並已逃往海外的所謂中共「最美政協委員」、哈爾濱翔鷹集團董事長劉迎霞，其主要靠山就是「吉林幫」高官。早年劉迎霞靠走「上層路線」接政府重大工程發家，劉進京後迅速搭上了東北幫，尤其是吉林幫，當中一個關鍵人物就是王剛。有消息稱，王剛不僅是劉迎霞的後台，而且是她十多年的情夫。王剛是由曾慶紅一手提拔上來的心腹之人。劉迎霞被撤職消息曝光後的第三天，海外網站曝蘇榮被調查，當時就有「吉林幫」會引來政治風暴的傳聞。

2014 年中共兩會期間，王岐山在參加中共人大吉林代表團的審議時，當面「叫停」吉林省委書記王儒林的發言，斥其搞「形式主義」。當時有媒體表示，打狗還要看主人，其實那時王岐山就是想給吉林幫一點顏色看看。

2014 年 3 月 10 日，王岐山參加吉林代表團的審議。王岐山發言後，主持會議的吉林書記王儒林拿出一摞稿子，正想做總結發言，王岐山要求他「講短點」，王儒林回答說，可能短不了。王岐山生氣地說，「我剛才又沒稿子，你怎麼知道並事先列印出來那麼多呢？這不是形式主義麼？你不用念了！」面對王岐山不留情面的「叫停」，王儒林只好收起講稿，草草結束會議。

有人把這場非公開會議細節透露給了香港記者，第二天港媒就發表了王岐山怒斥王儒林的報導，隨後大陸媒體紛紛轉載，令王儒林顏面盡失、惱羞成怒。王勒令全團上下，一不准任何人出外應酬，以防再度發生意外；二要求嚴查究竟是誰洩露了這一細節；三是透過江派常委劉雲山掌控的宣傳口刪除這一消息。

當時《大紀元》分析說，打狗還要看主人，王岐山其實就是不給張德江面子。

6月12日，大陸官媒高調報導廣東掃黃四個月：「破獲涉黃刑事案件1121宗，打掉涉黃團伙214個，刑事拘留3033人」，其中特別提到東莞黃江太子酒店老闆梁耀輝正處於被逮捕階段。梁耀輝是在張德江主政廣東時開始暴紅暴富，曾慶紅則被曝退休後常住東莞。習近平陣營此番動作被認為是在藉東莞事件「敲打」張德江，並把矛頭指向江派二號人物曾慶紅。

張德江作為江澤民派系安插在政治局常委的「釘子」，過去在很多事情上一直和習近平唱反調，真正發揮了釘子的作用。比如2013年年初，習近平當局試圖取消備受外界詬病的、點中江澤民死穴的勞教制度，作為中共人大委員長的張德江一直拖延不辦；而習近平要廢除「刑不上常委」的規定，勾結老人黨反對、拖延的又是張德江；罪證確鑿的天下第一貪周永康案久拖不決，與江、曾保周派裡應外合的，也是張德江。

蘇榮被調查，很多大陸民眾感概說，幾個月前《新紀元》等海外媒體就報導了蘇榮將會落馬，當時蘇榮還出來「闢謠」，3月6日，蘇榮在兩會期間被問及被調查時，閃爍其詞，以「呵呵呵呵」作答，還在最後向記者說「謝謝你們」。儘管表現得「若無其事」，但不到100天，其結局再次印證了那句話：中共所說的謠言，就是「遙遙領先的預言」。

也是在2014年的中共兩會期間，中共全國政協委員、原曾慶紅的祕書施芝鴻3月5日就打大老虎的問題上，向港媒表示，對於海外稱曾慶紅捲入周永康案，「這又是瞎掰，無中生有，空穴來風。」不過後來曾慶紅被軟禁，想否定也很難了。

第四節

蘇榮牽扯石油幫 帶出周永康

　　為反擊江澤民集團製造「香港白皮書事件」引爆香港民眾怒火，習近平懲治江派成員、政協副主席蘇榮，此舉不僅牽連出周永康「石油幫」馬仔蔣潔敏，更將周永康擺上台。

　　在中共江澤民集團挑起香港民眾對「白皮書」怒火的第四天，習近平陣營懲治江派成員、政協副主席蘇榮。蘇榮身上的標籤，除了「江西幫」、「吉林幫」成員外，他還和周永康、曾慶紅的「石油幫」關係密切，最突出的表現就是蘇榮與蔣潔敏的多次合作。

　　蘇榮 2001 年至 2003 年擔任青海省委書記期間，後來的中石油董事長、國資委主任蔣潔敏正擔任青海省副省長。正是在蘇榮的提攜下，蔣潔敏被提升為省委常委、省委副書記。於是在江西幫窩案、吉林幫窩案的基礎上，又增加一個「中石油窩案」。

　　當蘇榮是青海省委書記時，蔣潔敏是其手下的副省長，蔣比蘇小八歲，兩人共處了三年。等蘇榮到甘肅當省委書記時，蔣潔敏已是中石油副總經理，於是蔣潔敏給蘇榮送大禮，2005 年 4 月，中石油在蘭州修建年產 70 萬噸乙烯改擴建工程，工程總投資近 70 億元，而該工程由周永康的兒子周濱（又稱周斌）的惠生工程（中國）有限公司以 EM+PC 模式總承包，該公司的名義老闆正是因「中石油窩案」被帶走調查的華邦嵩。

蘇榮調到江西後，蔣潔敏還去幫忙提高其政績。2008 年中石油確定投資 8000 萬元在江西種植 20 萬畝能源林；中石油江西分公司還上馬了九江湖口油庫工程；2011 年 3 月，江西省與中石油簽訂戰略合作協議，在天然氣、成品油、管網保護等方面合作。

不難看出，蘇榮每到一個地方，蔣潔敏就積極「配合」蘇榮的工作，要項目有項目，要合作有合作。蔣潔敏曾說：「活著要進政治局，死了要入八寶山。」而要實現這個心願，就必須在地方上有一把手任職的資歷，不過這個願望還沒來得及實現，蔣潔敏就落馬了。

大陸媒體報導說，蘇榮不但跟蔣潔敏頗有交情，還跟蔣潔敏的「老領導」頗為合得來，這個老領導就是周永康。比如薄熙來落馬後的 2012 年中共兩會上，周永康不但去了重慶代表團，獨自力挺薄熙來，周還參加了江西代表團的審議，會後蘇榮表揚參與報導的江西記者，說他們對周永康的報導做得好。他說：「咱們省電視台的報導很生動、很及時、很準確，同期聲選擇得好，各方面反響很好！」

有意思的是，新華網在論壇欄目署名文章稱，江西的腐敗問題多發，其根子就在蘇榮，正如四川官場腐敗盛行，皆因時任周姓省委主要領導（周永康曾任四川省委書記）的放縱和貪婪密不可分一樣。這等於變相公開的把蘇榮和周永康等同起來了。

第五節

從非洲逃回北京的蘇榮

　　中共政協副主席蘇榮落馬的消息 2014 年 6 月 14 日被中共官媒拋出，成為外界關注的熱點，不僅因為他與薄熙來屬於同一級別，都是中共的二級高官，兩人都屬於「血債幫」成員，更由於他是第一個在海外被法輪功學員告上法庭並接到傳票的高官。當時他倉皇逃回國，成為一名道地的「國際逃犯」。

　　2004 年 10 月末至 11 月中旬，蘇榮隨吳邦國出訪肯尼亞、贊比亞、津巴布韋及尼日利亞四個非洲國家。10 月 29 日，他在返回酒店途中，接到贊比亞高院工作人員親自送來的法院傳票。他是首個在海外接到傳票後被扣留在當地等候的傳訊者，聆訊時間被安排在 2004 年 11 月 8 日，把他告上法庭的正是海外法輪功學員。

　　蘇榮沒有上法庭聆訊。警方隨即到其住處欲逮捕他，但是已無人影，贊比亞又發出通緝令。後來蘇是在中領館的協助下，偷越池榮迪邊境（Chirundy Border）來到津巴布韋，再潛逃至南非，11 月 15 日輾轉飛回中國。

經歷 2004 年國際逃亡之後，他於 2006 年低調進京，任中共中央黨校常務副校長。據悉，他在北京四處活動，上下打點，在江派勢力的運作下，2007 年 11 月 17 日，蘇榮被調任江西省任省委書記。直至 2013 年 3 月不再擔任江西省任省委書記一職，轉為中共政協副主席，實權被削。

蘇榮身分與李東生類似

蘇榮同 2013 年 12 月落馬的「610 辦公室」頭目李東生有類似之處，都是「嚴重違紀違法」，蘇榮在吉林時期也曾在「610 辦公室」任組長。

1998 年 4 月至 2001 年 10 月，蘇榮任吉林省委副書記同時，還任吉林省「省委處理法輪功問題領導小組」（610 辦公室）組長，主持全省對法輪功的鎮壓行動。他積極支持並主持對法輪功學員的「轉化」和開除黨籍、開除公職的處罰，還親自上任參與對法輪功學員的具體轉化。

2001 年 3 月 14 日，吉林省在長春舉辦全國反法輪功報告團會議。蘇榮發言，要求「『鏟除』法輪功」，「奪取同法輪功鬥爭的全面勝利」。據「追查國際」的調查報告，在蘇榮主持吉林省鎮壓期間，23 名法輪功學員證實被迫害致死。

蘇榮調任青海和甘肅也是把工作重點放在鎮壓法輪功上。據悉，甘肅省對法輪功學員的迫害更是變本加厲，並採用監控、跟蹤、非法抓捕、判刑等形式進行殘酷迫害。

江澤民被全球法輪功學員起訴

作為迫害法輪功的元凶，既提出對法輪功學員實施「打死算白死，打死算自殺」，「不查屍源，直接火化」等滅絕政策的江澤民，以及羅幹、周永康、劉京、薄熙來等，遭到全球法輪功學員在 30 多個國家的控訴，被多個國家判犯有反人類罪。

2009 年 12 月 17 日，阿根廷聯邦法院經過四年調查之後，第九庭法官奧克塔維奧・阿勞德・拉馬德里下達了對江澤民、羅幹的逮捕令。同年 11 月，西班牙國家法庭要求以群體滅絕罪及酷刑罪向江澤民、羅幹、薄熙來、賈慶林和吳官正等中共五名高官下發了法院通知書。

2009 年 12 月 17 日，阿根廷聯邦法院經過四年調查之後，第九庭法官奧克塔維奧・阿勞德・拉馬德里下達了對江澤民的逮捕令。（大紀元合成圖）

另外，2014 年 2 月 10 日，西班牙最高法院法官莫雷諾（Ismael Moreno）簽發了國際逮捕令，通緝江澤民，以配合調查人權組織對中共政府向西藏實施種族滅絕的指控。

習近平南京宣戰江澤民

第四章

徐才厚被抓
江澤民求情無用

2014 年 6 月 30 日傍晚，習近平拿下徐才厚，第二天全世界都在議論此事，江澤民非常震驚，第二天，7 月 2 日，江澤民坐著專列到北京，但習近平沒有見江澤民。（新紀元合成圖）

第一節

習政治局發火
江澤民急赴北京

2014 年 6 月 30 日下午 6 點多，即時新聞的用戶突然接收到中共官媒新華社最新消息：「中共中央決定給予徐才厚開除黨籍處分」，此新聞引起國際、國內震動。

習近平上任一年內查辦了 30 多位中共中央直接管轄的高官，一分鐘公布了兩個省級高官落馬。

習拿下徐才厚

2014 年「七一」前夕，擺在習近平面前的，一是退休死老虎徐才厚，二是垂死的老虎周永康和被軟禁的老虎曾慶紅，以及他們背後的最大老虎江澤民。

消息稱，谷俊山落馬，時任軍委副主席徐才厚、郭伯雄吃驚不小，害怕被供出，曾求教於江澤民。當時是「18 大」即將召開之時，江澤民曾安慰部下，自稱和胡達成共識「止於谷，不上追」，但習與胡在 18 大後達成政治聯盟，查谷是胡拍板決定；查徐是習的決定，獲得胡錦濤的支持。

據悉，6 月 30 日傍晚，習近平拿下徐才厚，第二天國際社會議論此事，江澤民非常震驚。7 月 2 日，江澤民坐著專列到北京，求見習，但習近平沒有見江澤民。

有消息稱，在習近平離開北京訪問韓國前夕，習近平在政治局會議上發火了，態度嚴厲。他通報關於對徐才厚的處理，並警告了江派常委及軍中其他勢力。當時正發生了「香港白皮書」事件。江澤民集團背後運作，在香港拋出「白皮書」，企圖刺激香港局勢，製造大規模的暴力衝突，誘逼出現鎮壓香港佔中運動的場面，即在香港製造類似「六四」事件的血腥鎮壓，攪局習近平，逼他下台。

在習近平處理完徐才厚之後，習近平立即將中共解放軍駐香港部隊司令員換人。

不是政治局「集體領導」的結果

江澤民、胡錦濤兩人幾乎每年都要發表「七一重要講話」，但習近平上任以來，無論是 2013 年還是 2014 年，有意無意間，「習大大」發表「重要講話」的日子往往都錯開了 7 月 1 日當天。

不過，在這一天前卻發出兩條消息：2013 年 6 月 30 日內蒙古統戰部長王素毅被查；2014 年 6 月 30 日，擔任了 10 年中共軍隊實際人事控制權的前軍委副主席徐才厚被查。

外界發現，習近平「決定給予徐才厚開除黨籍處分」，不是所謂政治局「集體領導」的結果。官媒《人民日報》海外版為招攬讀者，曾故弄玄虛地說：《人民日報》每句話、每個遣詞造句、每個字、甚至每個標點符號，都是經過很多人反覆推敲琢磨的，每個符號背後都非常考究。比如報導徐才厚落馬，新華社在其網站首頁頭條標題《中共中央決定給予徐才厚開除黨籍處分》的上方，故意張貼了一幅動物園內景，上面寫的是「新虎舍迎『貴客』」。連排版背後都有所謂的內涵。

顯然，徐才厚的突然落馬是習近平一手決定的，至於江澤民派系的劉雲山、張德江之流是否贊同，顯然不重要了。

習近平不像胡、溫那樣只做管家

2012 年 9 月在中共「18 大」籌備期間，習近平一度神祕消失 14 天，至今沒有給外界一個說得通的解釋，當時江澤民派系拚命把無才無德卻貪心不足的一夥人非要塞進政治局常委，讓習今後這個總書記再度淪為傀儡的地步。

不過，習近平不像胡錦濤、溫家寶那樣充當管家，習近平馬上甩手不幹了，不當中共總書記了，撂攤子不接班了，這下中南海高官們個個都傻眼了：要是習近平不來接這個班，沒人能替代他，中共的香火到第五代就沒了。

於是，江派、團派、元老們再度坐下來，討價還價、妥協、商量，最後才有了「18 大」的結果：政治局 7 個常委中江派依然占了 3 個，以及後來 18 大三中全會後團派的勝利：沒進常委的李源潮當了國家副主席，港澳台領導小組的副組長，隨時可以架空和擠走正組長張德江；還有沒入常的汪洋，表面上在張高麗之後，但實權卻大大超過張，而且最近汪洋又被任命為三峽工程驗收小組的負責人，不但直接管轄李鵬家族的命運，還把三峽工程的真正幕後人江澤民抓在了手心。

江澤民的確向習施壓

習上台幾次差點被周永康、曾慶紅派出的特務暗殺，王岐山也是幾次差點在中紀委的巡視路上回不來。

2012 年 2 月，王立軍突然出逃美領館，他與薄熙來的反目，把一個預謀多年、預計在 2014 年開始行動，目的要把習近平趕下台的薄熙來、周永康「政變集團」，清清楚楚地擺在了習近平面前。

簡單地說，這個政變集團除了貪腐瀆職之外，主要犯下兩大核心罪過：一是發動政變，企圖推翻現政府，二是活摘人體器官，非法牟取暴利。徐才厚是薄、周政變集團依賴的軍隊力量。

在經歷七次反反覆覆之後，薄熙來終於被關進秦城，並將在那終其餘生；2014 年 12 月 6 日周永康也被開除黨籍，並移送司法。

此前《新紀元》報導了，2014 年 3 月中共兩會前，江澤民向習近平表示，反腐步伐不能太快。此言意在警告習，不要對其親信動手。4 月 1 日，英國《金融時報》也證實了，江澤民的確向習施壓，要求現領導層「收控、放慢」數十年來最嚴厲的反腐敗運動。4 月港媒進一步證實說，江澤民不顧老臉，親自以私人信函的方式寫信給王岐山，希望他的反腐緊急「剎車」，但江的求情被王岐山頂了回去。

現在看來，這個時間段正是 3 月 15 日習近平陣營正式讓軍紀委內部立案調查徐才厚的日子，不過江澤民想代為求情的，不光是徐才厚，還包括周永康和曾慶紅以及江綿恆，因為那時習、李、王是全面出擊的。

外界聚焦「徐比周永康先落馬」

人們對徐才厚的落馬感覺突然，是因為周永康的貪腐和政變醜聞比徐才厚鬧得更沸沸揚揚，為何先落馬的不是周永康，而是徐才厚呢？

據了解中國政情的專家分析，一，雖然徐才厚主管中共軍隊，但徐只是中共軍委副主席，而且是個文官，從來沒帶過兵，而周永康手下的武警和公安，若再加上保安，和平時期周永康掌控的暴力機器的能力，比徐才厚多很多，而且徐才厚在中共黨務系列裡只是中央政治局委員，而周永康是政治局常委。中共歷來強調「黨指揮槍」，所以黨務位置的高低起決定作用，也就是說，周永康的地位比徐才厚高。

二，最近這幾十年，中共權力鬥爭的潛規則是：反腐可以觸及政治局委員這一級別，如陳希同、陳良宇、薄熙來、徐才厚，但還沒有突破到政治局常委這一級別。「刑不上常委」，這是江澤民幾十年來一直拚命建立和維持的潛規則，如破了這個規矩，一旦周永康落馬後，有問題的常委，如賈慶林、曾慶紅、劉雲山、張德江、張高麗等，都面臨危險，多米諾的第一塊骨牌一旦倒下，後面的局勢就一發而不可收，於是，江澤民拚了老命也要保周永康，何況周永康知道江澤民很多祕密。

三，徐才厚雖然是江澤民一手提拔上來的，江在位以及胡錦濤時代，徐都是江在軍中的代言人，但是自從習近平上台後，善於觀察局勢、而且善於見風使舵的徐才厚，「18 大」後積極投靠習，不斷帶頭向習表忠心，於是江派認為徐背叛了他們，為了懲罰叛徒，當習要調查徐時，江派也沒有阻撓。

習廢用處理黃菊的模式

有人懷疑周永康是否落馬還有個主要因素是認為，周永康可能會像黃菊那樣，軟著陸，不至於鬧得身敗名裂。不過，這是錯誤想法，因為連徐才厚都無法軟著陸，更不要說周永康了。

2006 年，深度捲入陳良宇貪腐案的中共政治局常委黃菊，因江澤民的阻撓和黃菊當時已患癌症，於是胡錦濤對黃採取了「不逮捕、不判刑、不公開、不露面」的低調處理方式，所謂「黃菊模式」。

不過這次不同了，習近平的本意就是要打掉江的「權勢」，因為江澤民正是所有攔路虎的總後台。

徐才厚是江澤民在軍中的代言人。胡錦濤未能公開拿下黃菊，就在於黃有江的保護。如果習延續「黃菊模式」處理徐，就等於向江和江系發出服軟信號。外界會認為，江仍然制約習，於是江派大老虎們會依然一如既往地阻止習近平。

有消息分析，2014 年 1 月 20 日，習近平同意徐才厚跟隨他一起參加軍隊新年聯歡晚會，以告訴外界準備讓徐平安著陸，但因為第二天（1 月 21 日）連續發生兩起大事，讓習不得不改變了主意。

2014 年 1 月 21 日，也是在 1 月 7 日陳光標紐約誣陷法輪功失敗的兩周以後，江派血債幫不惜讓大陸絕大多數網站癱瘓，也要再次上演逼宮鬧劇。當天大陸很多民眾的電腦都無法登陸其想要訪問的網站，而是指向了美國法輪功學員開發的突破中共網路封鎖的動態網。

1月21日，國際上還發生了一件令人震驚的事：總部設在美國華盛頓的民間組織：國際調查記者同盟（ICIJ）發表一份調查快訊，稱「至少有5名現任與前任中共中央政治局常委的親屬在英屬維爾京群島和庫克群島等離岸金融中心持有離岸公司，其中包括現任國家主席習近平、上屆國務院總理溫家寶及李鵬、上屆國家主席胡錦濤以及已故領導人鄧小平。」這等於是說這些人貪腐受賄並將巨額財產藏到了海外。但此調查中唯獨沒有在中國貪腐最嚴重的江澤民集團核心成員江澤民、曾慶紅、周永康、徐才厚、賈慶林的家族成員。

消息稱，此事件背後是江澤民集團第二號人物曾慶紅在背後暗中運作，餵料給國際社會。

江澤民派系的反撲，反助太子黨勢力聚集，支持習近平。習近平在獲得太子黨盟軍支持下，除清理周永康舊部外，中紀委還開始調查與曾慶紅、江澤民相關的貪腐大案。習陣營的調查，又反過來刺激曾慶紅採取更多的反撲，於是你一下我一下，雙方來回過招，令衝突更加不可調和，而成為了一場場的生死角力。

曾慶紅積極攻擊習王

此前《新紀元》已經報導了，曾慶紅在2014年3月兩會前的2月25日布署了大陸詭異的股災，3月1日布署了昆明火車站砍人案，還有此前 2 月 26 日的刺殺香港《明報》主編劉進圖案。

3 月 10 日，曾慶紅和劉雲山聯手拋出了在大陸公開反對習近平的第一篇文章：《習近平是內奸 中國到了緊要關頭》，稱習近平處置昆明案和馬航失聯案處理不當，習是藉腐敗之名，「打擊石油、鐵路、電力等系統的國有經濟政治領導力量」，是在幫忙美國搞垮中國的「內奸」等等。文章還把北京懲罰周薄集團成員說成「採取了株連九族的手法」，並呼籲「盡快組織起來」，進行「你死我活的革命行動」。

中共江澤民集團與習近平陣營的暗中對峙，早已發展成公開的對立。2013 年 10 月，習近平的父親、中共前副總理習仲勛百年誕辰，紅二代大聚會，除缺薄熙來的家人外，曾慶紅的「紅色家族」也沒有派人出席。2014 年 2 月新年團拜會上，江澤民、曾慶紅、李嵐清、李長春等江派人馬故意以「請假」方式拒絕參加，雙方矛盾徹底公開化。

而那時與周永康關係密切、知道周很多祕密的親信和祕書都已落馬。在打擊周永康腐敗集團時，王岐山採用了「剪裙邊」、「拔暗釘」、「剝洋蔥」的戰術，將周永康的馬仔、心腹、幹將一個個處置後，周永康也就變成一條「死老虎」。

江越是反撲越死得快

學過物理的人都知道，「作用力與反作用力相等」原理，體現在雙方爭奪的較量中，假如一方反撲得越厲害，帶來的後果可能是更加嚴厲的打擊。用此比喻江澤民流氓集團為了掩蓋其反人類罪行而一步步地反攻當權者上，非常恰當。就好比一個不會游泳的人掉進水裡了，他越掙扎，嗆水越多，越快滅頂。

比如從最開始來看，江派先是要保薄熙來，阻撓胡錦濤審判薄熙來，在2012年5月搞出了個京西賓館協議，決定切割處理薄。於是江派得意了，在2012年8月搞出了釣魚島風波，還藉抗日打出「釣魚島是中國的，薄熙來是人們的」等標語，最後惹怒了胡錦濤，在2012年11月4日，17屆七中全會上開除了薄熙來的黨籍，結束了其政治生命。

在周永康案上，習近平在2013年12月1日抓捕了周永康，江派拚命掙扎，曾慶紅不惜派出精心豢養的特務陳光標到紐約去上演誣陷法輪功天安門自焚的丑劇，還策劃發布了習近平、胡錦濤、溫家寶的「離案醜聞」，結果引來習、胡聯盟的更大打擊，當時不僅持續關押周永康，連曾慶紅也賠進去了。曾慶紅目前被軟禁，無法再對江派嘍囉發號施令了。

如今，江綿恆的案子也在調查中，而且中共黨媒一再曝光江澤民賣國、貪淫的醜聞，習近平的反腐，從薄熙來、周永康到曾慶紅，眼瞅著奔江澤民去了。

第二節

軍事法庭不敢提的徐才厚罪名

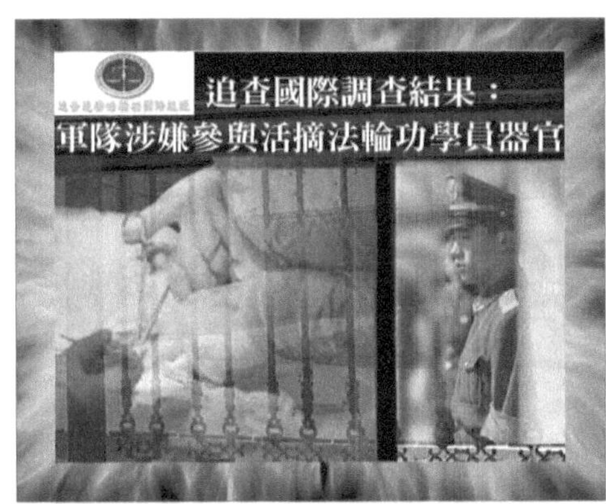

「追查國際」針對中國大陸 30 個省市司法系統和軍隊、武警、地方等醫院器官移植部門進行持續調查，顯示中共軍隊參與活摘罪惡。徐才厚身為軍隊一把手，利用國家軍隊系統活摘人民器官，犯下反人類罪行。（大紀元資料室）

2014 年「七一」前夕，前中共中央軍委副主席徐才厚被中共當局宣布開除黨籍。當局對徐才厚的指控是受賄和違紀，但中共一直不敢說明 2013 年剛退休的徐才厚涉及的真正罪名。幾個月來，徐才厚實際上已經處於被軟禁狀態。

軍隊和武警是「活摘」的主要凶手

在徐才厚任中共中央軍委副主席之際，正是江澤民集團對法輪功殘酷迫害的時期，在這期間發生了這個星球上最邪惡的「活摘器官」。據「明慧網」消息來源指出：大陸主要器官來源由中共軍隊總後勤部掌控，參與的醫院以軍方或者與軍方有聯繫的器官移植醫院為主，是活摘法輪功學員器官的一個重要特點。因為軍隊保密的緣故，外界也就更難知道事情的全貌。

中共有龐大的軍隊衛生系統，包括解放軍總醫院，各軍醫大學附屬醫院，軍區、軍兵種總醫院等等。「器官移植」是中共軍隊醫院發展最活躍的領域之一。

《三聯生活周刊》2006 年 4 月報導，「中國 98％器官移植源控制在非衛生部系統」，與國際調查結果指器官來源控制在軍隊系統裡，不謀而合。實際上從利用死刑犯器官到活摘法輪功學員器官，軍隊醫院，也包括武警醫院，都占盡便宜。

總後勤部利用軍隊系統和國家資源，將到北京上訪而不報姓名的法輪功學員和各地被非法拘捕的法輪功學員驗血編號，輸入電腦系統，利用軍車、軍航、專用警備部隊、各地軍事設施和戰備工程來運送和關押法輪功學員，形成了一個國家級的活體器官庫。總後勤部還統一分配調度，軍事監管人員有權逮捕、關押、強制處決任何洩露消息的醫生、警察、武警、科研人員等；而中共總參謀部則利用其情報系統，全力阻擋真相向世界傳遞。

各級地方醫院在巨大的利益驅動下也犯下活摘器官的罪行，形成了以中共中央「610」和軍隊醫院為主，地方公、檢、法和醫院為輔，遍布監獄、勞教所的一個全球最大活體器官交易的中心。2000 年後中國一直占世界活體器官移植總數的 85％以上，該數據是軍委上報資料的一部分。

「追查國際」調查顯示，中國大陸多個省市大部分軍隊、武警醫院涉嫌參與活摘法輪功學員器官，包括中央軍委直屬軍隊醫院、軍區總醫院、海軍 41、解放軍第二炮兵總醫院等各大軍兵種總醫院，以及各地武警醫院，無一例外的積極開展器官移植手術。活摘從 1999 年的零星個案開始，2003 至 2006 年進入高峰期，涉及 23 個省市自治區，全中國數百家醫院。2006 年 3 月以來，多位證人指證中共大量活體摘取法輪功學員腎臟、肝臟和眼角膜等器官牟利，瀋陽一名老軍醫還揭密中共活摘器官的流程，據他所知，至少有 6 萬人被活摘器官。

追查國際的調查報告最後指出，鑑於中共軍隊系統自成系統的特殊性，一條龍的黑箱操作，掩蓋著軍隊醫院系統全面參與活體摘取法輪功學員器官的黑幕，報告所涉及的僅僅是冰山一角，更多黑幕可能要等類似王立軍這樣的黑幫內訌才能曝光出來。

「總後勤部」是活摘器官核心機構

2009 年 11 月 11 日，明慧網發文證明「解放軍總後勤部」是活摘器官的核心機構。1999 年 7 月以後中共軍方開始按當時中共軍委主席江澤民在「肉體上消滅」法輪功學員的滅絕政策，因此軍方從事「活摘法輪功學員器官」進行販賣這種一本萬利的買賣，得到江澤民默許和鼓勵。

總後勤部利用軍隊系統和國家資源，將遭到非法拘捕的法輪功學員驗血編號，輸入電腦系統，統一關押在軍隊的集中營，成為國家級的活體器官庫。總後勤部統一分配集中營，分管調度、運輸、交接、警衛和核算，在進行器官移植的過程中，如果器官移植失敗，被移植器官人員的資料和屍體必須在 72 小時內全部銷毀。整體的資料和屍體，包括活人焚毀都經軍事監管人員認可。

軍事監管人員有權逮捕、關押、強制處決任何洩露消息的醫生、警察、武警、科研人員等。軍事監管人員由中共軍委授權相關軍事人員或軍事機構執行。總後勤部通過各級管道將供體調配

到軍方醫院和部分地方醫院，向醫院提供一個供體直接收取現金
（外匯）的血腥交易，醫院付帳給總後勤部後自負盈虧。「軍方
高層」通過總後勤部直接牟利，器官的利潤不入軍隊預算，而其
活摘器官的層層系統卻是靠國家軍費維持，因此來自活摘器官的
金錢是沒有成本的純利潤。軍隊移植才是大頭，賣給地方的器官
只是把地方醫院作為向海外攬客的櫥窗和廣告，否則只有中國軍
方做移植手術，對世界將難以掩蓋。

追查國際：軍醫院大量參與活摘

「追查國際」2012 年 4 月 30 日發出《中共利用前衛生部副
部長黃潔夫掩蓋器官移植供體來源的調查報告》，報告指出 2000
年後中國的器官移植出現等待時間超短、充足的高品質供體、及
移植手術數量猛增三個特點。

報告引述據 2009 年 9 月《中國醫學論壇報》刊文《器官捐
獻的國家行動》，提供了從 2000 年到 2008 年全國器官移植總數，
腎臟移植為 8 萬 6800，平均每年有 9644；肝臟移植總數是 1 萬
4643，平均每年 1627；心臟移植總數 707，平均每年 78.5。

而中共前衛生部副部長黃潔夫曾在 2007 年的不同文章中提
到，2005 年的肝臟移植數目，分別是 2500 多例、3500 例。黃潔
夫在 2000 年發表的一篇文章中描述中國的肝臟移植狀況，稱從
1977 年到 1999 年 7 月的 23 年間，全國共完成肝移植 228 例次，
相當於年平均不到 10 例。從 2000 年前的年平均 10 例，到 2005
年年平均暴增 3000 例（或更多），追查國際指出，這種現象是
在國際上任何地區、任何時期，都沒有發生過的。

江澤民老巢的軍隊醫院——上海第二軍醫大學的長征醫院，其網站為患者提供的網上肝移植申請表上特別說明「平均等候供肝時間為一周」，等待時間超短。且「長征醫院」在 2003 年 12 月 17 日被總後勤部批准為解放軍器官移植研究所，至 2005 年底的兩年時間內，就完成了腎移植 3081 例，肝移植 460 餘例。

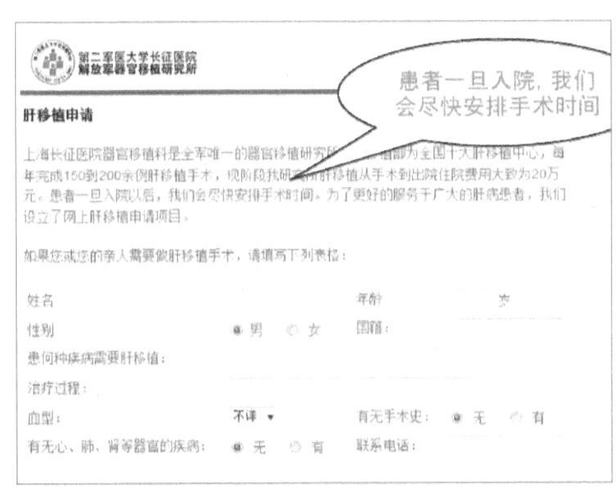

江澤民老巢的軍隊醫院——上海第二軍醫大學的長征醫院，其網站為患者提供的網上肝移植申請表上特別說明「入院即可盡快安排手術時間」。（長征醫院網站截圖）

武警廣東總隊醫院「器官移植中心簡介」也在其網頁上說，「腎移植為科室主要特色，優勢為：充足的腎源及優質的供腎，滿意的 HLA 配型。」北京武警總醫院「器官移植中心」2005 年 10 月 18 日發表消息稱，「目前正式成立腎移植專家組，開展腎移植手術……供體來源充足，……由完成上千例腎移植手術專家主刀。」

中共衛生計生委網站 2013 年 8 月 8 日公布了 165 家批准開展人體器官移植項目的醫院名單。這 165 家醫院遍布全國 31 個省、市、自治區。從名單中可以看到，中共在各省市、各軍區的軍方醫院都大量涉及器官移植業務。

「追查國際」2012 年 6 月 1 日發表了《關於中共軍隊、武警醫院參與活摘法輪功學員器官的調查報告》。該報告披露了一些調查錄音進行舉證：追查國際調查員以為家人或朋友尋找移植腎供體為由，接觸了解放軍第 307 醫院腎源聯繫人，調查結果進一步證實中共活體摘取法輪功學員器官的真實存在——上訪被抓而未報姓名的法輪功學員是這場虐殺的主要對象；遭抓捕的法輪功學員被隱去真實姓名，編上代號放入假檔案內，作為醫院器官移植的供體。

周永康等高官變相承認活摘

有消息稱，大批的作為器官移植供體的法輪功學員，被關押在四川和重慶的戰備倉庫等軍事設施裡。「追查國際」的調查員以四川省委書記李春成的名義與周永康對話，從錄音中看出周永康對法輪功學員被關押在戰備倉庫，防空洞等設施並沒有否認，只強調此事只能在保密電話機中談論。

2012 年 4 月 30 日，「追查國際」公布了從 2006 年到 2012 年六年間多個電話調查錄音。該機構的調查員以各種身分與中共政治局常委李長春等中共高官的對話錄音，直接證實活摘法輪功學員器官是真實存在的，是中共政法委書記周永康親自負責。活摘法輪功學員器官進行器官移植是中共的重大國家機密，保密程度在中央政法委系統是處級以上幹部，並有中央政法系統專人辦班盯這個事情。

原中共政治局常委李長春，2012 年 4 月中旬訪問英國時，當時「追查國際」的調查員，以前任政法委書記羅幹辦公室張主任的身分跟其通話，李長春向其證實用法輪功學員的器官做器官移植這件事是周永康具體管這個事，讓直接去問周永康。

原遼寧政法委副書記唐俊杰則證實，薄熙來及中共中央布署活摘法輪功學員器官。「追查國際」調查員以「中紀委薄熙來專案組成員」的身分與原遼寧政法委副書記唐俊杰通話，向其詢問摘取法輪功學員的器官做移植手術這件事情上薄熙來有無相關指示，唐俊杰證實說：「那個我分管這個工作。那個中央實際抓這個事，影響很大嘛……，那個時候主要是常委會討論啊，好像還是正面的一些東西……」

2008 年 9 月 16 至 26 日期間，江蘇省常州市江南春賓館召開中共全國政法會議，追查國際調查員以「國家安全部官員」的身分，祕密調查一個洩密的案件為由，向一位來自北京政法系統姓李的參加會議者詢問。對方證實摘除在押的法輪功學員器官做器官移植手術這是國家機密，中共中央政法委處級以上都知道這個機密，並介紹有個劉處長，一直在開會的賓館辦班組織這個事，他一直在現場盯。

徐才厚身為軍隊一把手，多年來積極跟隨江澤民迫害法輪功，利用國家軍隊系統活摘人民器官，犯下的反人類罪行，這是中共軍事法庭不敢審判的徐才厚最大罪行。

第三節

歐洲頒新約
促習江生死決戰在即

2014 年 7 月 9 日，歐洲理事會通過了「歐洲理事會反對販賣人體器官」的公約，要求各國政府將某些器官移植形式列為犯罪，比如捐贈者沒有同意、或捐贈者或第三方因此獲得經濟收益的移植行為。

公約旨在全球範圍內，「在國家和國際層面，促進打擊人體器官販運的合作。」除了歐洲 47 個成員國將簽署該公約外，全球非成員國也可簽署，2014 年底左右還將在西班牙舉辦正式簽署儀式。

該公約主要針對犯下反人類罪行、活體摘取法輪功學員器官的中共。在世界其他地方，如亞洲諸國和美國，也出現了很多政府決議，譴責中共違背人性，強制摘取人類器官，犯下了不可饒恕的反人類罪行。

如世界衛生組織（WTO）曾發布公告說：「在 2005 年，中國各地的腎臟和肝臟移植手術高達 1 萬 2000 例。……由於缺乏對器官分配的明確規則、再加上外國人具有經濟實力並有代理人而優先得到器官等，導致外國人在中國進行器官移植，已經構成國際器官買賣的一部分。」這等於直接點出中共進行大規模、政府層面的買賣器官。

北京提前拿下李東生

2013 年 12 月 12 日，歐洲議會代表 5 億歐洲人通過了一項緊急議案，要求中共立即停止活體摘取器官，並呼籲中共「立即釋放」包括法輪功學員在內的所有良心犯。

《大紀元》據悉，這項議案震驚中共高層。面對強大的國際壓力，現任高層為給自己留後路，八天後通報公安部副部長李東生落馬，通告中還罕見強調李東生積極參與迫害法輪功的隱祕頭銜。

2013 年 12 月 20 日，中紀委宣布調查李東生時，通報中李的頭銜包括：中央防範和處理 X 教問題領導小組副組長、辦公室主任，公安部黨委副書記、副部長。五天後，12 月 25 日李東生被正式免職。

對比這兩次官方在介紹李東生頭銜的變化，很顯然，北京當局故意突顯李東生鎮壓法輪功方面的罪責。1999 年 6 月 10 日，江澤民為了鎮壓法輪功，仿照毛澤東在文化大革命初期成立的「中央文革小組」，成立了凌駕在所有政府部門之上的、專門鎮壓法輪功的「中央防範和處理 X 教問題領導小組」。由於成立於 6 月 10 日，簡稱「610」小組。其下屬的具體職能部門叫「610

辦公室」。除了中共黨務系統的「610」，江澤民在國務院政府機構中也成立了相應的辦公室，黨政兩邊都有相應的「610」，很多時候是兩套牌子、同一班人馬。

多年來，法輪功一直在海外曝光「610 辦公室」違背人權的種種惡行，對此，中共外交部對外始終否定「610」的存在，而這次公開公布李東生的頭銜之一是「610 辦公室」副主任，而且把這個頭銜放在了公安部副部長職務之前，其背後隱含的內容非常豐富。

江澤民惶惶不可終日

大陸媒體不讓百姓獲知習近平面臨的國際譴責與壓力，同時也隱瞞了中共前黨魁江澤民的一系列罪行和其惶惶不可終日的處境。

2014 年 7 月 20 日，香港很多媒體報導了 88 歲的江澤民因腿部問題住院就醫，與此同時，百度微博出現大量江澤民淫亂的文章。

早在 2000 年 10 月，江澤民就突然患上離奇怪病，右下肢微細血管堵塞，神經線壞死，中共政治局一度討論給江截肢。不過在氣功師的幫助下江保住了右腿，但此後留下後遺症。2014 年江在上海露面時就顯得步履蹣跚。

7 月 20 日，大陸許多網民在微博發帖稱：「請百度『克拉娃』，一定會有特別收穫。」克拉娃是前蘇聯克格勃女特務，有人還貼出了江澤民和克拉娃的黑白合影照。

據《江澤民其人》一書內容，江澤民的父親是日偽漢奸江世俊。1940 年 11 月漢奸汪精衛的日偽政府成立後，江世俊投奔南京，改名江冠千。江世俊曾力薦其子江澤民參加日偽政府培訓特務的「青年幹訓班」第四期培訓。

中共 1949 年竊政後，江澤民於 1954 年 11 月被派去莫斯科培訓，被蘇聯情報部門克格勃發現其「漢奸」身分，即派出美女克拉娃引誘和逼迫江澤民為克格勃提供情報。從此江上了圈套，之後為掩蓋其克格勃特務身分而不遺餘力地出賣國土討好俄羅斯。

據後來俄羅斯等海外媒體披露，江澤民上台後，總共出賣給俄羅斯的中國國土高達 300 多萬平方公里，相當於 100 個台灣。

有趣的是，2014 年 7 月 20 日北京玉淵潭公園立起了一個充氣的大蛤蟆塑料模型，號稱「金蟾大鳴中國夢」。哪知第二天充氣蟾蜍就開始洩氣了，只能無力地趴到水面上。大陸民間盛傳，江澤民是蛤蟆轉生。因此大蛤蟆無預警地洩氣，大陸民眾開始聯想與揣測這是否應驗了江目前的處境與身體狀況。

有評論表示，這副景象最能說明目前江澤民的敗落處境。一方面，江派主要大員和追隨的諸多馬仔相繼落馬，江澤民正成為「光桿司令」。這些大員包括業已被開除黨籍並移送司法的周永康；不久前落馬的中共軍委原副主席徐才厚；和中共政協副主席、江西原省委書記蘇榮；被祕密關押在天津的江派「二號人物」曾慶紅；即將被落馬的軍委另一個原副主席郭伯雄；以及已經被判刑的薄熙來等。而上述人等的數十個重要馬仔也被調查、抓捕、判刑，包括江系在央視的追隨者。

另一方面，目前大陸官場都知道得「遠離江澤民」。如今江派官員都人心惶惶，生怕下一個輪到自己被調查甚至被捕。無論是江派官員還是其他派系官員，都已經不再敢和江派過多接觸。

比如在曾慶紅被拿下之前，江澤民南下遊說中共退休軍頭和黨政元老，企圖通過他們阻止習近平對曾慶紅的調查，江甚至乞求說：「等我死了你們再查吧！」但卻遭到拒絕。如今的江已是「獨夫」一個。

敏感的讀者也能發現，近來大陸媒體也在全面封殺江澤民的亮相，報紙上基本上看不到江澤民這三個字，哪怕是在某個高官或知名人士的追悼會上，江澤民都沒有資格送花圈或表示慰問，甚至江澤民費盡心思換來的與普京的見面機會，大陸媒體也大都沒有報導，即使報導了，也只是暗示江澤民對俄羅斯的賣國「貢獻」很大。

與此同時，大陸百度卻不時解禁關於江的醜聞和罪行，如江與蘇聯間諜情婦的交往，江出賣東北領土，江活摘器官等等，甚至香港和海外的親江派媒體也開始變調，報導中不僅不再出現習近平、江澤民聯手的內容，而且還出現了《徐才厚落馬，大老虎指向江澤民》等標題，部分還開始轉載《大紀元》的相關內容。

這些變化都傳遞了一個信息：江澤民是習近平要打的「大老虎」。

慘絕人寰
馬三家倖存者再揭性酷刑

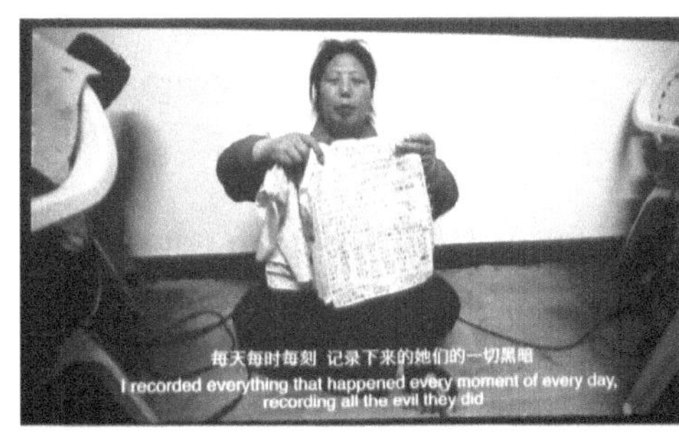

馬三家女子勞教所「人間地獄」的罪惡，被上訪人士劉華以她的親歷、所見所聞，撕開了馬三家女子勞教所內部殘忍和暴虐的一角。（視頻截圖）

前《紐約時報》攝影記者、曾拍攝過揭祕馬三家女子勞教所內幕紀錄片《小鬼頭上的女人》的導演杜斌，他所著的新書《陰道昏迷 馬三家女子勞教所的酷刑倖存者證詞》，2014 年 7 月 21 日在香港上市。該書收錄了杜斌對數十位馬三家勞教所酷刑受害人和見證人進行的訪談。她們很多是訪民或法輪功群眾。

杜斌在推特上寫道，「『我們是人，不是牲口』，正是基於這一點，才有了這本書。這本書是要銘記肩負繁衍人類的重任的女人們所遭遇到的無可言說的凌辱和悲劇。」

我們是人，不是牲口

杜斌表示，他所做的一切，「就是要外面的人知道這些事情不能發生在人的身上，因為我是一個人，我不能接受，所以我才會做，我做了就不怕，怕了就不做了。有一點必須要說出來的，我們是一個人，不是牲畜，不能想怎麼折磨我們就怎麼折磨我們。……我會把手裡的東西全部拿出來，要讓外面的世界知道，我們是人，不是牲口，中國政府不能這樣污辱我們人。」

杜斌的朋友、北京社會活動家胡佳告訴自由亞洲電台：「馬三家的受害者劉華最擔心的一點是，馬三家的姐妹們用陰道帶出來的在裡面寫下的馬三家暗無天日的情形有關的資料，貼在一張舊報紙上，留在杜斌那裡，很怕被警方抄走。馬三家的血淚史某種意義上是杜斌這本書的初稿，女性用私密的陰道帶出的資料以及杜斌寫的書，既是歷史的證據，也是歷史的證言。」

劉華已被摧殘得滿身是病，她曾經被扒光衣服電擊，她說：「有學員被電過乳房、陰道，還往陰道裡灌辣椒麵，上死人床；有學員被電棍插到陰道裡；有學員褲子被脫光，用棉籤往她小便處戳。」

法輪功學員朱桂芹說：「把我綁在死人床上，兩腿八字形拔開，把我的外褲、內褲都脫到膝蓋以下，上面灌食，下邊導尿灌腸，大小號都不讓，造成我婦科炎症，拿棉籤捅我陰道下邊，慘無人道。把我關小號，這個小號可曝光到國際社會，可以看清中共迫害法輪功到什麼程度。」

杜斌拍攝過揭祕馬三家女子勞教所酷刑的紀錄片《小鬼頭上的女人》，該片已於 2013 年 5 月 1 日在全球網路公映，他還在 2011 年 3 月出版了一本題為《牙刷》的後現代詩歌體小說。《牙刷》描寫在監獄裡，獄卒用牙刷插入女性囚犯的陰道這樣一種滅絕人倫的酷刑。這種酷刑正是法輪功學員向國際社會曝光的酷刑。

杜斌表示：「發生在馬三家女子勞教所裡面的事情，如果真的要揭開來的話，我想中共政府將無法面對這個事實。因為發生在裡面的事情，就是反人類的事情。」十多年來，馬三家女子勞教所一直使用電擊、「老虎凳」、「死人床」、上「大掛」等酷刑迫害關押人員的真相一直被中共封鎖。

做了每個人都應該做的：講真話

杜斌所著的多本書籍，由於揭露了中共罪惡，無法在大陸出版，但在香港等地出版後非常熱銷。2013 年 6 月 1 日，因拍攝《小鬼頭上的女人》以及出版新書《天安門屠殺》，杜斌被當局以「尋釁滋事罪」抓捕，北京豐台國保直接參與抓捕。

「我從來沒有覺得自己犯罪，在任何時候，審訊我的時候我也很坦然。」他說：「我做了每個人都應該做的，那就是講真話。」

杜斌說，當局反覆問他為什麼要拍攝和寫書，是不是有人組織和授意？但杜斌堅持自己做人的本分，「我就說因為我是一個人，我就是本著一個做人的本分，我當時告訴他們，我是一個爺們。我對發生在女人身上的酷刑、虐待，我不能接受。是一個爺們都不能接受的。」

當局審訊他時，以他沒有親眼目睹酷刑為由，質疑為何敢指控酷刑，但杜斌表示，有關馬三家的揭露，最早是《Lens ．視覺》雜誌 4 月 7 日披露，他的紀錄片在 5 月才發表，而且是真人實據，「他們問我有沒有見過酷刑，我說這些酷刑是對女人的，我是男人，怎麼可以看到？我採訪了十幾個受害者，她們都是不同時期進去的，她們被關在不同的房間裡面被虐待，她們講述的，證明裡面確實有這樣的事情，如果你們覺得是虛構的話，她們可以給我作證。」

2013 年 4 月 7 日晚，大陸媒體《Lens ．視覺》雜誌的「走出馬三家」的報導，以《還原女子勞教所真實生態：坐老虎凳縛死人床》或《揭祕遼寧馬三家女子勞教所：坐老虎凳綁死人床強制孕婦勞動》等標題被轉載，是大陸媒體少有的碰觸中共禁忌。

強姦輪姦頻繁　「想像不到的邪惡」

過去十幾年來，遼寧省馬三家勞動教養院一直是中共標榜為迫害法輪功的「先進」，以殘酷迫害法輪功而出名，不過大量有關馬三家邪惡的真相仍被掩蓋，其中包括 2000 年 10 月馬三家發生的性侵害事件。當時有 18 名女法輪功學員被剝光衣服投入男牢房慘遭蹂躪，導致至少 5 人死亡、7 人精神失常、餘者致殘。消息曝光後震驚世界。之後這一瘋狂惡行更是被其他勞教所及監獄效仿。

2000 年 10 月，馬三家 18 名女性法輪功學員被扒光衣服後強行投入男牢房。有人目睹幾個犯人直衝年輕姑娘去了，事後沒有幾天其中一位姑娘就自殺，後來被救活。

據一位被關押在那的女學員對親友說，「那裡面的情景是想像不到的邪惡。」

被關押的法輪功學員講述，馬三家惡警叫囂：「什麼是忍？『忍』就是把你強姦了都不允許上告！」

2001 年 4 月，被劫持在一大隊的法輪功學員鄒桂榮（被迫害致死）、蘇菊珍（被迫害致精神失常，含冤離世）、尹麗萍（下肢癱瘓，一度精神失常）、周敏、王麗、周豔波、任冬梅（未婚）、趙素環等九人，先後被馬三家送到張士男子勞教院，與 40 至 50 個男人關押在一起受盡蹂躪和摧殘，有的女學員 18 天後精神失常。

對法輪功學員的性迫害成為馬三家勞動教養院普遍使用的邪惡手段，而此種殘酷虐待傳至全中國各地的勞教所，強姦、輪姦等惡性事件頻發，大批法輪功學員遭此性虐待。而馬三家女二所所長蘇境當年因配合迫害法輪功而被中共司法部獎勵 5 萬元人民幣，還被評為所謂的「一級英雄」。

聯合國「婦女暴力」監察專員 2001 年度報告寫道：在 1999 年 10 月，1500 多名法輪功學員被拘留在遼寧省馬三家勞改所。學員們被強迫放棄修煉法輪大法，拒絕的人遭到身體的摧殘，被電棍電擊、被關禁閉，和被強迫做繁重的體力勞動。女學員的胸部和陰部遭電棍電擊。

除了對女性法輪功學員慘無人道的性虐待，對男性法輪功學員性迫害手法形形色色，根據男性生理特點，電擊生殖器、捏睪丸、扯生殖器，用刷把、笤帚把往肛門插……，令受刑者生不如死，許多人因此被折磨得昏死過去。

勞教所高層都是知情、指揮、參與者

據大陸著名維權律師江天勇披露，馬三家多種多樣的酷刑長期存在，而且該勞教所高層都是知情者、指揮者、參與者。北京大興女子教養院、河北省女子勞教所、河北高陽勞教所、黑龍江前進勞教所、鄭州十八里河女子勞教所、湖北沙陽勞教所等等，裡面存在的全面酷刑，與馬三家比，有過之而無不及。

　　江天勇表示，對上訪者可以這樣做，那對法輪功只會更狠毒，只是國內媒體不敢報導，這些酷刑先用在法輪功學員身上，然後再用在別的群體，所以說一個人沒有人權，所有人的人權都可能被踐踏。

　　馬三家是全中國勞教所的樣板，也是縮影。據相關統計，像馬三家女子勞教所一樣的酷刑虐待和對在押人員的迫害，在大陸勞教所中相當普遍，數據顯示，大陸幾乎每一個勞教所都有多達數十種的酷刑，總體酷刑達上百種。

　　雖然大陸於 2013 年底宣布取消勞教制度，但一批勞教所被重新命名為「戒毒中心」，勞教制度仍以其他形式繼續存在。

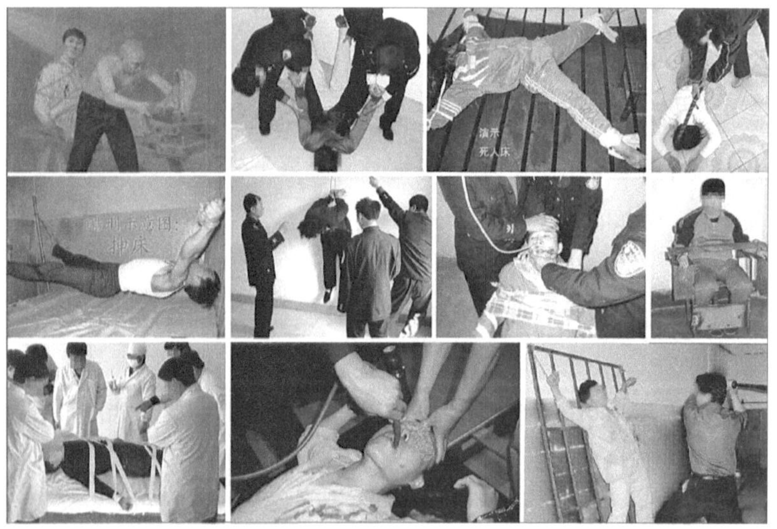

中共勞教所及監獄針對拒絕放棄信仰真善忍的法輪功學員施以數十種酷刑，圖為部分酷刑演示。（明慧網）

第五節

習訪阿根廷遭遇的震驚

阿根廷警方在現場保護請願、舉橫幅的法輪功學員。（大紀元）

2014 年 7 月 14 日至 23 日，習近平出訪巴西、阿根廷、委內瑞拉、古巴四國，即使在這幾個和中共關係較為密切的小國，出訪時發生的很多事，大陸媒體都集體噤聲，不敢透露一點讓百姓知曉。

巴西中使館雇凶打人被抓

7 月 16 日習近平到訪巴西。在習近平的車隊經過時，巴西法輪功學員們站成一排，高聲喊出「法輪大法好、真善忍好」，停靠路邊的麵包車中，幾名疑似中共使館保安身分的人慌張地不斷用對講機聯絡，最後對法輪功學員的請願無能為力。

當各國元首從議會大廈出來時，法輪功學員迅速展開「停止迫害法輪大法修煉者」的橫幅，元首車隊在低速行進中看到了用中、英、葡三文書寫的橫幅，其中一輛車中的中國人一直緊盯著橫幅。

17 日，巴西女總統迪爾瑪・羅塞夫與習近平會面。法輪功學員選擇面對巴西總統府正門煉功、靜坐。當習近平將要離開總統府、中巴兩國官員走出總統府時，法輪功學員們高喊「法輪大法好」，在場的人都有聽聞。

在多次阻擋不成的情況下，中共使館官員惱羞成怒，在位於三權廣場後的自由愛國紀念碑的台階處組成三層緊密人牆，擋住要進入廣場的法輪功學員們。學員們始終和平理性，緩步走向台階，慢慢通過。

當拿有橫幅的巴西法輪功學員走到人牆處時，無故遭遇七、八個人圍毆。凶徒們同時擁上，並使用柔道專用術裸絞法（即用手臂從背後攬住人的脖子）、擊前胸、用手和膝蓋攻擊下身等專業致命手法，奪走橫幅，在場的另一位巴西女學員也受到三、四個人連擊肩、胸部的攻擊。

這些人搶到橫幅後迅速將其擲到台階下，另有人在下面接應。一名中共幫凶搶到橫幅向三權廣場逃去，巴西警察見狀止住這名凶徒，此人最後被人贓俱獲。共四名中共幫凶最後被警察用警車帶走。

阿根廷中領館官員被抓

7 月 18 日，習近平抵達阿根廷首都布宜諾斯艾利斯，當地中使館官員到場，雇凶衝擊法輪功請願隊伍和搶奪橫幅，並和警方發生肢體衝撞，結果阿根廷警察逮捕了中共大使館副武官。這在中共外交史上極為罕見。

18 日，阿根廷法輪功學員在習近平下榻 Sheraton 酒店外的人行道上拉起「歡迎習近平」、「法輪大法好」、「立刻停止迫害法輪功」、「法辦迫害法輪功的流氓集團」等橫幅。

阿根廷法輪大法協會負責人付女士表示，當天當地華人超市協會及福建同鄉會數個頭目對法輪功學員進行恐嚇說：「你們馬上就不能待在這裡了。」隨後一些中共雇傭來的打手陸續趕到，打手數次襲擊法輪功學員，試圖強行搶走法輪大法的橫幅。

不久，中共阿根廷大使館的一位副武官來到現場，此後，一群打手強行撕破數個橫幅。阿根廷警方在目睹其暴行後，增派大量警察，要求中共打手不得靠近。

當習近平的車隊快到時，中共大使館副武官手勢下令，一群打手立刻衝前強搶「法輪大法好」等黃色橫幅。他們暴力推開阿根廷警察，和警察發生衝突。阿根廷警方使用木棍將中共打手隔開。

此時習近平的車隊到達，車子的速度慢下來，看到了法輪功學員高舉橫幅和高喊「法輪大法好」的場面。

19 日，阿根廷副總統接見習近平。在經歷前兩次中共大使館暴力衝擊後，阿根廷防暴警察為了保護法輪功學員，將中共打手特務和法輪功學員分開。但是中共大使館的副武官組織其他打手特務強行企圖突破警方的防線。最後阿根廷警察將要強行衝過防線的中共大使館副武官逮捕。警方向法輪功學員透露，雖然此人是中共的外交官，但也要將其拘捕。

付女士表示，習近平走出國會時站在很高的台階上，法輪功學員的橫幅很高，遠遠就可以看到。「當習的車隊繞過國會廣場

阿根廷警方逮捕中共大使館的
一名官員。（大紀元）

時，街角有三名西方大法女學員高喊『法輪大法好』，並拿出法
輪功橫幅。」一些中共打手當時要走過來強搶橫幅，被警察攔住。

整個逮捕過程被錄像放在網上，特別是那些西方法輪功學員
用中文高喊的「法輪大法好」，不但令出訪官員震撼，很多華人
觀眾看了也深有感觸，很多人議論說大使館的人太傻了，「都什
麼年頭了，還在迫害法輪功！『610』的位置都沒人敢坐了，你
還敢在國外搞？警察不抓你抓誰？」

中共死亡職位「610」 惡報驚心

中共江澤民集團為迫害法輪功成立的「610辦公室」，自
1999年6月10日成立以來其成員屢屢死於非命，近年來死亡案
例尤為頻繁，因此「610」有死亡職位之稱。

甘肅省寧縣「610辦公室」主任孟兆慶，2011年12月23日
上午11時，乘坐寧縣法院一輛麵包警車，在高速路上行駛時鑽
入一拖車前底部，油箱頓時起火，並引燃大車，火借風勢，瞬間
吞噬兩輛車。孟兆慶當場死亡。

原甘肅省慶陽市政法委書記、「610」主任劉五慶，在飽受

癌症的痛苦後，於 2006 年 8 月死亡。

甘肅省慶陽縣「610」主任門懿鏡、白維權，於 2003 年 1 月 8 日外出做迫害法輪功的強制「轉化」時翻車，雙雙身亡。

2004 年 11 月 8 日，吉林省梅河口市「610」主任王福年和「610」成員周某、劉鵬等去抓捕法輪功學員。途中車翻入橋下，王福年、劉、周三人當場身亡，另一人受傷住院。

蘆鶴鳴是陝西漢中市委辦公室副祕書長、漢中市「610」主任。2013 年 3 月 23 日，蘆鶴鳴帶上女兒、女婿、小外孫和祕書一行六人，乘三菱越野車外出，行至西漢高速公路佛坪縣境內隧道時，被兩輛大貨車夾撞，瞬間車被擠撞變形，車上四人慘死。

2010 年 5 月 30 日，河北滄州市鹽山縣「610」主任孫保元駕駛汽車與一輛貨車相撞，孫保元撇下妻兒撒手人寰，年僅 44 歲。

原湖北黃岡市委副祕書長兼第一任「610 辦公室」主任張石明，2005 年 2 月 13 日突發心肌梗塞身亡，年僅 48 歲。黃岡市第二任「610 辦公室」主任王克武，上任第二年就患了肝癌，也於 2005 年清明節的前三天死亡。

江西省公安廳副廳長丁鑫發，專職迫害法輪功，於 2007 年被判無期徒刑。「610」主任徐小剛，被判 17 年徒刑。九江市的「610」主任彭金生於 2002 年去綁架法輪功學員的路上，遇車禍身亡。九江縣的第一任「610」主任李建華於 2007 年底暴病身亡。

2012 年 7 月 7 日，黑龍江省齊齊哈爾市「610」主任李佳明，在和妻子去超市途中，突發心肌梗塞死亡，結束了 49 歲的生命。

于躍進，山東省萊陽市公安局「610」辦公室主任，人稱「于局」。2011 年 4 月 20 日，于躍進剛剛內退，突發腦溢血死亡，時年 54 歲。2008 年 7 月 25 日，于躍進的妻子姜麗娜遭遇車禍身亡，血肉模糊，難以辨認。2010 年，于躍進結識了一名比他年輕許多的女子，不料剛結婚就遭報斃命。

2012 年 2 月，山東棲霞市「610」副主任劉維東因結腸癌擴散，最終搶救無效，在棲霞市人民醫院痛苦地死去，死時 50 歲左右。

山東棲霞市「610」成員李增光 2004 年死於胰腺癌；山東龍口市「610」副主任馬衍會 2007 年患直腸癌；海陽市「610」副主任徐東升惡報殃及家人，妻子患乳腺癌，兒子在車禍中喪生；山東招遠市原「610」副主任宋書芹在 2009 年 11 月遭遇特大車禍。

內蒙古牙克石市「610」主任李群死於癌症，繼任不久的林海清也得了絕症。

黑龍江省牡丹江市原政法委書記田立軍、副書記兼「610」主任李長青，積極參與迫害當地法輪功學員，兩人相繼患癌症。李長青於 2007 年 7 月 22 日患癌症死亡，時年 50 來歲。田立軍也因癌症而死。之後繼任的政法委書記潘影也患癌症。

王志杰，原黑龍江省綏化市公安局政委、綏化市「610」主任。2009 年 4 月 14 日綏化市公安局政委「610」主任王志杰患癌症死亡。

黑龍江省海林市原政法委書記崔義文主要「610」專責迫害法輪功，參與多起對法輪功學員的迫害，最終遭惡報溺水而死。

原雲南省「610」主要成員楊興源，2008 年遭惡報突然患病死亡；紅河州政法委書記袁壽祥患肝癌去世；僅紅河州建水縣參與迫害法輪功的，從「610」人員到公安國保就有十多人遭惡報：建水縣「610」主任彭中發患癌症遭報死亡。

「父親 2013 年癱瘓，母 2014 年又雙目失明」，這是湖南省「610」副巡視員江勇忠追隨江澤民迫害法輪功，給自己的雙親帶來的災禍。

海南省定安縣「610」主任王忠俊曾叫囂：「你們說報應，報應在哪？我抓了你們不少人，我還是瀟瀟灑灑、白白胖胖，沒看到有報應。」此言不出一個月，他的獨子在廣州因液化氣洩漏中毒身亡，2004 年 5 月 8 日，他的妻子跳井自殺身亡。

以上僅是搜索明慧網近期文章所得的案例，仍有大量的明慧網案例限於篇幅未收錄。而由於中共封鎖消息，明慧網報導的案例也僅僅是實際發生案例的冰山一角。

「610 辦公室」是中共江澤民集團於 1999 年 6 月 10 日為迫害法輪功所成立的，其遍布中共中央到地方，是類似於德國納粹蓋世太保的非法組織。各地「610」成員操縱中共「公、檢、法」迫害法輪功學員，還以「法制教育」的幌子非法私設洗腦班，劫持當地法輪功學員和在勞教所、監獄被非法關押期滿的法輪功學員。近年來「610」成員屢屢死於非命，大陸民眾稱這是其作惡多端、遭惡報的結果，「610」儼然已成為人們眼中的死亡職位。

習近平南京宣戰江澤民

第五章

周永康被查
江澤民害怕

7月29日，周永康被北京當局公布「立案審查」，官媒刊發評論文章《打掉「大老虎」周永康，不是反腐句號》，暗示當局或將擒拿「虎王」江澤民。（大紀元合成圖）

第一節

朱鎔基
暗批江澤民破格提拔周永康

據香港《爭鳴》雜誌 2014 年 7 月號披露，卸任後一度低調的前中共總理朱鎔基，曾在離退休政治局常委組織生活會上，罕見點名斥責前中央政法委書記周永康已「涉及違法犯罪」，並抨擊「黨內把個人長官意志凌駕（於）法律、規則（之上）」。有分析指，朱此話是在暗批江澤民破格提拔了周永康。

文章說，2013 年 6 月初，朱鎔基在離退休政治局常委組織生活會上，談起了周永康的問題。他嚴厲地說：「周永康的問題已經不是一般違紀，而是涉及違法犯罪。中央展開對周審查是正道。最後要對全國有一個交代。周永康是一個偽君子，典型偽君子，這樣的人能在中央政治局呆了十年也不易。問題就出在審核、提拔、晉升幹部機制上。我看本子上列得很明，如按本子上照辦，周進不了中央，當不了公安部長，更何談能任政治局委員、政治局常委。反映黨內把個人長官意志凌駕法律、規則的習慣根深蒂固。」

　　有分析認為，朱鎔基所說的「黨內把個人長官意志凌駕（於）法律、規則（之上）」，正是在影射江澤民破格提拔了周永康。

　　文章還引述一名黨內人士的評價說：「中共領導人大多在位期間渾渾噩噩，唯一把手意願是從，退位後亦多明哲保身，安享尊榮。朱鎔基臨老能說幾句真話，難能可貴。」

朱曾警告周「不要在生活作風上跌大跟頭」

　　周永康是江澤民的死黨，自 2013 年 12 月周永康被調查的消息在海外廣泛傳播以來，2014 年「七一」前後，江派官員密集落馬，原中共軍委副主席徐才厚、原公安部副部長李東生、國資委主任蔣潔敏、原中石油副總經理王永春這江派的「四老虎」同天被開除黨籍移送司法機關，這「四老虎」都是迫害法輪功的關鍵人物。7 月 2 日，周永康的三大祕書再被拋出。外界分析周永康案在收網。

　　自 2012 年 2 月王立軍夜逃美領館，引發前重慶市委書記薄熙來倒台，薄熙來、周永康聯手圖謀發動政變、最終廢掉習近平的計畫，包括活摘法輪功學員器官的祕密曝光天下。隨後，周永康被調查的消息一直未斷。2013 年原「610」辦公室主任兼公安部副部長李東生落馬之際，就有報導稱，李東生和周永康都是好色之徒。李東生投周永康所好，1998 年 4 月將當時 25 歲的央視女主播賈曉燁介紹給周永康，周最終娶賈為後妻。

　　而周永康當年因常請假陪伴賈出遊度假，受到時任國務院總理朱鎔基的警告：「不要在生活作風上跌大跟頭，是沒臉做人的」。

周永康 1999 年至 2002 年任中共四川省委書記，曾多次強姦婦女，並在其妻死於一場被外界普遍認為是周永康一手導演的車禍後，立即娶了據說是江澤民內姪女的賈曉燁。

周緊隨江積極迫害法輪功

周永康因心狠手辣和為個人目的不擇手段，得到了江澤民的青睞。江選擇其作為主管迫害法輪功的工具，也讓周成為繼續其迫害法輪功政策的執行者。

周在 90 年代末從國土資源部長調任四川省委書記，一開始就極力推動並直接參與對法輪功學員的迫害，其任職期間，四川成為當時全中國迫害法輪功學員致死人數最多的省份之一。

2007 年，江全力把周永康塞進中共政治局任常委，代替羅幹掌管政法委，延續其迫害政策。

周永康掌控的中共政法委，不僅勞教、濫施酷刑、精神虐待法輪功學員，甚至活體摘取法輪功學員的器官、販賣他們的屍體牟利，幾百萬法輪功學員被迫害致死。

2008 年四川汶川強震中，中共對大規模地震知情不報、倒塌的學校建築大多是豆腐渣工程等事實令國內民怨聚集，尤其是周永康曾經任職四川。為了擺脫國內外強大的社會和輿論壓力，周永康企圖轉嫁危機，繼續詆毀被迫害達九年之久的法輪功修煉者。

在周永康的授意下，中共特務在海外採用圍攻、謾罵、威脅、毆打等「文革」方式暴力襲擊海外法輪功學員，並在國難當頭之時，利用海內外媒體煽仇、嫁禍法輪功。

周通過《僑報》硬生生地把法輪功學員打出的「天滅中共，天佑中華」篡改成「天滅中國」以煽動中國人對法輪功的仇恨。

周永康不止指揮各級迫害法輪功的系統，而且流竄到全國各地，直接指揮當地「610」、國安、公安、社區特務迫害法輪功學員。每到一處，那裡的法輪功學員就被綁架、加重迫害或辦洗腦班精神摧殘，那裡的民眾就被毒害。

2009 年底至 2010 年初，周永康專門針對法輪功，給法院等部門下了「指示」，加重、加快迫害法輪功學員。

2010 年重慶市委書記薄熙來為了 2012 年「上位」接任政法委書記，在周永康流竄到重慶之際，表現重慶的「社區防控」政績（迫害群眾的能力水平），與原重慶市公安局局長王立軍掀起腥風血雨，操控重慶邪黨「610」、國安、公安、社區特務，嚴密監控訪民、異議人士、宗教人士及法輪功修煉者。

據明慧網指出，周永康因迫害法輪功犯下的滔天大罪，必然隨著中共解體一同被清算。人們看到的是中共內鬥中周永康的失勢，其實這表象背後是善惡有報的體現，是上天用這種方式淘汰罪大惡極的邪惡之徒，並在過程中讓人們了解迫害法輪功的江澤民集團和中共罪惡，從而認清和拋棄它。

周曾暗抗朱鎔基調查坑害四川勞工事件

據公開的信息，1999 年，四川省發生了 20 萬參與國際勞務輸出的農民工遭強制割除闌尾和濫收費事件，時任四川省委書記的周永康便是直接涉案人之一。

2013 年 12 月 31 日，中國天網人權事務中心負責人黃琦在接受「美國之音」採訪時表示，周永康在主政四川期間，培植了一大批與他關係密切的達官政要。四川發生 20 萬農民工被強制切除闌尾事件後，朱鎔基派了國安部長、公安部長、勞動部長等 7 部委的頭兒，組成調查組來四川調查此事。但在調查過程中，周永康串通時任四川省紀委書記沈國俊，以及時任四川省國家安全廳廳長陳文清，一同將此事壓了下去。

據公開的信息，周永康能擺平此事，也得益於江澤民的包庇。

據黃琦披露，該事件中隱藏著巨大的貪腐黑幕：海外勞務公司原本每年每個月向大陸每一位出國勞工提供 200 美元的人身保險金，而各地的勞務公司在政府部門組織下，侵吞了這筆保險金，沒有為農民安置保險；同時，他們還向每個勞工收取 500 多元或 700 多元的手術費，強制他們切除闌尾；而醫院實際向每人收取 250 至 300 元，每人都要被吃掉幾百塊錢的切除盲腸費。

黃琦表示，最大的黑幕是，按照當時國際勞工的有關規定，每一位勞工的月收入不得低於 400 美元，而從全國 10 個省區的全部調查來看，沒有一個勞工的工資超過 130 美元。按照政府部門有關法律法規，勞務公司只能按每個勞工每月 50 美元來合法收取費用，但實際上他們每月吃掉了每個勞工 220 美元。

這批勞工出國打工的時間不少於 3 年，這樣平均計算下來，每個人至少被吃掉了 6 萬，這麼多勞工共有 100 多億被周永康等中共官員黑吃了。

第二節

胡錦濤同學遺孀
指證黃潔夫活摘器官

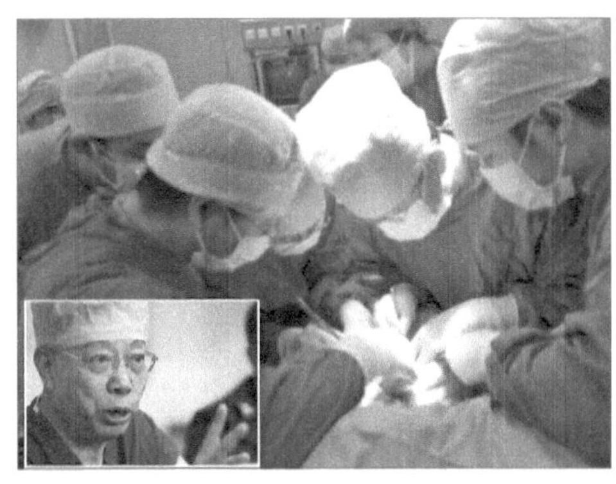

2013 年 3 月，黃潔夫對《廣州日報》記者提到，僅 2012 年他就做了 500 多例的肝移植手術。（合成圖片）

　　除了貪腐淫亂外，周永康最大的罪行是反人類罪：他是中共活摘法輪功學員罪行的主犯。追查國際曾電話調查李長春，李長春親口說，這事「找周永康，是他在負責。」

　　另外，很多證據也顯示，甚至中共衛生部前副部長黃潔夫本人，都親自參與了屠殺、偷盜法輪功學員器官的惡行。

廣州中山醫三院三至五天可換肝

　　法輪功學員羅慕爕現在居住在美國紐約，她的丈夫張孟業原是廣東省電力工業學校高級講師，是中共前國家主席胡錦濤在清華大學水利系同學。羅慕爕夫婦因修煉法輪功在中國大陸遭到殘酷迫害，被迫流亡到泰國申請難民。之後，張孟業夫婦在獲得聯合國難民身分及準備到美國起訴江澤民的時候，2006 年 9 月張在一場離奇的車禍後突然死亡，多方證據顯示事件背後有中共特務在運作。

2014 年 7 月，在全球「7‧20」法輪功學員反迫害的活動中，羅慕鑾向《大紀元》正式公開揭露和指證中共前衛生部副部長黃潔夫涉嫌參與活摘法輪功學員器官的罪行。

羅慕鑾說，她先生張孟業的兄長張孟丹原是廣東省政協委員、廣州中山大學生命科學學院教授。張孟丹親眼目睹身患十幾年肝病、已肝硬化的弟弟在修煉法輪功八個月後完全康復，他也於 1996 年開始修煉法輪功。時至 1999 年「7‧20」中共江澤民集團開始瘋狂迫害法輪功，見識過中共整人手段的張孟丹因害怕被整而不敢再煉。

之後，1999 年 7 月、11 月張孟業夫婦因兩次去北京為法輪功鳴冤被截回，2000 年初，時任中共黨魁的江澤民到廣東視察，責備廣州迫害法輪功不得力，再加上張孟業是胡錦濤的同學，江澤民有意陷胡錦濤於不義，故意拿張孟業開刀，這樣張孟業成了廣東省第一個被抓去勞教的法輪功學員。

「我們兩次都沒有上訪成功，一次是去北京的火車上被截住了，在廣東韶關站下車。還有一次在北京信訪辦門口問警察為什麼信訪辦關門了，被廣東國安帶回廣州的。就算按中共的說法，我們的上訪都沒有做成算不上什麼，根本不會被勞教，判勞教就是江澤民的主意。」羅慕鑾分析說。

張孟業被勞教後他的兄長張孟丹雖然不敢再煉法輪功，但是一直為營救弟弟張孟業四處奔走。張孟業在勞教所、戒毒所因為堅持信仰遭受酷刑，九死一生，獲釋後還被中共 24 小時監控。張孟丹為弟弟的遭遇擔心不已而飽受驚嚇。

2005 年初，張孟丹身體開始出現問題，在廣州中山醫學院檢查出患有肝癌，住進了中山醫二院，後來轉院到中山醫三院找最好的醫生來醫治。

2005 年 7 月一天，張孟丹告訴去醫院探望他的張孟業，稱中山醫三院醫生建議他做換肝手術，但當時張孟業並不贊成。

第二天，張孟丹說醫生在催促他，讓他趕快作決定，只要 40 萬元（人民幣）就可以找到一個肝，快則三天，慢則五天，而且看在同是中山系的份上，中山醫三院的院長陳規則、時任中共衛生部副部長的黃潔夫將會替他親自做手術。對此，張孟業還是持不贊成態度。

第三天，張孟丹說，醫院告訴他現在肝移植手術費要再加 20 萬元的介紹費，稱這肝是通過關係弄出來的，還說讓他放心，並舉例說中山大學某系的一個教授也曾做過換肝手術，現在還生活的很好。不過張孟業還是不贊成這樣做。

到了第四天，醫院突然來個 180 度的轉彎，稱張孟丹癌細胞已擴散，沒有治療價值，就不用做肝移植手術了。不久還讓張孟丹轉院至中山二醫等死。

「當時，我們就覺得很奇怪，剛剛還在催他做肝移植手術，幾天就突然說不行。」羅慕巒說，事後才明白因為他們夫婦一直被「610」的特務跟蹤，因發現張孟丹、張孟業是兄弟關係，中共害怕活摘法輪功學員器官的祕密被洩露，所以就取消了手術。

張孟丹轉院後，在醫院的高幹病房住院，兩個多月後離世。

張孟丹離世前緊抓著羅慕巒的手憂心地說：「弟妹，你要好好照顧老張，凡事要小心，不要讓他再出事了。」而且還透露說，與他同一病房的兩個 30 至 40 歲、看上去身體健康的男子是來監控的特務。

張孟丹還流露出因害怕中共迫害而沒有堅持修煉法輪功以至得了絕症的悔意，說「晚了、都晚了！」

「那時根本不知道有活摘器官這種罪惡！」羅慕欒說，2005 年 11 月他們流亡到泰國，2006 年中共活摘法輪功學員器官的罪惡曝光出來後，他們才意識到當時黃潔夫要給她先生的兄長做手術，明顯涉及活摘器官。

黃潔夫涉活摘器官 大陸肝移植從每年 10 例增至 3500 例

統計數據顯示，自中共 1999 年迫害法輪功後，大陸移植呈突然上升狀態，特別在 2003 年至 2006 年間，器官移植數量呈現蘑菇雲一樣的爆炸式膨脹。

根據大赦國際估計，2000 年至 2005 年這六年間，有 4 萬 1500 宗移植手術的器官來源無法解釋。然而 2006 年中共活摘法輪功器官罪行曝光後，到 2007 年，移植手術突然減少了一半。

據「追查迫害法輪功國際組織」追查報告顯示，時任中共衛生部副部長的黃潔夫從 2005 年底開始，就以中國器官移植權威和官方發言人的身分不斷發表關於中國器官移植的言論和文章，成為中共器官移植的代言人。

黃潔夫在 2000 年發表的一篇文章中這樣描述中國的肝移植狀況，「……從 70 年代末期的最初嘗試，到 80 年代的徬徨、停滯，在 90 年代再度起步……」文章還講，從 1977 年到 1999 年 7

月的 23 年間，全國共完成肝移植 228 例次，相當於平均每年不到 10 例。

2006 年 3 月 26 日，時任衛生部副部長黃潔夫在「第二屆全國肝移植學術研討會」上說：「目前國內有 500 多家醫院開展肝移植，每年完成的肝移植大約有 3500 例。」

2007 年 5 月，黃潔夫在兩篇不同刊物發表文章中提到 2005 年肝移植數量。一篇文章最早發表於衛生部網站，黃潔夫向媒體透露：「2005 年肝移植總數 2500 多例。」另一篇是《中華外科雜誌》2007 年第五期的文章引述黃潔夫所提供的數據：「我國在 2005 年開展臨床肝移植 3500 例。」2005 年究竟進行了多少例肝移植？連黃潔夫本人也說不清楚。

王立軍事件發生後，在活摘法輪功學員器官的罪行備受國際關注的情況下，2012 年 11 月 23 日，黃潔夫主動對媒體承認以往歷年來提供的移植數據不準確。他說，「我們沒有一個很好的器官捐獻體系之前，沒有一個準確的數字。」

從黃潔夫公開數據中可以看到，不管 2005 年肝移植數量是 2500 多例還是 3500 例，中共無法否認的是中國的肝移植量從 2000 年以前年平均不到 10 例，暴增到了 2005 年的年平均 3000 多例（很可能更多）左右。這種現象是國際上任何地區，任何時期都沒有發生過的。

僅 2012 年 黃潔夫就做了 500 多例肝移植

2003 年 9 月 18 日上午，黃潔夫出席中南大學湘雅三醫院的「湖南省移植醫學工程技術研究中心」成立儀式，這天，該院移植中心共安排了七台肝腎移植手術。黃潔夫做了其中一台全肝移植手術。而接受手術的是一位 53 歲的男性肝癌患者，他只等待一周，就獲得了全肝移植。

2012 年底，黃潔夫到廣州開會，利用會議間隙主刀了三例肝移植手術。一台是 11 月 21 日在中山大學附屬第三醫院嶺南醫院完成的；一台是 11 月 22 日晚 10 時許在廣州軍區總醫院完成；當時黃潔夫自稱，完成這兩例移植手術後，他還要在中山醫院再做一例器官移植手術。從中可以看到，三例肝臟移植手術是等著黃潔夫來廣州開會的間隙順便做的，這意味著有活供體在等著這個時間被摘除器官。

2013 年 3 月，黃潔夫對《廣州日報》記者提到這三例手術時披露，僅 2012 年他就做了 500 多例肝移植手術，而且 2012 年 11 月在廣州做的那台肝移植手術竟「是按照中國標準公民自願捐獻的首例肝移植手術」。這無意中又暴露出一個驚人祕密——其他的手術用肝非自願捐獻，來源不明。

第三節

周永康被查 江澤民也將被查

中共「18大」後，習近平開始清理周永康的舊部和親友，歷經 20 個月，7 月 29 日，周永康被立案審查的消息終於正式公布。而周的後台——江澤民集團二號人物曾慶紅以及總後台江澤民也時日無多。（大紀元合成圖）

2014 年 7 月，中共前黨魁江澤民的「軍師」曾慶紅傳被關押在天津接受祕密調查，習近平陣營對江澤民集團的清理已觸及該集團的最核心，「虎王」江澤民本人未來被抓幾無懸念。

上海王宗南被抓 處理江澤民先兆

大陸媒體消息，7 月 26 日，上海光明集團原董事長王宗南因涉嫌挪用公款和受賄被帶走，隨後被公布立案調查。據悉，王宗南此前任職的光明集團與前中共黨魁江澤民有密切關係。據光明集團公司網頁稱，江澤民是「光明品牌締造者」；光明集團在2006 年進行整合前是上海益民食品廠一廠，江澤民曾任益民食品一廠第一副廠長。

2006 年 8 月，整合了上海益民食品一廠、上海農工商（集團）有限公司、上海市糖業煙酒集團，以及錦江國際集團有限公司的光明食品集團掛牌。時任百聯集團總裁的王宗南出任光明食品集團董事長、黨委書記。大陸「證券時報網」當時的報導稱，2006 年光明集團的重組是在江澤民的親自過問下完成的。

此前江澤民在退下後、與自己的侄子、上海前政法委書記吳志明等人在考察「上海鮮花港」時，王宗南就一路陪同。吳志明、俞正聲等人也前後多次視察「鮮花港」，可見對時任光明集團董事長王宗南的重視。

港媒報導說，王曾在原上海市委書記陳良宇（2006 年落馬）擔任黃浦區長時，任區長助理、副區長，與陳良宇關係密切。2013 年 11 月底，光明集團宣布王宗南因病退休，當時已傳出其被紀委調查。文中說，王宗南與政商界關係千絲萬縷，分析指上海的反貪風暴或由此揭幕。

分析人士說，王突然被調查，難與江派脫離干係，也成為處理江澤民的先兆。還有分析稱，王宗南這次被調查並非突然，預示有「中國第一貪」頭銜的江澤民的兒子江綿恆被鎖定。多年來，江綿恆涉嫌多起震驚中外的貪污要案。近日，與江澤民有關的醜聞接連不斷曝光，其子江綿恆也不斷被傳面臨調查，延燒至江澤民家族的反腐之火越燒越猛烈。

江澤民頹敗之勢盡顯

2014 年 7 月 29 日，周永康被北京當局公布「立案審查」，官媒刊發評論文章《打掉「大老虎」周永康，不是反腐句號》，暗示周永康落馬後當局或有更大動作。

自 6 月 30 日江澤民的「軍中最愛」、中共原軍委副主席徐才厚落馬後，大陸媒體紛紛報導追打其後台，直逼中共前黨魁江澤民。據悉，習近平拿下徐才厚之後，江澤民非常震驚，7 月 2 日坐專列到北京，要面見習近平，但遭到習的拒絕。

7 月 2 日，中共喉舌著名博客發表《法國檢察機關為何敢調查前總統？》，文章稱，徐才厚落馬背後，「還有沒有更大的貪官呢？」文章暗示，在反腐敗問題上，要有調查諸如法國前總統薩爾科齊這樣高級別「大老虎」的氣概。

葉劍英的養女戴晴藉「美國之音」也對外放風，稱徐才厚等巨貪在軍中胡作非為，主要責任者是江澤民。「還是那些，誰強勢，權力在誰手裡，就是誰幹的。還是江澤民。」

7 月 12 日，接近中紀委的消息人士透露，江澤民集團的第二號人物、前中共國家副主席曾慶紅已被抓，現被關在天津。

江澤民情婦宋祖英的醜聞也不斷被官媒報導。7 月 14 日，外界傳出宋祖英被中共中紀委和軍方檢查機關雙重調查的消息。7 月 20 日，江澤民與前蘇聯克格勃女特務淫亂及江賣國的醜聞在大陸搜索引擎百度以及新浪微博上被熱傳，一度成為搜索熱詞。而 7 月 20 日前後，多家港媒報導稱，中共前黨魁江澤民因腿部問題住院。據報導，江澤民的右下肢曾患過怪病。

近期，江澤民的頹敗之勢盡顯。

黨媒質疑周永康「混」入最高層

隨著周永康被拋出，7 月 29 日，中共喉舌發表評論文章《周永康落馬突顯中央從嚴治黨決心》。文中在提到「這些腐敗分子的級別越來越高，腐敗分子越抓越多」時，罕有地表示：「有一刺耳的聲音會說，你看這些人是什麼貨色啊，怎麼進入到黨內而且還混入高層。」似乎藉機暗示，貪腐成性的周永康「混」進中共最高層必有後台。

周永康是江澤民的心腹，仕途也多靠曾慶紅和江澤民提拔，這在中國大陸幾乎家喻戶曉。

《法國檢察機關為何敢調查前總統？》也質疑：「這些貪官是誰培養起來的，當初提拔他們是故意行為，還是帶著某種目的，還是個人失察呢？」

1999 年 7 月 20 日，中共黨魁江澤民發動一場史無前例的對法輪功學員的殘酷迫害。周永康因在四川省委書記和公安部長的位置上，極力瘋狂鎮壓法輪功，討好了江而被以「火箭」般速度提拔。

江澤民將兩屆政法委書記塞入常委

2012 年，王立軍事件引爆中共高層分崩離析的序幕，習、李陣營上台之後與江澤民集團展開了激烈的權力搏擊。習近平通過政治、經濟等手段從江派手中奪取軍權、財權，再加上王岐山打「大老虎」，江派要員紛紛落馬。事實上，中共高層十多年來的權力內鬥，都是圍繞江澤民當年一意孤行地迫害法輪功而展開。

2007 年，江澤民因恐懼曾慶紅退下後在迫害法輪功問題上遭到清算，因而拚命地將周永康塞進「17 大」政治局任常委，其目的就是要不斷擴大政法委權力，並擴充武警部隊，保證政法委書記由迫害法輪功的「血債幫」人物擔任。

「17大」周永康擔任政法委書記後，「610」在統管公、檢、法、司的同時，還有權干涉特務、外交、財政、軍隊、武警、醫療、通信等各個領域，「610」成為能夠調集中國幾乎所有資源的特權機構。

由此，中央到地方，實際上有兩條指揮系統和權力機構，可在任何時候根據鎮壓法輪功的需要，超越所有權力機構來調集資源，調整國家政策，使之成為在中共中央政治局常委會之外的「第二權力中央」。

周永康在政治局常委中的實際權力甚至超過胡錦濤。這樣一個擁有控制「610」特務機構的特殊常委，迫使胡、溫執政時期在權力上成為「兒皇帝」；而利用政法委武警力量到了無法無天程度的周永康，一度被外媒稱為「維穩沙皇」。

集公、檢、法大權及收集情報權力於一身的周永康，在迫害法輪功及異議人士、維權人士和宗教人士方面，心狠手辣，罪惡累累。

自江澤民 1989 年執政開始，羅幹和周永康這兩任政法委書記都當了政治局常委，這在中共政法委的歷史上從未有過，也是江澤民拚死要維護自己的安排。

薄熙來是江選中的 18 大政法委書記

江澤民、曾慶紅、周永康非常清楚，「18大」後，江派在政治局常委中的幾個人都要面臨到年齡下台的局面，因此在「17大」期間，就已經開始為延續迫害政策、避免日後遭清算而進行密謀。

薄熙來就是他們當時選中的下屆政法委書記人選。

江澤民、曾慶紅、周永康、薄熙來曾謀劃政變，在時機許可時，強迫習近平交權，甚至動用武裝力量逮捕習近平，搶回最高權力。

人民網引用習近平政治局內部講話

北京時間 7 月 29 日晚間 6 點前，中共當局宣布對周永康立案審查。不到一小時，中共人民網發表署名評論文章《打掉「大老虎」周永康，不是反腐句號》的文章。

文章稱，「打掉周永康，絕不是反腐的句號，這只是階段性的一步。」文章還稱，無論有多大的後台，都難逃懲處。

但是，文章發表幾個小時後，再上網搜索，結果是「您要查看的頁面不存在」。

消息稱，「清查周永康，不是反腐敗的句號」，這句話是習近平在 7 月 26 日政治局會議上的原話。人民網根據會議發表的評論文章，引起中共內部大譁，最後劉雲山下令將其撤下。

人民網此文被外界解讀為釋放重大信號：打掉周永康之後，中南海還有更大動作，其背後的「更多更大老虎」——江澤民和曾慶紅呼之欲出。

財新網：可能打更大的老虎

7月30日上午，親習近平陣營媒體財新網發表文章《眾議「大老虎」落馬》。

　　文章援引中國人民大學反腐專家毛昭輝的話表示，此前兩會期間，一句「你懂的」間接公布了周永康案部分信息，從兩會到現在持續了如此長時間才得以公布，這個現象「反映涉腐問題大量且複雜，不可能單純的只有違紀層面。」

　　毛昭輝還表示，周永康被調查，不是最終結束。反腐不會減緩，而是會深化。從軍隊反腐上，可以看出反腐依然將大力進行。反腐也可能走向其他新的領域，甚至可能打更大的老虎。

　　財新網隸屬於財新傳媒，一般被外界視為親習近平陣營的大陸媒體，其屬下的財新網、新世紀等媒體時有帶著某種風向標的報導。

網易：中紀委曾徹查黨主席

　　7月30日同日，大陸門戶網站網易發表文章《中紀委打虎記：曾徹查黨主席》。文章稱，1978年12月中紀委成立，陳雲為第一書記，黃克誠為常務書記。1980年，中紀委曾準備徹查時任中共主席華國鋒的三件事，華國鋒回應並對三件事作了處理。

　　文章還提到，1980年初，「渤海二號」鑽探船由於工作人員違章操作，造成鑽探船翻沉、72人死亡的特大事故。事件發生後，石油部很長時間未向上面報告。中紀委隨後給予通報批評，時任石油部長宋振明被解除職務，分管石油工業的國務院副總理康世恩記大過處分。

　　從1980年余秋里出任中共新組建的國家能源委員會主任開始，加上其後的石油工業部長、國務院副總理康世恩，從石油系統出身的高級官員開始構成中共體制內巨大的政治勢力。

　　海外的報導稱，中共前國家副主席曾慶紅被認為是「石油幫」幕後龍頭，在 1980 年即擔任余秋里的祕書，在石油系統工作多年，其後官至政治局常委，並提拔周永康，一手將「石油幫」的政治勢力推至顛峰。

　　網易文章直接提中紀委曾徹查黨主席，以及石油幫前大佬被免職等處分；直接影射中共前黨魁江澤民和「石油幫」大佬曾慶紅。

周案公布前王岐山布局圍剿江澤民

　　7 月 30 日，周永康案公布次日，中紀委第二巡視組在江派老巢上海召開工作動員會。第二巡視組組長張文岳在會上稱，對腐敗問題「零容忍，有多少就處理多少」；巡視工作重點發現領導幹部「是否存在權錢交易、以權謀私、貪污賄賂」等問題，是否對中共中央的政策存在「陽奉陰違」等問題。

　　中紀委第十二巡視組進駐江派窩點江蘇省，7 月 29 日，周永康被立案審查當天上午召開了巡視工作動員會。官媒報導稱，巡視工作重點是監督檢查省領導班子及其成員和下一級領導班子主要負責人。

　　江蘇巡視組長徐光春此前曾作為組長先後巡視過重慶、雲南等江派窩點。巡視雲南後，3 月 9 日，江派雲南副省長沈培平被調查。巡視組副組長董宏曾是王岐山的「大祕」、此前曾任巡視上海復旦大學的巡視組組長。

　　江蘇是江澤民老家所在地，江派重要窩點。2013 年 10 月，江澤民揚州管家、南京書記季建業落馬後，江蘇官場地震不斷。

第四節

周永康被查
美國暗中鋪排留後手

2014年7月29日下午17點59分，中共中央公開宣布對中共前政法委書記周永康立案審查。周永康長期主管中共政法委，外界最為關注其兩大罪是：參與軍事政變和活體摘取、販賣法輪功學員器官。因自由、平等、民主、人權是美國的立國之本，多方跡象顯示，美國在中共官方宣布審查周永康案之前，早已暗中鋪排，為日後如何對國際及本國公眾交代這個星球從未出現過的罪惡事件做準備。

王立軍事件後 美國政府幾個大動作

2011年11月15日英國商人海伍德被薄熙來之妻薄谷開來謀殺。2012年2月6日薄熙來心腹王立軍為求自保攜大量江派高官犯罪資料夜逃美國駐成都領事館，從而導致薄熙來下台、曾慶紅傳被扣、周永康被審查……把中共最核心的黑幕——活摘法輪功學員器官等江澤民的罪惡在全球曝光。世界主流國家的政府情報系統都收到王立軍、薄熙來案涉活摘法輪功學員器官的罪惡，各國政府也都面臨在這一超越人類道德底線的罪惡面前作出道義的選擇。

美國國務院於 2012 年 4 月 26 日上午祕密向國會議員通報了王立軍事件。美國國會眾議院外交委員會新聞主任當天中午在回覆《大紀元》記者核實這一消息的電郵中說：「（外交關係）委員會成員今天上午在一個祕密場合獲知有關信息。這是目前我所知道的全部信息。」據悉只有國會議員才能參加這一簡報會，連議員助手都不能出席。

本次周永康被立案審查的前一天，即 2014 年 7 月 28 日，美國國務院在新聞發布會上面對各國記者的講話中，公開譴責中共迫害法輪功。

美國國務院 7 月 28 日發布 2013 年度國際宗教自由報告。在當天的新聞發布會上，美國國務院主管民主、人權及勞工的助理國務卿湯姆·馬林諾斯基（Tom Malinowski）罕見公開譴責中共對法輪功的迫害，直指中共針對法輪功的精神修煉平民團體施行「徹底取締」的迫害政策，並敦促中共在 8 月 7 日釋放為法輪功學員辯護而遭中共迫害的中國著名人權律師高智晟。

之前，美國政府在報告中多次譴責中共對法輪功的迫害，但是美國政府在官方場合公開講話，作出這樣表態，非常罕見。

美國暗中支持習近平

習近平陣營與江澤民集團在各個領域展開激戰。從多方面來看，美國和習近平在多個問題上達成默契。

7月9日至10日在北京舉行美中戰略經濟對話後，美國祭出多個強力動作。7月11日，美國務院負責亞太事務的副助理國務卿邁克爾・福克斯（Michael Fuchs）在華府著名智庫——戰略與國際研究中心（CSIS）研討會上提出化解當前南海緊張局勢的三項建議，包括各方不再奪取南海島礁並建立前哨站、不改變地形地貌現狀，以及不針對他國採取單邊行動；美國參議院通過決議，要求這個鑽井平台及護航船隻撤離有爭議的海域。

據悉，在5月份，江澤民策劃派出這個鑽井平台，用以打擊習近平。中海油一直是曾慶紅的地盤。

7月16日，大陸媒體報導，中海油旗下981鑽井平台，突然結束在西沙群島中建島、中越爭議水域的鑽探作業，轉至海南陵水外海。此前，有報導稱中海油的981鑽井平台，原本預計完工時間是8月中旬。

此次，南海981鑽井平台撤退，習、江博弈分出勝負，很大程度是美國在暗中支持習近平。

在這次公開審查周永康之前，除解決南海問題，習為防止江派勢力在被清算的過程中發動軍事政變作了大量準備。中共軍方接連異動，海陸空軍三路同時軍演，同時，還曾有大批戰艦集結，封鎖京津海上交通咽喉渤海海峽和黃海北部。

據中國海事局消息，從7月25日至8月1日，中共海軍在渤海海峽、黃海北部執行軍事任務；從7月26日至8月1日，海軍在北部灣海域進行實彈射擊訓練；從7月29日至8月2日，海軍在東海海面舉行實彈射擊演習。

美國務院人權報告三提中共強摘器官

獲得中共政局機密資料的美國政府一直在密切留意，並作相關準備，而「薄熙來」、「王立軍」、「活摘器官」等字樣不斷出現在美國政府官方報告、決議案、議員聯署信、國會聽證中。

2014年2月27日，美國國務院發布2013年度國際人權報告，報告說，中國人權狀況依然惡劣。報告關注香港良心教師林慧思被打壓和「青關會」騷擾法輪功真相點事件。繼2011年6月之後，中共「強摘」在押犯器官第三次被納入美國國務院年度人權報告。

2013年4月19日下午，美國國務院發布2012年度國際人權報告，報告還說，在薄熙來醜聞案曝光後披露，李莊被當局連續三天三夜審訊，並被綁在老虎凳上。

2012年5月24日，美國國務院在2011年度人權報告中首次明確提到中共摘取法輪功學員器官的問題。人權報告的中國部分指出，海外和本國媒體以及民主倡導團體繼續報告法輪功學員和維吾爾人士被「強摘器官」的案例。

此前在2011年6月，美國國務院在更新非移民簽證申請表DS-160之時，新增加六個關於「安全和背景信息」問題，其中之一是：「你是否曾經直接參與強制移植人體器官或身體組織？」

106位眾議員籲公布王立軍爆料

2012年10月4日，美國106位眾議員聯名上書美國國務院，要求美政府公布已獲得的有關活摘法輪功學員器官的一切資料，以及王立軍可能提供給美國駐成都領事館的資料。

2012 年 11 月 13 日，美國資深聯邦參議員、參議院外交委員會東亞小組共和黨首席議員、參議院軍事委員會成員詹姆斯‧英霍夫（James Inhofe）向美國務院遞交一封信函，信函要求美國國務院公布可能獲得的活摘法輪功學員器官的證據，以及前重慶市副市長王立軍 2014 年 2 月可能向美國駐成都領事館提供的任何相關材料。

美眾議院發起阻中共活摘器官決議案

2013 年 6 月 27 日，美國兩黨國會議員在眾議院共同發起「281 號決議案」。該決議案要求中共立即停止針對法輪功學員和其他良心犯的「強摘器官」行為；要求美國國務院對中國器官移植系統進行全面和透明的調查，禁止那些參與非法「強摘」人體器官者入境美國，如已在美國境內要對其提出法律起訴。

決議案要求中共立即停止對法輪功發起的已持續 15 年的迫害。281 號決議案是美國國會首次針對「阻中共活摘器官」為主題，並由美國民主黨與共和黨議員聯合提出的決議案。該決議案由接近 200 名國會議員聯署。

習近平南京宣戰江澤民

習近平南京宣戰江澤民

第六章

習要與江決一死戰

2014 年 7 月 30 日，周永康被立案審查第二天，中共軍委主席習近平南下，前往嫡系軍方大本營福建省，視察駐軍。敏感時刻大動作顯得極不尋常，引發外界關注，似乎挑明要動江澤民。（Getty Images）

第一節

陸媒報習近平發聲
押上性命無所謂

習近平6月26日在政治局的敏感講話內容，8月4日刊登在中共《長白山日報》上。習近平稱：「與腐敗作鬥爭，個人生死，個人毀譽，無所謂。」（大紀元合成圖）

　　江澤民的鐵桿周永康落馬後，外界評論指出，周永康背後的「老老虎」即江派核心人物——江澤民及曾慶紅本人危矣。各方均在評估江、曾何時被拿下。2014年8月4日，陸媒《長白山日報》頭條報導，中共吉林長白山市委8月1日召開常委擴大會議，傳達中共總書記習近平等中南海高層關於巡視工作講話精神。文章披露，習近平稱：「與腐敗作鬥爭，個人生死，個人毀譽，無所謂。」

　　習近平這句類似決一死戰的話，引起外界高度關注，「新華網」論壇也發表署名文章《習近平反腐為啥提到「個人生死，個人毀譽」》，但很快被刪。

打掉周不是反腐句號 暗指江曾危矣

7月29日，中共正國級高官周永康被正式宣布立案審查後，黨媒「人民網」刊發評論文章《打掉「大老虎」周永康不是反腐句號》，但此文很快被刪除。不過這個說法還是被廣泛轉發，引起人們對周永康背後「老老虎」的關注。據悉，這個評論的標題來自習近平7月26日在中共政治局的講話。文章被劉雲山下令撤下。

接著，新華網也發表評論文章，稱「以周永康的落馬為節點」、「反腐達到了一個高潮，但這決不是句號，反腐也決不會是一陣子」，再現人民網的觀點。

江派多次企圖暗殺習近平、王岐山

中共「18大」後，習近平以高調反腐，清算江派勢力，江派高官頻頻落馬。江澤民、曾慶紅等，對習近平陣營恨之入骨，不斷發起攻擊，不惜製造重大恐怖流血事件，甚至多次企圖暗殺習近平、王岐山。

為此，中共中央成立了特別工作領導辦公室，專門負責追查暗殺事件源頭。

官媒也報導稱，原中央巡視組組長祁培文曾收到恐嚇信，信上只有一句話：「這個地方沒有你做的事，玩一玩回去吧。你要是不回去，沒有好下場。」

據報導，王岐山掌管下的中央巡視組，經常在各地巡視查貪時遭到打擊報復，甚至偷襲。

中共內部資料顯示，2013 年 9 月至 2014 年 3 月底，已有近 60 名中紀委、地方省紀委有關一線人員被暗殺或失蹤，30 多名檢察官員被暗殺或失蹤。而王岐山自上任以來也先後四次遭到暗殺。

港媒披露，2013 年夏季北戴河會議前後，周永康至少兩次策劃暗殺習近平，包括在會議室放置計時炸彈，和趁習到北京 301 醫院體檢時打毒針，試圖再次發動政變。

江曾威脅攪局 習回應「誰怕誰」

周永康被軟禁後，江澤民、曾慶紅繼續攪局，製造包括「3‧1 昆明屠殺事件」在內的多起暴力流血事件，導致大量平民傷亡，並企圖通過製造社會混亂，達到趕習近平下台的政治目的。

據港媒披露，習近平在 2014 年 6 月 26 日中共政治局會議上講話，就反腐問題針對有人威脅說要走著瞧，習近平回應「誰怕誰」！

中共江澤民當政時代，中共官場腐敗大行其道，前總理朱鎔基對中共貪官橫行、腐敗叢生曾震怒道：「我這裡準備了一百口棺材，九十九口留給貪官，一口留給我自己，無非是個同歸於盡。」

習近平在 6 月 26 日的中共政治局會議上，還引用了朱鎔基這句話。

習近平上述講話後，6 月到 7 月之內，江派正國級和副國級高官周永康、徐才厚落馬，一個月之後的 7 月 29 日，周永康被宣布立案審查。

第二節

習到嫡系軍區 挑明要動江

隨著前政法委書記周永康的正式落馬，中南海習江兩陣營博弈再升級，外界關注下一個「打虎」重點。在周永康被立案審查第二天，7月30日，中共軍委主席習近平前往福建省視察駐軍，引外界關注。

視察福建駐軍 習幾十年都握有槍桿

2014年7月30日當天下午，習近平先到福建省軍區指揮大樓，見了福州駐軍師級以上軍官；之後習近平又到福建預備役高炮師。下午5時許，習第13次探望駐守廈門的第31集團軍86師第256團某連。

習近平1985年至2002年曾在福建擔任黨政要職時兼任一系列軍隊相關職務。這是習有別於前任幾位中共總書記的最大差別：

習走哪都一直兼任軍隊職務。1982 年他離開中央軍委辦公廳祕書職位後，從正定縣武裝部黨委第一書記，到 1988 年寧德軍分區黨委第一書記、1990 年福州軍區黨委第一書記，再到 1996 年的福建省高炮預備役師第一政委、1999 年南京軍區國防委員會副主任、2002 年浙江省軍區黨委第一書記，直到 2007 年的上海警備區黨委第一書記，幾十年來，習近平的職務均與中共軍隊相關。

中共政治法寶是誰掌握「槍桿子」，誰就掌握了中共最高權力。有報導表示，習近平任寧德黨委書記期間，每周都要到軍分區大院與官兵一道看露天電影。

南京軍區及 31 軍軍官受習重用

自從習近平掌中共軍權以來，被外界稱為「東南軍」的南京軍區及其轄下第 31 集團軍的將領，備受重用。習近平 2014 年晉升四名上將戚建國、王教成、褚益民、魏亮，都曾在南京軍區任職。

中共中央軍委前副主席徐才厚落馬後，其前祕書、濟南軍區政治部主任張貢獻被撤職，繼任的就是 31 軍政委姜勇，蘭州軍區新任政委苗華、現任總後勤部長趙克石、南京軍區司令蔡英挺、副總參謀長王寧等，都是 31 集團軍出身。

一年多時間 習近平走遍七大軍區

《北京青年報》報導，自中共 18 大習近平就任中央軍委主席至今，一年半的時間裡，根據公開報導，習近平已十餘次視察軍隊，足跡遍布中共七大軍區，涉及海陸空三軍。

2014 年 8 月 1 日前，習近平到南京軍區轄下的福建省軍區視察；4 月，習近平曾到蘭州軍區轄下的駐喀什新疆軍區某部等考察。2013 年 11 月，習近平到濟南軍區兵種訓練基地；8 月，習近平視察瀋陽戰區部隊；5 月，習近平首次到達成都軍區視察；2 月，習近平到空軍某基地酒泉衛星發射中心。2012 年 11 月，習近平當選中央軍委主席第三周，即前往廣州戰區考察。

敏感期南下視察駐軍 大動作不尋常

周案公布前，7 月 4 日至 18 日，中共南京軍區、蘭州軍區、廣州軍區、成都軍區、濟南軍區和瀋陽軍區，晉升了 12 名中將和 46 名少將。有分析表示，周案發布公告的背後，顯示現任當局歷時一年多的圍剿行動，與高層習、江兩派數回合的激烈搏擊。

港媒報導，此次習近平對福建省地方工作未置一詞，與以往順便視察地方很不相同，顯示他是專程南下探視嫡系部隊。雖然在中共建軍節前夕走訪軍方並不意外，但過往多在駐京部隊。在周永康案公布、北戴河會議召開在即的敏感時刻，習近平南下這一大動作顯得極不尋常，引人矚目。

第三節

溫家寶派系
第二次對江澤民發動猛攻

2014 年 8 月 1 日溫家寶密友吳康民在港媒《明報》發文《打下周永康 除「虎」不停手》，影射周永康的「庇護者」是中共前黨魁江澤民。溫家寶任職期間，在高層內部多次提出「逮捕周永康」；卸任後，關鍵時刻都「露面」高調挺習近平。因此溫家寶被認為是倒薄打周的推手。

除了習近平的強硬表態外，溫家寶也表現強硬。親溫家寶派系人物、前中共港區人大代表吳康民在港媒發文引起關注。

吳康民分析周永康的保護傘時說：「起碼有兩位最頂尖的大人物是他的後台。一位聲稱他退下來以後，主管公檢法的大人物要由他來挑選，以免日後有人揭發他在位時的某些罪行。前任已是他的心腹，這一任當然也要是他信得過的。另一位以招降納叛著名。廣招黨羽，當然也要把周收歸麾下。有了這兩位庇護者，周永康打而不倒，事出有因。」

吳康民在文章中隱含提到的周永康「庇護者」，一個就是中共黨魁江澤民，另一個就是前中共國家副主席、曾任中共中組部長的曾慶紅。

吳康民還說，大老虎不只一隻，我們希望習近平打大老虎不停手！正像網上評論所說：「反腐不會停步，打掉周永康，決不是反腐的句號。」

吳康民發文暗指周後台是江澤民

2013 年底，周永康被軟禁的消息盛傳，但此後遲遲沒有進一步公開的消息，2014 年 3 月中共兩會上有政協委員以「你懂的」方式透露周永康出事；3 月 15 日，江澤民軍中鐵桿徐才厚被調查。

就在這個「倒周」關鍵期、徐才厚被查之際，吳康民 3 月 15 日發表署名評論指，周永康案的嚴重，周案的遲遲不能結案，難免令人要問，他就是最高貪腐頭子嗎？他的背後，還有什麼人撐腰？他的不法拉幫結派，其廣、其深、其眾，為何能長期存在？以至習要結案、公布仍是阻力重重？

吳康民還評論說，薄案已經結案，薄熙來被判無期徒刑。但內情已經「大白」了嗎？答案是「否」的！薄的罪行，歸納為貪腐。貪污千萬錢財的有的是。堂堂政治局委員，封疆大吏，就是因貪污錢財、生活不檢點而入罪嗎？以薄「太子黨」的身分，多年地方大吏的經驗，肯定其野心不小。當時坊間傳說甚多，集中一點，便是涉及奪權。而他的同謀，據說牽連周永康。

評論近乎直接點名周案遲遲難以結案是因其後台江澤民，他稱：「在大約十年前，我人在北京，聽到一些政壇中人耳語，說

有些中央要員，退下來都要安排親信接班，使權力中心仍有自己
的心腹，以便保持影響力。如某一位要員則表示，他一定要安插
一位親信主管『公檢法』，以保證自己下台以後不會被清算。」
「那麼，周永康案的難辦，也就不言可喻了。」

溫家寶是倒薄打周推手

　　吳康民與溫家寶關係密切。官媒曾報導，溫家寶卸任總理之
後，曾經致函香港左派元老吳康民，盡訴心中情，稱：「要走好
人生最後一段旅程，赤條條來到世上，乾乾淨淨離開人間。」
　　溫家寶是倒薄打周推手。2012 年中共兩會期間，溫家寶 3 月
14 日在新聞發布會上，首次就重慶王立軍事件公開表態，並要求
重慶市府必須反思。溫提出「文革」餘毒並沒有完全清除，被認
為是批評和否定重慶唱紅。3 月 15 日薄熙來被免去重慶市委書記
一職，拉開了胡溫習李的「倒薄」大幕。
　　據悉薄熙來下台後，溫家寶任職期間，在中共高層內部多次
提出要「逮捕周永康」，此後，中共政法委降級、核心人物被抓，
政法系統被消權與其不無關係。卸任後，每到關鍵時刻，溫家寶
都「露面」高調挺習近平，突顯胡溫習李的緊密聯盟。

江習三次生死戰 大決戰在即

　　在胡溫習的聯盟背景下，江習之間的生死大戰已發生多次。
第一次是 2013 年 1 月 1 日圍繞《南方周末》新年致辭、廢除勞
教風波，不但有了那篇著名的《走出「馬三家」》調查報告，還

惹出了「習近平打的」的恐嚇鬧劇。

第二次是 2013 年 7 月到 10 月間，圍繞審判薄熙來雙方發生的搏擊，江派甚至不惜謀劃出上海股市「816 烏龍指」、天安門爆炸案，讓陳光標在紐約上演鬧劇，藉外國媒體攻擊中共最高領導層等，結果李東生被迅速拿下，從此中央電視台發生人事地震……

習江第三次生死交鋒從 2014 兩會前開始，江派不斷反撲，從昆明血案，到香港暗殺，從新疆火車站到廣州火車站，一次次的血案、一條條人命，甚至將戰火延燒到海外，作為回應，習近平陣營接連拿下副國級高官蘇榮和軍委副主席徐才厚，以及前政治局常委周永康。

三次大戰役之後，大戲最後一幕即將開演，起訴江澤民、審判江澤民、清算江澤民的日子很快就會來到。

第四節

訴江第一人
千萬富翁朱柯明的故事

2007 年 6 月 28 日，朱柯明（右）和傅學英遞交提告江澤民的民事起訴狀，獲香港高等法院受理。這是朱柯明第二次訴江。（大紀元）

2000 年 8 月 25 日，第一宗狀告前中共國家主席江澤民案啟動。兩名法輪功學員向中共最高檢察院和中共最高法院提交《申訴狀》，狀告當時的中共國家主席江澤民、中央書記處書記曾慶紅與政法委書記羅幹迫害法輪功的違憲、違法行為，僅僅十多天，兩人被中共警察祕密抓捕，一死一傷。

2007 年 6 月 28 日，活下來的那位法輪功學員，一名香港永久居民，在香港連同另一位被中共迫害入獄三年的香港女法輪功學員，入稟高等法院，再次控告前中共國家領導人江澤民、前副總理李嵐清及特務機構「610」辦公室頭目羅幹三人，犯酷刑、傷害、非法監禁、濫權等罪，要求被告民事賠償。這也是全球訴江案在 17 個國家第 18 宗訴訟案。

這個死裡逃生，兩次公開訴江，在人類歷史上注定要寫下一筆的人物，就是朱柯明。

掉九顆牙 不放棄信仰

眼前的朱柯明，喜歡穿白衫配吊帶褲，高高大大的北方男子，威武中透著斯文。他爽朗的笑聲、敏捷的思維、自信的神情很容易感染周圍的人。

如果不開口，看不出 5 年的牢獄生活帶給他的烙印。但一張嘴，滿口牙齒稀稀落落，和他紅潤的面孔有著不成比例的差距。

「那是電刑電的。」他解釋道。在天津茶澱監獄中，數名警察用數根電棍高壓電他，逼迫他放棄信仰。幾次電下來，脖子、頭皮上被電出口子，到現在那一片頭髮也長不好，而牙床也開始鬆動，牙齒共掉了 9 顆。

這位硬氣得讓監獄警察都暗暗佩服、九死一生都沒有放棄自己信仰的北方男兒，唯一在自己出獄的話題上掉下眼淚。他沒有想到自己能活著走出來，他哽咽地連聲歎道：「不容易，不容易，不容易。」

一同訴江的王傑，因為大陸公民的身分，一個月就被打到五臟六腑俱損，受盡各種酷刑，成了廢人，最後保外就醫，客死他鄉；朱柯明因為香港公民的身分，和外界的致力營救，活著走出牢籠，7 年後，又繼續訴江。

「我就是想為法輪功說句公道話，這麼好的功法給打壓，作為大法弟子，你能不站出來討個理嗎？」他無悔自己的選擇，對江澤民的訴訟官司他是打到底了。「你迫害法輪功，我告你；你把我抓起來，在監獄裡還要告你；出獄後，今天還要告你。」

連看三天 奇書冒金光

1957 年生於北京的朱柯明，1992 年移民香港，從小生長在共產黨的幹部家庭。修煉前，他是一位千萬富翁，經營一家有著近百名員工的私人企業，從事辦公用品及傢俬生意，他在大陸還擁有汽車尾氣喉、吸鼻通兩項實用專利。他機靈過人，興趣愛好廣泛，喜歡哲學，喜歡中國文化，曾師從著名國畫名家褚大雄學國畫，也曾經設計過大陸一流的園林別墅。

他快樂、自負、剛正不阿，但又不隨波逐流。「過去很喜歡當官，光宗耀祖多好呀，後來我不當了，共產黨官老說假話，對上面阿諛奉承，對下面趾高氣揚。」

當時的他不信神佛，不信輪迴生死，「我是在共產黨家庭長大的，共產黨的教育下怎麼會信這些？」但對人生，他有很多的困惑和不解，「人與人之間，坑蒙拐騙，這個社會不誠信。」

1998 年的一天改變了他的一生。從來不看小說、不信氣功的他，從合作夥伴——段巍手中接過《轉法輪》一書，一看就看進去了，連看了三天。「我覺得，這本書就是我要找的東西，這些書裡面全是我心裡想的。我沒有想過當神佛，我覺得人就應該這麼做。我看到第三天，這書冒金光，冒金線。我當時就覺得這本書是奇書。」

朱柯明按照書中「真、善、忍」的道理要求自己，很快手下的員工發現老闆改變了。原來脾氣暴躁，罵人不留情面，現在變得寬容起來，在朱柯明的影響下，許多公司的員工以及家裡的親人也開始學煉法輪功。

寫信徒勞 提告才有希望

為何要告江澤民？這個問題，朱柯明已經答了不知道多少遍，也不知在心裡想了多少遍。

在他眼中，原因很簡單，因為 1999 年 7 月 20 日，中共下令鎮壓法輪功。「剛迫害的時候，我一看電視，當時我就哭了。師父這麼偉大，為國家節省了那麼多的醫藥費，政府怎麼可以這麼做！又是搞文化大革命那一套。我當時就對朋友說，法輪功學員就要出來講真話，別讓他們覺得法輪功裡面沒人了。」

他和後來被打死的王傑，以及王傑的六姨段巍，一開始給當時中共最高權力機構，包括當時的國家主席江澤民寫信，希望中共當局回心轉意。信寫得很長、很厚。「我喜歡把道理講透，我把法輪功是什麼、迫害法輪功會給國家民族帶來的危害，我都要給你寫透。我當時還想，他們可能不了解情況，我還把江澤民當作正常的國家主席。」

寫到第九篇文章，朱柯明想到不能這樣寫下去：「給各大部門都寫了無數的信，後來還到香港寫信給各國的首腦、各大新聞媒體，但迫害近一年都沒有停止過，當時就覺得只能告他。」

他繼續說：「這也是我們對政府徹底失望後，為制止這場迫害所抱的最後希望。」

三天學法律 無師自通

朱柯明駕車到王府井，買來厚厚的法律書籍。從來沒有學過法律的他，花了三天寫了正規的申訴狀，長達四萬多字，並用真名實姓起訴，列出江澤民、曾慶紅、羅幹等人迫害法輪功等違法違憲九條罪狀，並要求釋放所有無辜被關押迫害的大法弟子，還法輪功創始人李洪志先生一個清白公道。

這份訴狀，後來傳出來登在網路上，很多專業人士都讚歎思路清晰，法律用詞專業，朱柯明出獄後，一個日本的律師向他豎起大拇指，「他說神！從來沒有學過法律，不了解法律，你敢寫正規的申訴狀，很神奇。」

三天無師自通，回想當時沒日沒夜的寫，他說是要和共產黨賽時間。「我了解共產黨，共產黨的特務在世界上是一流的，我做這個事情如果讓共產黨知道，他不會對我下黑手嗎？你一天沒抓我，我就寫，就要告你。」

王傑、朱柯明的訴狀於 2000 年 8 月 29 日以掛號信寄達中共高檢後，被告江澤民、羅幹親自下令逮捕原告，警察循著他們申訴狀的筆跡找到他們。

9 月 7 日深夜，數十名公安非法越過圍牆強行入屋，二人被捕後，受到猛烈毆打與酷刑。朱柯明在一個多月後見到王傑，150 多斤的體重瘦到 70 多斤，那是他見到王傑的最後一面。

酷刑轉化 堅定不屈服

「我在獄中聽說王傑被保外就醫，還以為他沒事了。」朱柯明出獄後，才知道王傑已於 2001 年去世。講到這，朱柯明難掩傷痛，「如果我不是香港居民，我肯定活不了。」

朱柯明被捕後，警察對外說把他「放」了，其實是將他祕密關押，直到 2001 年 4 月份朱柯明被判刑後，家人才知道被關的地點。「判刑時，中共高官在法院過道，趴在門縫朝裡面偷偷看——當時很多人都覺得抓了一個大人物。因為我這個事情，很多警察當了官。」

在天津茶澱監獄整整 5 年，朱柯明親眼目睹，並親身經歷了中共政權對法輪功修煉者從精神到肉體慘無人道的非人折磨與迫害。因為訴江直接觸怒中共最高層，對朱柯明的轉化、強制工作，中共可以說是無所不用其極。

「我由於堅定信仰，不認罪也不接受所謂的轉化，他們對我進行打罵、恐嚇、電棍、長時間不讓睡覺、強行洗腦等等一系列非人性的刑罰和虐待。遭受到了世人難以想像的刻骨銘心的痛苦與傷害。」

他受的其中一種刑罰是整天端正地長時間坐著，不許動，眼睛只能往前看，不許眨眼；膝蓋中間夾一張紙，掉了都不行，這種刑罰可以把人的臀部坐爛。

警察揚言要讓他度日如年，讓他得精神病，但最後朱柯明都扛過來了。他說，獄中他為自己定下三點原則：第一不怕死，第二不信邪，第三不動心。他當時想，我就是要活下去，就是死也不能給大法抹黑。

五年牢獄苦 正念闖關

談到如何熬過這 5 年，朱柯明說：「我覺得，是正念讓我闖過這 5 年。每當感到自己很弱的時候，就會想起師父的法，大概意思是一個人的意志一定要堅定。凡是遇到危險、過關、困難、苦悶的時候，就能想到師父的法。」

「當我被七、八根電棍電得很難受的時候，我問自己：如果每天都這樣被電著，還修不修？我的答案是肯定的。」

2003 年底，為了轉化他，在 10 個犯人的日夜嚴密監管下，朱柯明 10 來天只睡了不到 8 小時，稀裡糊塗地寫了（不修煉）保證。

但他睡了兩天後清醒了，當時就寫了推翻「轉化」保證的聲明。

獄警接著威脅他，準備再給他上刑，朱柯明把心一橫說：「你把折磨我的東西再過一遍，我朱柯明怎麼可以寫這些東西，再來一遍。」結果對方嚇停住了，之後再也沒有警察敢找他，也沒有人再提「轉化」的事情。

《九評共產黨》 神寫的書

從 2001 年 8 月起，香港與美國法輪功學員曾多次努力，呼籲釋放在北京被捕的香港居民朱柯明。美聯社、BBC、法新社、《明報》、《網上行報》、《蘋果日報》等海外媒體都曾予以報導，朱柯明的故事傳遍五湖四海，最終他才於 2006 年中被釋放。

出獄後，回到香港，朱柯明第一次看到《九評》，當時覺得這不是人寫的書，是神寫的書。「我體會到，人根本無法把共產黨的本質看這麼透徹。如果你認同《九評》，證明你還有善心在。《九評》不是一味的評斷共產黨，且是通過揭露共產黨的邪惡本質，讓人從中認識到真、善、忍。」

他把自己絕大多數的時間投入到香港講真相活動中，包括經常在各大旅遊景點派發《九評》等。他說：「大法弟子傳《九評》

是義不容辭的責任。因為大法弟子不能自私，以後的生命是為他人的。如果人民不認識共產黨的本質，就不能認清共產黨的欺騙性。」

督促胡溫 助遞申述狀

2007 年 6 月朱柯明再次在香港狀告江澤民等人，案件被香港法院正式受理，被外界認為是大快人心的事情。朱柯明這樣對比兩次訴江案的意義：

「過去在中國大陸告，他沒有受理，更說明共產黨的虛偽和邪惡，在 5 年的監獄中，我還 6 次讓你受理我的案子，但你們都沒有任何回應，說明共產黨不講法制。在香港訴江意義不同。因為還在中國土地告他，對香港的民主法制，對一國兩制是不是一個考驗？訴狀是否能直接遞交到江、李、羅的手裡，要他們出庭？他們如果不這樣做，這就說明共產黨對香港的操控。」

在他看來，這次案件也是 2000 年前訴江案的延續。他當時呼籲中共當權者胡溫督促中共的最高檢察院和最高法院繼續受理他當年的《申訴狀》，並誠請全國人大監督執行。

他真誠的希望胡溫能夠把握民意，為自己選擇一個美好的未來。「你們也是中共邪靈的受害者，而且你沒有必要為共產邪靈背黑鍋，作為國家領導人，是應該真正為中華民族，為中國人民負責呢，還是為給中華民族、中國人民帶來無數災難、痛苦與仇恨的中國共產黨負責呢？」

邪黨剋星 訴江止迫害

訪問最後，問及朱柯明：「你是否注定是江澤民的剋星？」他爽朗的笑起來。沉默了一會兒，他補充說：「我想我們是邪惡中共的剋星。」

他還說，出獄後看到很多法輪功學員付出很多很多，有的半夜上班，白天講真相，讓他非常感動。他希望這場迫害能夠早日停止，未來一定有訴江成功的一天。

「訴江絕不僅僅只是為我們幾個人討公道，也是在為被中共迫害的所有法輪功學員討公道。如果這個迫害延續的時間越長，所造成的後果、耽誤的人、被毒害的人越多，越早把共產黨的邪惡，把江迫害法輪功的邪惡事實擺出來，才能更早結束這場迫害。」

正如美國芝加哥訴江案中的原告律師所言，法輪功學員海外起訴江澤民及其主要幫凶，「旨在制止江氏集團對法輪功的鎮壓」，通過自由社會的司法系統，「提醒世界一樁群體滅絕的罪行正在中國發生，同時鼓勵更多的人也通過非司法渠道來幫助制止這場迫害。」

第五節

全球 30 多國起訴江澤民

前中共黨魁江澤民因發動對法輪功的迫害，而被全球 30 多個國家和地區的法庭起訴。圖為美國華府法輪功反迫害大遊行。（大紀元）

2003 年 9 月 30 日，由 100 多個組織和知名人士加盟的「全球公審江澤民大聯盟」在華盛頓 DC 國家記者俱樂部宣布成立。8 年來，這個「凝聚一切正義力量，揭露江氏所有罪行，把江澤民送上良心、道義和法律的審判台」的正義行動，已經在全球 30 多個國家形成巨大推力，在人類歷史上第一次寫下了審判在位獨裁者的輝煌篇章。

早在 2000 年「全球訴江案」已經逐步拉開序幕。2000 年 8 月 25 日，首宗狀告江澤民案啟動。兩名默默無聞的法輪功學員向中共最高檢察院和中共最高法院提交《申訴狀》，狀告當時的中共國家主席江澤民、中央書記處書記曾慶紅與政法委書記羅幹迫害法輪功的違憲違法行為。僅僅十多天後，兩人被中共警察祕密抓捕，北京公民王傑被打死，香港公民朱柯明被折磨得遍體鱗傷。訴訟案不了了之。

　　2003 年後，隨著「全球公審江澤民大聯盟」的成立，世界各地掀起了起訴江澤民的新浪潮。江被起訴的主要緣由是：江作為發起對法輪功殘酷迫害的元凶，他在 1999 年 6 月 10 日獨自下令，成立了凌駕於憲法和法律之上、專職迫害法輪功的「610 辦公室」。1999 年 7 月 20 日後，江密令「610」系統地對法輪功學員實行「名譽上搞臭、經濟上截斷、肉體上消滅」、「打死白打、打死算自殺」、「不查身源、直接火化」的「群體滅絕」政策，導致至少數千法輪功學員被害死、近萬人被判刑、數十萬被勞教、上百萬人被騷擾、上億人被剝奪信仰「真善忍」的權利。目前傳出中共惡警用近百種酷刑折磨法輪功學員，甚至還活體摘取法輪功學員器官牟取暴利後焚屍滅跡。

　　如此喪盡天良的做法，導致江某先後在全球 30 個城市和地區，在 50 多個刑事和民事訴訟案中被以「反人類罪」、「群體滅絕罪」和「酷刑罪」等多項罪名起訴。這堪稱 21 世紀人類最大的訴訟案。與此同時，30 多位緊緊跟隨江某積極參與迫害的主要幫凶，也被告上了法庭，他們的罪名主要有：酷刑罪、反人類罪、群體滅絕罪、參與謀殺、酷刑和綁架罪、誹謗罪、煽動屠殺和迫害罪、教唆酷刑、教唆仇恨罪等。

西班牙和阿根廷訴江案的成就

　　在對江某的 50 多宗起訴案中，首先震動國際社會的莫過於西班牙的訴訟案。2009 年 11 月 19 日，西班牙國家法庭在經過兩年多的調查後，決定按照國際法「普世司法管轄權原則」（Universal Jurisdiction）的法條裁決，對江澤民、羅幹、薄熙來、賈慶林、吳官正 5 名中共官員發出傳訊令，要求他們對法輪功學員犯下的「群體滅絕罪」及「酷刑罪」行為進行解釋。此舉被國際社會稱為「大勇之舉」，中國民眾則認為是「巨大的鼓舞」。

國際法「普世司法管轄權原則」主要適用於群體滅絕罪、危害人類罪、戰爭罪、侵略罪等罪行。只要罪名成立，任何國家都有權對嫌犯加以懲罰，只要他們走出國門，隨時都可能被逮捕。

歷史上，西班牙國家法院曾於 90 年代末發出國際拘捕令，自英國引渡智利獨裁者皮諾切特接受違反人權罪行審判。2000 年 2 月塞內加爾法庭也成功引用「普世司法管轄權原則」，對乍得（Chad）前流亡總統 Hissein Habre（侯賽因）犯下的政治謀殺案等提起訴訟。

緊接著，更令國際社會振奮的是阿根廷訴江案。2009 年 12 月 17 日，阿根廷聯邦法院刑事及懲治庭第九法庭法官拉馬德里德（Octavio Araoz de Lamadrid）下令，在全球範圍內，逮捕中共前黨魁江澤民和前政法委書記羅幹，押到法庭接受被控犯下「群體滅絕罪」和「酷刑罪」的審判。這兩人一旦出國，就會被國際刑警抓捕。

30 位高官被起訴 再難以出國

「全球公審江澤民大聯盟」除了公審江澤民外，還對積極參與迫害的中共各級官員發起了訴訟追查，目前已有 30 多名中共高官被起訴。如 2007 年前商務部長薄熙來已被澳洲法院宣判酷刑罪成立，這是目前被宣判有罪的中共最高級官員。前北京市長劉淇、遼寧省副省長夏德仁、湖北省公安廳副廳長趙志飛、中科院「610」

主任郭傳傑也被美國法庭判處有罪，而中共駐加拿大前副總領事潘新春在被法庭判決誹謗罪後，從加拿大驚慌潛逃回中國。

中國人相信，善惡有報。人做了惡事總是要遭受懲罰的，越早結束他的行惡，越能避免他造下更大的罪孽，也越能拯救更多的人免受其害。從這個角度看，法輪功學員起訴行惡者，無疑是慈悲的善舉，因為其出發點是為了救人。

2004 年 12 月 17 日美國總統布什在華盛頓簽署了「禁止酷刑犯入境美國法案」（Anti-Atrocity Alien Deportation Act），授權司法部追蹤那些犯有戰爭罪、酷刑、群體滅絕罪、迫害宗教信仰，以及侵犯人權的外國人，限制其入境或將其驅除出境。另外，美國移民歸化法第 212（a）（2）（G）條規定，外國政府官員在過去的兩年中從事參與嚴重違反宗教自由的行為，他們以及他們的家屬和子女不得進入美國。

由此可見，這 30 位官員一旦出國，就可能面臨被法庭繩之以法或被驅除出境，甚至包括他們的家屬也會成為不受歡迎的人。下面是這 30 名被法輪功學員在國外法庭正式立案起訴的中共官員的名稱和被起訴地點。

上圖左 1：**江澤民** 前中共國家主席。被起訴地點：聯合國酷刑委員會、美國、國際刑事法庭、比利時、台灣、韓國、西班牙、德國、加拿大、波利維亞、希臘、智利、澳洲、新西蘭、荷蘭、

日本、瑞典。

左2：**羅幹** 前中共政法委書記。被起訴地點：聯合國酷刑委員會、比利時、台灣、韓國、西班牙、加拿大、波利維亞、希臘、智利、冰島、芬蘭、亞美尼亞、摩爾多瓦、日本、瑞典、比利時、阿根廷。

左3：**曾慶紅** 前中共國家副主席。被起訴地點：聯合國酷刑委員會、國際刑事法庭。

右3：**李嵐清** 前「610」頭子。被起訴地點：比利時、台灣、韓國、希臘、智利、荷蘭、加拿大、法國、日本、瑞典。

右2：**吳官正** 前任政治局常委。被起訴地點：塞浦路斯。

右1：**孫家正** 前文化部部長。被起訴地點：法國。

上圖左1：**劉淇** 前北京市市長。被起訴地點：美國（法庭已經宣判罪行成立）。

左2：**夏德仁** 前遼寧省副省長。被起訴地點：美國（法庭已經宣判罪行成立）。

左3：**周永康** 前中共政治局常委、政法委書記，現已被捕。被起訴地點：美國、比利時。

右3：**趙志飛** 前湖北「610」頭目。被起訴地點：美國（法庭已經宣判罪行成立）。

右2：**潘新春** 前中領館副領事。被起訴地點：加拿大（法庭已經宣判罪行成立）。

右1：**劉京** 前中共公安部副部長。被起訴地點：加拿大、比利時、瑞典。

上圖左1：**薄熙來** 前遼寧省省長。被起訴地點：美國、澳洲（法庭已經宣判罪行成立）。

左2：**陳至立** 前國務委員、前教育部長。被起訴地點：坦桑尼亞。

左3：**李長春** 前政治局常委。被起訴地點：法國。

右3：**王渝生** 中國反 X 教協會副理事長兼祕書長。被起訴地點：瑞士日內瓦。

右2：**王旭東** 前河北省委書記、現中共全國政協法制委副主任。被起訴地點：美國。

右1：**蘇榮** 前任甘肅省委書記、中共全國政協副主席，現已被關押。被起訴地點：贊比亞。

上圖左1：**郭傳傑** 中共政協委員、中國科學院「610」主任。

被起訴地點：美國（法庭已經宣判罪行成立）。

左2：**賈慶林** 前中共政協主席、北京市委書記。被起訴地點：奧地利、西班牙。

左3：**黃菊** 前中國國務院副總理。被起訴地點：愛爾蘭。

右3：**王太華** 前中宣部副部長、安徽省委書記。被起訴地點：美國。

右2：**王茂林** 前中共中央「610辦公室」主任。被起訴地點：加拿大。

右1：**徐光春** 中共人大財經委副主任、前河南省委書記。被起訴地點：美國（世界人權組織刑事訴訟）。

上圖左1：**李元偉** 時任遼寧凌源監獄分局局長。被起訴地點：法國。

左2：**賈春旺** 前最高檢察院檢察長。被起訴地點：丹麥。

左3：**林炎志** 前吉林省委副書記。被起訴地點：加拿大。

右3：**趙致真** 原武漢市電視台台長。被起訴地點：美國。

右2：**黃華華** 前廣東省省長。被起訴地點：加拿大、美國。

右1：**張德江** 中共政治局常委、人大委員長。被起訴地點：澳洲。

第六節

江澤民的後悔與協從者的可悲

香港《前哨》雜誌 2011 年 2 月第 240 期刊出大陸報導欄目中刊出的頭條文章，第 240 期被列為封面的精選文章，作者嚴大明揭示了中共前黨魁江澤民的自認告白，文章題目是《江澤民終生後悔的兩大事件》。江澤民自知死期不遠，2010 年起至少兩次對身邊的人談到，這一輩子做過兩件愚蠢之事：蠢事之一是美國轟炸南斯拉夫時，下令中國共大使館不能撤退；蠢事之二則是鎮壓法輪功。江澤民鎮壓法輪功，為自己平添了幾千萬對立面，這是他自己認為一輩子中所做的第二件大蠢事。前一件蠢事不需置評，就知道是為了掩蓋真正的第二件大蠢事。

不管江澤民出於什麼目的，江澤民在臨死之前的這種自認鎮壓法輪功是終身後悔的大「蠢事」的罪惡感的流露，對那些還在繼續參與迫害法輪功的人，和那些上當受騙誤解仇恨法輪功的人，無疑是一個極大的諷刺和愚弄，連發動鎮壓法輪功的元凶都自認鎮壓是一件終身後悔的大蠢事了，那些還在繼續幹蠢事的人是不是需要深思和反省了！

嫉妒和極端權力慾 江強行鎮壓決議

據悉，鎮壓法輪功的決定從一開始就在中央政治局常委內部引起爭議。朱鎔基、李瑞環認為，對於一種「氣功」完全沒有必要大動干戈，更沒必要搞成巨大的運動。江澤民還在自己的家裡遇到了反對，因為他的妻子王冶坪、孫子江志成都曾經修煉過法輪功。但江的主要理由是，在共產黨控制下的中國，不能容忍一個不受共產黨控制的組織發展到如此規模，否則，他們終有一天會取代共產黨。當時李瑞環說，你這種擔心是不是你自己高抬氣功了？但江澤民堅持己見，出於嫉妒和極端的權力慾，強壓政治局通過了鎮壓的決議。

自從江澤民喪失了最高權力後，江澤民的反思結果是，當年法輪功修煉者人數眾多的問題，就算是一場危機的話，也完全可以用另外一種方式化解。事到如今，法輪功在海外繼續發揚壯大，在國內外，不公開修煉法輪功的人數並沒有減少，國內的法輪功學員的抗爭成為揭露中共罪行的一支最有實力的群體。中共官員到哪裡訪問，都會遇到法輪功修煉者如影隨形的反迫害、抗議活動，而且，許多追隨江積極迫害法輪功學員的官員遭到起訴，使得這些官員在出訪期間面臨被拘捕的危險。其他官員似乎沒有人願意背這個鎮壓、迫害的惡名，所以江氏集團的人在此事上顯得很孤立。江澤民鎮壓法輪功，為自己平添了幾千萬所謂的敵人，他自己認為這是一輩子中所做的第二件大蠢事。

江所犯罪行何止「蠢事」所能概括

江澤民自認鎮壓法輪功是「蠢事」，但它所犯下的罪惡豈能是它自己輕描淡寫的認為是一件大「蠢事」所能概括得了的！

正如原中共中央黨校理論研究室副主任杜光先生曾經說過：這場毫無法律依據的迫害是中國的一場悲劇，不僅給法輪功學員及其家人帶來苦難，而且對中國社會造成了極大的危害，對中國社會的進步起著阻礙作用。「法輪功學員應當享有信仰自由的權利，在社會上，和其他公民一樣，享有各種應當享有的權利、享有平等的自由的生活權利。」「他們行使自己的自由權利，都應得到尊重。」「剝奪他們的信仰權利是非常錯誤的，當年的這場錯誤應該被糾正。」

15年來，因為江澤民鎮壓法輪功直接導致了成千上萬的法輪功學員被殘酷迫害致死，無數家庭支離破碎，老人無人撫養，妻兒無人照顧，無數善良的普通民眾無家可歸、流離失所，多少個家庭在血淚中、痛苦中、骨肉分離中承受著無盡的折磨，以及它對中國文化道德信仰造成的破壞和造成中國社會的極大對立，等等，受害者不僅僅是上億的法輪功學員和家人，那些參與迫害的人，受它矇騙的普通民眾，也都是這場浩劫的受害者，這豈能是用一句後悔是做「蠢事」就能一筆勾銷得了的！江澤民所犯下的罪已經是罪大無邊、天理不容！它的罪惡終將償還，在不久的將來，人們會看到它可悲可恥的下場，江澤民歷史罪人的惡行也注定會作為一個罪大惡極的歷史罪人的反面教材給後世人留下深刻教訓。

江澤民已攤牌 隨從者還要幹「蠢事」嗎？

連發動鎮壓的元凶江澤民都自認鎮壓法輪功是件大「蠢事」了，對於那些還在參與迫害法輪功的人，大概應該感到羞愧、諷刺和無地自容，原來這麼多年來自己糊里糊塗的跟著江澤民迫害法輪功是在幹一件大蠢事，而且會「終身後悔」，這是不是上了江澤民的當？現在是應該為自己選擇一條後路的時候了。

習近平南京宣戰江澤民

第七章

江過生日
藉「反佔中」亂港

8月17日是江澤民的生日，7月19日，身兼中共中央港澳協調工作小組組長的張德江南下深圳，目的是搞出「反佔中」遊行激化香港社會衝突、與習近平公開「唱反調」。這齣慶生鬧劇一結束，高層博弈隨之升級。（大紀元合成圖）

第一節

張德江南下遭中南海冷處理

香港泛民主派批評張德江分化香港和操縱政改，社民連議員梁國雄諷刺張德江的鳥籠政改無恥。（大紀元）

中共江澤民集團日漸潰散，第二大佬曾慶紅被祕密軟禁，名列第三的張德江不得不走到前台，南下深圳公開力挺江派在香港所培植的特務梁振英。而此前，梁攬亂香港時局，備受香港民意唾棄，傳早已被習所拋棄，有消息還說，若出現極端情況，當局不排除抓捕梁，以消港人民憤。

因此，張此行南下的目的被外界視為是刺激香港社會、故意激化社會衝突、與習近平公開「唱反調」。不僅張的行程未獲大陸官媒報導，有分析稱，張如此公開反習，恐怕會面臨如同周永康、徐才厚遭遇的下場，迅速走上不歸之路。

2014 年 7 月 19 日，身兼中共中央港澳協調工作小組組長的中共人大常委會委員長張德江南下深圳，一連三天在紫荊山莊舉行了 10 場會面，先聽取香港特首梁振英的政改報告，之後會見六大商會、建制派政黨自由黨、經民聯、新民黨及民建聯等核心成員。

此前四天 7 月 15 日，梁振英向中共人大提出修改 2017 年特首選舉辦法的報告。正當香港社會等待中共人大 8 月底決定政改框架之際，張德江突然南下，三天會面中，人大副祕書長李飛、港澳辦主任王光亞及中聯辦主任張曉明出席了會談。

張德江南下 未獲大陸官方報導

雖然此前香港有近 80 萬人投票支持普選行政長官應有公民提名方案，但據多家媒體報導，張德江對此並不接受，張還表明不認同佔領中環，稱是街頭政治。對於香港民眾強烈呼籲梁振英下台，張德江反其道表示支持梁振英，同時讚梁「硬朗、有決心」，是「敢擔當的人」。

《新紀元》此前報導，受江澤民集團直接操控的中共地下黨員、香港特首梁振英，實質上已經被北京習近平當局拋棄。在 7 月 1 日香港大遊行之前，當局不許梁再激化局勢，緊急勒令梁振英接連放假四天，有消息還說，若出現極端情況，當局不排除抓捕梁振英，以消港人民憤。

習近平在掌權後，會見梁振英時，曾經對梁的「工作態度」有過意見。但是從沒對梁本人有過評語，也從沒談及梁在工作上的成績，與前兩任特首的施政獲時任黨魁的肯定，大有分別。

華府中國問題專家石藏山表示，「張德江讚揚梁振英的話，相當罕見。那些都屬於是對個人的評語，很感性的話，顯然代表其個人。」於是接下來發生了說奇怪也不奇怪的事。

　　對於中共政治局常委級別的張德江如此興師動眾的出行，一般官方都會在當天所有媒體頭版重要位置播報。奇怪的是，中共「新華網」、「人民網」並沒有作出相應的官式報導，人民網只是引用了中新網的報導，在其「港澳欄目」中做了轉載。而「中新網」這篇名為《梁振英向張德江彙報香港政改報告》的報導，只是其香港記者所發。也就是說，張德江此次南下並未得到中共第三號人物應有的官式報導和認可。

　　有些網站也不知是否有意，如「騰訊網」發出的類似報導變成《張德江深圳聽取梁振英整改報告強調依照基本法》，標題中的「政改」與「整改」，雖然一字之差，但是意味深長。

張德江步江澤民後塵去深圳

　　四個月前的 3 月末，江澤民也選擇將深圳作為其南行的城市。據說深圳市委書記王榮是江澤民集團的地方大員，江澤民的姪女目前住在深圳。江澤民到來後，人們看見江派控制的政法委系統加大對民眾的管制，4 月初，廣東茂名民眾反 PX 項目與官方的衝突突然升級，官方出動大批警察抓人、打人，很多無辜學生也被抓、被打。

　　當時就有報導稱，江澤民在深圳接見了梁振英，並力挺梁。有人猜測這次張德江的南下挺梁，也是聽命於江的安排。

　　據《新紀元》出版的《18 大中南海新權貴》一書介紹，1946年 11 月 4 日，張德江出生在遼寧台安縣桓洞鎮十八戶屯，其父張志毅後來官至中共少將，曾任廣州軍區炮兵副司令員，濟南軍區炮兵副司令員，1998 年去世。由於父親在中共黨內屬過氣人物，沒有實權，對張的仕途影響不大。

1975年，張德江自延邊大學朝鮮語系畢業後，留校做政工，1978年後的兩年他在北韓金日成綜合大學進修經濟，回國後任延邊大學副校長。

張德江的仕途栽培人是曾經官至中央軍委委員、解放軍軍事科學院院長的中共解放軍上將趙南起。

1927年出生的趙南起，「文革」被打回地方。1978年起曾擔任過吉林延邊州州委書記、吉林省副省長、副書記等軍隊地方雙重職位。提攜張德江時，趙南起是政協副主席。於是1983年張德江被提拔為延吉市委副書記，1986年進京成為中共國家民政部副部長。

1989年「六四」後，江澤民當上了總書記，趙南起時任總後勤部部長、軍委委員。趙的後台是洪學智，江與洪學智、趙南起合作，對付楊尚昆的勢力。憑藉這層關係，趙向江推薦了張德江，張開始受到江的重用。

坊間有傳說，迷信的江澤民因為張德江的名字對自己有利，加上張也會討好江，於是江有意培植張。無論是把他調到浙江還是廣東擔任省委書記，都是故意讓張在政治權力上「坐享其成」，以便接替賈慶林進入政治局常委。

張德江對江澤民的討好很露骨。比如，沿襲北韓思維模式的張，曾公開撰文反對私營企業家入黨，但在江澤民發表私營企業家可以入黨的講話後，張立刻180度大轉變，吹捧江「樹立了又一座理論豐碑」。1999年江澤民鎮壓法輪功後，張德江又是緊跟江，殘酷迫害法輪功，結果張在澳洲等國被以酷刑罪起訴。

張德江涉深航貪污大案

趙南起不但提拔了張德江，還提拔過早期的徐才厚，因此張、徐二人都把趙當「恩公」對待。有報導稱，徐才厚得勢後，曾兩次為趙南起動用權力，其中第二次也是徐本人被查處的犯罪內容之一。

當時趙南起在其女兒和早期警衛參謀已被查實「涉嚴重經濟犯罪」後，親自出面向徐才厚求助，徐在直接收受了以趙女兒為首的經濟犯罪團伙的巨額賄賂後，出手「撈救」。據報，目前趙南起已被中紀委調查。

張德江「回報」趙南起的行動更出格，不惜讓數億國有資產被鯨吞。曾經擔任趙南起警衛員的李宜時，2005 年已改名換姓為李澤源，號稱出資 27 億元人民幣，擊敗中國國際航空公司、中信集團、平安保險乃至外資巨頭，以高價搶得深圳航空公司的所有權。

為完成對深航股權的競購，李澤源在 2005 年 3 月匆匆成立了匯潤公司，註冊資本 1000 萬元，由李宜時（即李澤源）、趙南起之女趙麗、秦晼江、宋祖英的妹妹宋祖玉四名自然人股東發起。

不過，李澤源這夥人並沒有這麼多錢，他們本無競標資格，但是李通過趙，找到時任廣東書記張德江，最後其公司不但被認定具有競標資格，還擊敗了非常強大的競爭對手，成功拿到了深航的主權。

隨後不到四年的時間裡，李澤源就以偽造融資租賃合同的辦法，從深航「套走」20 億元到海外，給深航留下近百億的財務黑洞。而他之所以能夠「空手套白狼」，除了違規借用新華人壽前總裁關國亮 8 億元資金外，背後更牽涉多位中共黨政軍高層以及高幹子弟，包括張德江、趙南起、前中共國防部長秦基偉之女以及宋祖英背後的江澤民等。

2009 年 11 月，李澤源因涉嫌經濟犯罪被查。薄熙來事件後，2013 年 4 月李澤源案開審，2014 年 1 月 17 日，李被判刑 14 年。在整個過程中，深航案成了懸在張德江頭上一桶隨時會傾斜的髒水，李澤源甚至在法庭上公開講出，他的這些違法行為得到了當時的廣東省委高層（張德江）的點頭支持。

張德江的吉林幫開始瓦解

然而在反腐之火燒著張德江之前，北京當權者先行令其周圍的貪官落馬。6 月 14 日，出生吉林、54 歲前沒有離開過吉林的蘇榮，在中共政協副主席的位置上落馬。這位首個「國家領導人的落馬」，造成官場巨大震動，不僅牽扯到石油幫的幫主周永康和曾慶紅，更牽扯到吉林幫的幫主張德江以及後面的江澤民。

早前，江澤民在吉林長春第一汽車廠（一汽）工作，號稱對吉林「有感情」，因此「吉林出高官」，張德江、王剛、杜青林、蘇榮都成了「國家領導人」，而張德江被稱為是「吉林幫」幫主。

張德江的父親張志毅曾被稱為「炮兵鼻祖」，1964 年中共第二次授銜時成為少將，但由於有國民黨從軍背景，始終不被中共信任，「文革」期間受到打擊。據說當時是紅衛兵的張德江極力與父親「劃清界線」，以致長期以來父子關係惡劣。在張德江進京的五年間，蘇榮多次到遼寧看望在鞍山的張志毅，以致深得張父信任。據說蘇榮後來還調和了張氏父子關係。張志毅病重期間，甚至要求張德江與蘇榮結為異姓兄弟，後因種種原因沒實行。

此前《新紀元》報導，從其落馬時間看，蘇榮的落馬，與警告張德江直接相關。

2014 年 6 月 10 日，負責港澳辦的江派常委張德江，和負責新聞宣傳口的江派常委劉雲山，聯手拋出所謂「香港白皮書」，強調「一國」而非「兩制」，強行破壞港人引以自豪的司法獨立，造成香港近 80 萬人參與公投、51 萬人上街參加「七一」遊行。「白皮書」出台後四天，蘇榮就被公布落馬。

與習唱反調 張德江公開挺梁

如今的香港民眾對梁振英可謂非常厭惡。從梁上台初始，「梁振英下台」的呼聲就一浪高過一浪。就在張德江違背民意、南下力挺梁振英的消息傳回香港後，激起香港民眾以及眾多議員的強烈抗議。

比如社民連的梁國雄議員專門在開會時，拿出一個鳥籠道具，諷刺北京給香港的政改方案只是「鳥籠政改」，並題詩一首：「張牙舞爪，德才不濟，江河日下，無中生有，恥寡鮮廉」，橫著看每句的第一個字就是：張德江無恥。

前面說到張德江與徐才厚的相似之處，他倆不但有相同的仕途恩人趙南起、江澤民之外，兩人在政治站隊的關鍵時刻也有相似的表現。

2012 年 3 月中共兩會期間，王立軍出逃引燃的政治大火已經燒到了薄熙來，很多中共官員都力圖切割，及時遠離薄熙來。當時唯一公開站出來支持薄的就是周永康，結果後來周永康被抓，而另外半公開支持薄的就是徐才厚。兩會上徐才厚雙手緊握薄熙來的手以示支持鼓勵的照片，前段時間在徐落馬時廣為流傳。

如今張德江也公開和習近平唱反調。習為了安撫港人，不斷壓制梁，而屬江派的張為了激怒港人，不斷挺梁。江習雙方分裂態勢日益公開和明顯。

香港原來是江派第二大佬曾慶紅管轄的地盤，如今曾慶紅被軟禁，江派面臨「山中無老虎」的窘境。於是張學江走到前台來，公開挺梁振英這個江派培植了幾十年的特務。

資深媒體人、熟悉中共高層政治內情的中國問題專家季達表示，張德江挺梁振英，但誰挺張德江？張德江本人地位岌岌可危，他越高調挺梁，梁的處境越危險；現在梁振英的處境更慘。

香港問題專家廖仕明表示：「在『七一』大遊行之前，習近平拿下徐才厚；之後在張德江來港之前，立即更換了駐港部隊司令，並著手對張德江的吉林幫進行清洗。中南海高層圈內一直有消息稱，習近平最終會逮捕江派三常委——劉雲山、張德江和張高麗。現在張德江親自南下香港攪局，煽情發表挺梁言論，目的是刺激香港社會，故意激化社會衝突。」張德江如此公開反習，恐怕會如同周永康、徐才厚那般，迅速走上不歸之路。

第二節

江澤民過生日
張德江和習近平幹上了

據《大紀元》集團獨家獲悉，
張德江 2014 年 7 月南下深圳、
廣泛會見香港地下黨組織的首
領，主要就是為了安排「反佔
中」運動，挑釁習近平陣營。
（AFP）

　　江澤民南下深圳 2 個多月後，張德江南下深圳力挺梁振英，
公開和習近平唱反調。不過張德江到深圳到底對香港親共團體的
首領們談了什麼、安排了什麼，當時外界都不得而知。而等到 8
月 17 日江澤民過 88 歲生日時，這個謎底就揭開了。

香港成習江博弈的戰場

　　2014 年 8 月 17 日周日，香港親共團體策劃了一個號稱十多
萬人參加的「反佔中」遊行運動，反對香港市民提出的「佔領中
環、爭取普選」的「佔中」運動。中環是中聯辦等大陸官方機構
所在地，對於下一屆香港特首的選擇，香港民眾要求實行一人一

票的普選，而不是由中共小圈子進行的變相指定。

香港民眾的心願，卻被張德江、劉雲山等江派人馬在 6 月 10 日拋出的「香港白皮書」所顛覆，「白皮書」變相剝奪了港人治港的鄧小平政策，從而令港人極端憤怒，結果引發了近 80 萬香港人參與的公投，以及 51 萬人參加的「七一」遊行。「白皮書」發表僅 4 天後，江派副國級官員、中共政協副主席蘇榮落馬，外界稱這是習近平回擊江派香港攪局，旨在打擊江派吉林幫，警告張德江。

據《大紀元》集團獨家獲悉，張德江那次南下深圳、廣泛會見香港地下黨組織的首領，主要就是為了安排「反佔中」運動，一是給一個月後的江澤民生日「送大禮」，二也是滿足江派人馬生死存亡的需要：利用香港這塊依舊掌握在江派手中的「最後根據地」，挑釁習近平陣營。據悉遊行前，香港各種協會特務頭目還被召集到深圳祕密開會，布署這次遊行，與會者在開會前手機都被收走，非常保密。

不少大陸民眾不關心香港的政局，認為離自己太遠，不過關心中共政局的人一定不能忽視香港政局的變化。

以前江派人馬還控制大陸一些省份，比如周永康原來掌控的四川省、新疆自治區，曾慶紅掌控的上海，江澤民心腹季建業掌控的南京，羅志軍掌控的江蘇，冀文林、譚力、蔣定之掌控的海南，萬慶良掌控的廣州，還有薄熙來的同盟秦光榮掌控的雲南，蘇榮控制的江西等，隨著周永康、蘇榮、萬慶良等人的落馬、曾慶紅被祕密關押，剩下的江派人馬都不敢出頭了。

周永康被拿下後，大陸所有省份都公開表態支持中共中央拿下周永康，儘管有些省份表態很遲緩，有的表態措辭很特別，如上海的韓正在擁護習近平的同時，還抬出胡錦濤的科學發展觀來「對付」習，海南省的表態中找不到「與中央保持一致」的話語，但畢竟他們都公開宣布支持中共中央懲治周永康。

唯獨香港還掌控在江派手中，那裡畢竟是曾慶紅「苦心經營」了幾十年的老地盤，於是香港成了江澤民反撲習近平的一張牌。2014年6月10日，江澤民下令讓劉雲山推出所謂「香港白皮書」，目的就是激怒港人，讓北京當局難堪，從而亂中搞事。

不過就在江派一系列動作之後，隨機也遭遇了一系列打擊，如6月27日中紀委宣布調查廣州市委書記萬慶良，3天後的6月30日，在宣布徐才厚被開除黨籍並移送軍事法庭審判的同時，也正式宣布萬慶良被免職。萬慶良其實是曾慶紅在香港安插的各類特務的主要聯絡人，廣州也是香港江派人馬的大後方。萬慶良被抓後，江派對香港的控制力大大減弱。

江派耗資上億「反佔中」撕裂香港

江派人馬在香港開始行動，策劃出了一系列違背香港民意、旨在撕裂香港的事件，特別是8月17日江澤民生日這天的「反佔中」運動，從早上的跑步、中午的獻花、到下午的遊行，整個一齣鬧劇出籠。

據主辦方聲稱，有1500個團體參加，香港親共的建制派、曾慶紅培植的地下特務等，都使盡招數拉人來參加遊行，香港警方也宣稱「反佔中遊行」有11.18萬人從維園出發，遊行組織者「保普選反佔中大聯盟」則宣稱遊行有19.3萬人參加，不過，香港大學民意研究計畫在灣仔軒尼詩道與軍器廠街交界的行人天橋點算，推算出遊行的總人數僅介乎 7.9 萬至 8.8 萬之間，而且這 8 萬人中很多是從大陸用錢買來的。

2014 年 8 月 17 日的「反佔中」遊行，警方宣稱有 11.18 萬人，民間統計只有 8 萬多。而 2014 年 7 月 1 日，民間估計有 51 萬人參加，但香港警方宣布只有 9.8 萬人。不過同一地點的現場照片很能說明問題。

這個由上千個親共工商、勞工、政治團體組成的「保普選反佔中大聯盟」對外宣布，早上先在中環舉行「萬人跑步上中環」活動，警方為此封閉了一條行車線，但香港傳媒報導現場參加人數稀少，不足 500 人，主辦單位稱有 1500 人參與，警方估計有 880 人。從一萬人到不足 500 人，反差很大。在中環遮打道行人專區的「反佔中」獻花，也同樣是人丁稀少。

等到了遊行時，原計畫 2 時從維園出發，也許是因為大陸來的人想早點回家，遊行提前了半個多小時。現場民眾看見，參加遊行的大部分是與大陸有關的社團，如深圳、廣西、惠州、廣東潮汕、湛江市等等，他們都是一團團前來，有的坐巴士，有的坐地鐵。

據港媒報導，游行前後多個親共團體在酒樓包場，據報維園附近至少 7 間酒樓共預訂了逾 200 桌，向參加遊行的人員提供膳食。據消息人士稱，這次活動的籌委會主要是由「鐵票」福建幫牽頭。由於萬慶良的落馬，原來唱大戲的廣州人退下來了。

香港市民陳先生對《大紀元》記者表示，一位跟中共關係很近的福建朋友遊說他去參加「817」反佔中遊行，說一個人有 500 港幣的報酬，而且遊行後還有專車載去吃一餐。也有一位香港媒體業廣告員洪女士說，有人她叫去參加「反佔中遊行」，有 300

親共團體在 8 月 17 日發起反「佔中」遊行，多個參與的團體在遊行前到酒樓聚餐，令遊行起點維多利亞公園附近的酒樓爆滿。（大紀元）

報酬，不過這位女士回答說，決不會幫共產黨抬轎；還有一位《大紀元》的女讀者也收到類似的邀請，她直言給 2000 元也不會去。

據觀察，這些親共社團都曾有組織地對長者進行「教育」，並按團體穿著不同「制服」，但仍有遊行參與者根本不知道遊行的目的，有的回答記者提問時說是來「保佔中」的。

英國《金融時報》以《香港親中遊行惹來偽造人群指控》為題報導說，這次遊行有用金錢賄賂人的，遊行人數存在虛報、以及遊行中的大陸人比香港還多等虛假情況，比如報導說，「深圳社團總會」安排了多達 2 萬人參與遊行，每人獲發 300 元及免費午餐。美國有線電視新聞網（CNN）也報導稱，有錄像片段顯示有人向參加者遞鈔票；還有照片顯示遊行人士在酒樓享用免費午餐。

商會領袖：耗資一兩億來撕裂香港

據《大紀元》網站報導，某商會領袖透露說，他收到梁振英副手親自打電話，「讓我站出來反佔中。」而中共港區全國人大代表、前立法會主席范徐麗泰等亦拉他出來，但該商會領袖以自己立場中立婉拒，直言：「反佔中令香港社會撕裂，只會令香港更加亂，不想香港變成和大陸一樣。」

他說，今次有中聯辦幕後協調，亦有不少地下黨組織全力活動，「基本上香港地下黨商會都出來了」，還有不少紅色富豪給錢支持，「每個人派錢 200 至 400 元，之後還有獎賞，保守估計每人 600 元，10 萬人就是 6000 萬，還有簽名都要給錢，以及包酒樓、宣傳等等，至少一、兩億。」「以前立法會選舉都沒有動用這麼多人力、物力，足以證明今次中共的恐懼。」

不過他說，參加「反佔中遊行」的頭面人物寥寥可數，真正的大富豪沒有幾個真的站出來。早前梁粉富豪羅康瑞只是簽名而已、霍英東孫子霍啟剛也只是陪周融參加記者會，但遊行時候都「縮沙了」（退縮），估計只是幕後付錢。

習藉器官話題點江澤民死穴

8 月 17 日張德江謀劃的這齣鬧劇剛一結束，習近平當局就至少出手了三個外界能夠看得見的回擊。

第一，8 月 18 日早晨 6 時 50 分，中共官媒「新華網」就發表報導《中國將嚴查違法買賣人體器官器官捐獻將建監管體系》，報導說，將建設全面立體的人體器官移植監管體系。此消息引起國際高度關注，這是中共官方首次間接承認中國大陸確實存在「人體器官的非法買賣、私下分配，及移植死囚器官」等罪惡。

特別值得留意的是 18 日傍晚 17 時 50 分，親習近平陣營的「財新網」馬上跟進報導說，據國家衛生計生委統計，中國每年約有

30 萬人需要器官移植，但僅有約 1 萬人能夠真正完成移植，器官捐獻不足是主要原因之一。文章暗示中國存在黑器官來源。

第二，8 月 18 日北京警方突然高調對外宣布，香港影星成龍的兒子房祖名吸毒被抓。其實成龍兒子 4 天前就被抓了，但此事一直沒有公開。按中共以往慣例，這類事發生了，警方敲詐點錢財，或關十幾天也就放人了，並不會這樣公開宣布，而且還在電視上大肆宣傳。這樣做的原因很明顯：成龍與江派人馬關係很近。

第三，8 月 18 日，中共官方通報兩名官員被查，分別是南京市溧水區區委書記姜明、蘇連雲港市副市長、公安局長陸雲飛，此人另一職務是連雲港市「610」主任。

江澤民與習近平衝突根源

江澤民與習近平衝突根源是，江在 1999 年 7 月 20 日發動了對億萬法輪功群眾的殘酷鎮壓，因為欠下血債太多，江澤民生怕失去權力後遭到民眾的清算，於是一直利用各種方式從胡錦濤、習近平手中搶奪權力，甚至不惜發動政變和策劃暗殺。光外界知道的，習近平就三次差點被周永康暗殺。

習為了保命，不得不對江派加以還擊。與此同時，江派的貪腐和對改革的阻撓，也成為習改革的攔路虎。

no zuo no die「不做不死」

據大陸官媒報導，就在香港大遊行之前的 8 月 8 日，廣東紀委書記黃先耀在全省第 13 期領導幹部「黨紀政紀法紀培訓班」

上給廣州官員敲警鐘，稱要「認清形勢，明確責任，嚴明紀律，要守住底線，不越紅線，不碰高壓線」，最後黃還用網路用語告誡與會幹部：「no zuo no die」。

8月17日是江澤民的生日，8月22日是鄧小平的生日。習近平陣營高調「紀念」鄧小平之際，沒人理睬江澤民，張德江搞出香港大遊行來生祭黑老大江澤民，擺出一副要和習打擂台的姿勢。很明顯，張德江和習近平幹上了，就如同2012年8月的周永康一樣。

第三節

起底江綿康上海發跡史

相較於江澤民大兒子、人稱中國第一貪的江綿恆（前），其二兒子江綿康（後）在媒體上一貫低調，但卻在掌控上海城鄉建設和交通委員會期間，撈取了難以計數的國家資源。（大紀元合成圖）

中共前江派常委周永康落馬後，中共巡視組隨即進駐江澤民老巢上海，跟江澤民父子關係密切的光明集團董事長王宗南被迅速逮捕，矛頭指向背後「老老虎」江澤民。多年來，在上海靠著江家幫網絡大發橫財，多年來被舉報涉及多起巨額貪腐案的江澤民兩個兒子，成為外界關注點。

《大紀元》記者調查發現，這些年江綿康掌控上海市政建設油水最多的部門——上海城鄉建設和交通委員會，並成立了吸附於上的研究所、研究中心、企業、社團、出版刊物等，撈取了難以計數的利益。從目前有限信息中，也能初步勾勒出江綿康的上海發跡史。

江綿康頭銜多曝光率低 悶聲發財

江澤民時代鼓勵中共官員悶聲發大財，江綿康將其父的策略靈活運用，並發揮到極致，從大陸「百度百科」目前資料看，江綿康擁有不少頭銜，但媒體對他的相關報導卻異常的少。百度百科網站顯示：「江綿康現兼任城市發展信息研究中心主任、上海市城市經濟學會副會長、上海城市地理信息系統發展有限公司董事長（法定代表人）、《上海城市發展》雜誌社社長、中國 GIS 協會常務理事。上海市建設交通委正局級巡視員。」

從現有信息來看，江綿康從 1981 年開始至 2001 年，圍繞著上海市政府的「上海城鄉建設和交通委員會」為中心「大展手腳」，個人成立了研究所、研究中心、企業及學術研究性團體等，同時發行出版跟城市發展相關的多種雜誌。

建學術社團發行刊物 卻無公開網站

「上海市城市經濟學會」號稱是江綿康於 1981 年 3 月 1 日成立的學術性社會團體，據「上海市社會科學界聯合會」網介紹，該會以城市經濟理論和實踐為主要研究對象，掛靠上海市城鄉建設和交通委員會，江綿康任學會會長兼理事長，祕書長是袁剛。有單位會員 16 個、個人會員 410 人的規模。

這個學術性社團還編輯出版公開發行《上海城市發展》、內部發行的《城市經濟研究》等刊物。江綿康對外任《上海城市發展》雜誌社社長，另有資料稱他至少擁有五種刊物。但詭異的是，這樣龐大架構的社團，同時還發行多種刊物，卻沒有公開的網站，很少有相關的信息。從僅有披露出的個別報導來看，江綿康的這個社團與雜誌卻一直在運作中。

成立研究中心 刪除網上個人信息

　　據「上海工商企業名錄」網介紹，江綿康是上海城市發展信息研究中心的法人代表，於 2001 年 2 月 15 日註冊，註冊資金135 萬，職工 42 人，位於徐匯區宛平南路 75 號。

　　但江綿康是以該研究中心主任的公開身分名義對外進行活動。在《中國城市經濟》2006 年期刊上，中國城市經濟學會成立20 周年慶典，其中有江綿康以上海城市發展研究中心主任的名義發表講話。

　　同樣的，上海城市發展信息研究中心，在網路上只有一個空殼網站，相關內容被全部刪除。但 2011 年 2 月，「國家公務員考試」網上還有該研究中心招聘公告，並稱隸屬於上海市城鄉建設和交通委員會，從事上海城市建設與管理中長期發展戰略研究等工作。

江綿康頭銜令人眼花撩亂

　　上海城市地理信息系統發展有限公司官方網首頁一小段提示內容洩露了重要信息：「該公司是由上海市城鄉建設和交通發展研究院控股的高新技術企業，於 1993 年 6 月組建。」並稱由江綿康創建，任公司董事長。

　　但是上海城市地理信息系統發展有限公司董事長（法定代表人）。

　　這個控股的上海市城鄉建設和交通發展研究院又是怎麼一回事？在上海市政府的「城鄉建設和管理委員會」網上有一個兩年

前的消息：2012 年 8 月 15 日上海市政府內召開該研究院的成立大會，副市長沈駿舉行揭幕儀式並發言，市建設交通委主任黃融主持會議，新任上海市建設交通發展研究院院長江綿康在會上發言。

報導稱，由江綿康擁有的上海城市發展信息研究中心、上海市城市綜合交通規劃研究所、上海市交通信息中心和上海市城建熱線服務中心四家機構，經過整合歸併成立上海市城鄉建設和交通發展研究院（對外掛：上海市數字化城市管理中心）。

比較詭異的是，這樣大的動靜沒有見諸媒體，而是刊登在市政府的「城鄉建設和管理委員會」網上。該研究院辦公地址仍是原來江綿康的上海城市發展信息研究中心的地址：上海市宛平南路 75 號。

據 2013 年該研究院招聘公告顯示，其隸屬於上海市城鄉建設和交通委員會的直屬差額撥款事業單位，該研究院還負責組織編制《上海市城市綜合交通發展研究報告》，編輯發行《上海城市發展》雜誌，編撰《上海市城鄉建設交通經濟運行資料彙編》、《上海建設年鑑》等綜合資料。

非正式職務 掌控最肥機構的實權

江綿康還有一個公開職務是上海市政府建設和交通管理委員會局級巡視員，負責全市土地、拆遷、規劃、建築總協調工作。

上海知名律師鄭恩寵稱，巡視員不是正式職務，但是官位很大，職權其實跟建設委員會主任一樣大。

鄭恩寵介紹，自己出獄後，連續多年從《解放日報》看到，

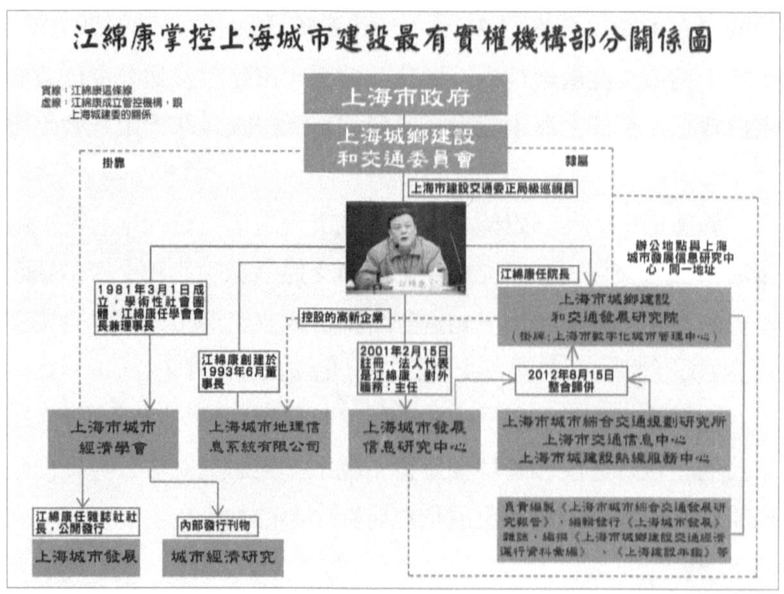

江綿康掌控上海市政建設關鍵部門部分關係圖。（大紀元製圖）

江綿康出現在官方評選上海建設委員會勞動模範名單上，而且名單中只有兩位有圖片，保持在右邊的一張圖片就是江綿康。

鄭恩寵表示上海這麼大的城市，每年搞幾千個工程，又挖這麼多的地鐵，它的市政建設、交通各方面都涉及大的工程，江綿康搞這些研究，那是相當了不得的事情。

江綿康自己還有這些依附於城鄉建設和交通委員會成立的公司、企業、社團、出版相關刊物，實際上掌控了市政府這個最肥機構的實權。

鄭恩寵稱，中央巡視組要查六大方面的問題，其中有一個是工程規劃，江澤民兩個兒子都涉及這裡邊。像建工四公司這樣的執行單位，一個工程幾個億，光公關費公開的就一個億，那像江綿康專門搞建設研究的院長，一年管多少經費，這個都是要跟老百姓講清楚的。

江綿康涉及的幾大案件醜聞

江綿康與其哥哥江綿恆早在 2007 年就被媒體廣泛曝光，涉及周正毅案「東八塊」。上海幫安排周正毅以自己的名義拿下「東八塊」土地到香港圈錢，但實際周只取得其中兩塊，陳良宇弟弟陳良軍有一塊，江澤民大兒子江綿恆以上海聯合投資有限公司名義取得一塊，另一塊則被江澤民次子江綿康以上海市政府建設委員會名義占有。

鄭恩寵分析周正毅案事發，並不完全是東八塊居民告狀有功，實際是因為借錢太多驚動了胡、溫，胡、溫追查下來才發現問題，實際周正毅是江家幫的替罪羊。

另外江綿康、江綿恆兩兄弟還涉上海社保基金挪用案。2006 年上海社保基金挪用案曾經轟動一時，上海市委書記陳良宇等 20 多名貪官和商界要員涉案。

2011 年 8 月 30 日，維基解密公布美國駐上海總領事館 2006 年 12 月 14 日發往美國華府的一份密電，披露江綿恆和江綿康、前國務院副總理黃菊的女兒黃凡等數名中共最高層領導人的子女被捲入，但為了「維護中國共產黨的團結」，只會追究陳良宇的兒子。密電還提到市人大研究員也透露，江綿康通過陳良宇的兒子陳偉力涉入了此案。也因如此，陳良宇案草草收場。陳良宇從區長一路升遷至上海市委書記、直至中央政治局委員，都是江澤民一手提拔。

另外江綿康還被指涉西門子賄賂醜聞，其促成中國進口德國單軌列車的大生意。當時美國司法部文件披露，西門子中國公司在中國大陸涉嫌行賄，包括中國輸變電集團（Siemens PTD）、西門子交通（Siemens TS）和西門子醫療集團。

根據美國哥倫比亞特區地方法院公布的訴訟書，2002 年到 2007 年間，西門子交通支付了約 2200 萬美元，給設在香港的商業諮詢公司和相關機構，並通過這些機構對中國官員行賄，以得到總額逾 10 億美元的 7 個地鐵列車和信號設備項目。

當時就有報導稱，此案中國方面涉案人是江澤民的兒子江綿康。為了使受賄得來的錢直接存在國外，江綿康等在香港設立商業諮詢公司和相關具體運作機構，讓受賄看起來一切都「合法」化。

大陸網站至今還有尚未刪除的信息說，江綿康回國後曾在外企德國西門子公司工作，促成中國進口德國單軌列車的大生意。

揭露江綿康 鄭恩寵被抄家

2014 年 8 月 15 日，《大紀元》網站發表文章《起底江澤民二兒子江綿康上海發跡史》，4 天後的 8 月 20 日上午，上海鄭恩寵律師遭到上海市公安局閘北分局的搜查抄家，被拿走兩部手機及 U 盤兩個。

鄭恩寵表示，這次公安主要是針對他揭露了江澤民二兒子江綿康鮮為人知的、涉及政府和官辦的 6 個房地產行業的最高職務。另外他還提到自己多年前揭露的香港小商人羅康瑞，在上海的第一個地產項目是城市酒店，領頭的是韓正，韓正時任共青團上海市委副書記和盧灣區區長。他質問：「羅康瑞是如何成為上海地產大佬，成為上海政協委員、全國政協委員、全國工商聯副主席的？」

中紀委巡視組後來在上海進行調查並每天接待舉報者，外界輿論一致認為，中南海將在江澤民老巢上海拉開反腐風暴，閘北分局針對鄭恩寵的舉動，被上海市民認為是「頂風作案」。

第四節

《紐時》：
習反腐指向江「蜘蛛網」心

2014 年 8 月，網路流傳一張照片，顯示前中共黨魁江澤民的名字被從 301 醫院大樓頂上拿下。

江澤民是「半死的蜘蛛」

2014 年 8 月，網路流傳一張照片，顯示前中共黨魁江澤民的名字被從 301 醫院大樓頂上拿下。儘管後來證實該照片是因為裝修被暫時拿下，然而《紐約時報》引述分析家表示，網路熱傳這張圖片的事實表明，江澤民影響力正在被淘汰。

《紐約時報》8 月 14 日報導，多個月來，在中國聊天群當中的政治談話一直是有關老虎和蒼蠅。習近平反腐運動中落馬的老虎當中，有前安全主管周老虎，有前中央軍委副主席徐老虎。他們兩人最近都被指控。還有許多蒼蠅被指控腐敗或政治或道德的罪名。

但是從上周開始，聊天者一直聚焦於一個新的動物：一隻蜘蛛。激發這個綽號的一個原因是，網上有一張照片顯示，江澤民的名字被人從一棟大樓上取下。

江澤民在 2002 年卸任中共總書記職務，但他仍然通過在黨內、軍隊和商業同盟的網路保持影響力。分析稱，為改變中國這種通過腐敗和經濟既得利益集團凝聚起來的狀態，江澤民經營 20 年之久的網路需要被清理掉。

「它好像是一個特權既得利益集團的網路，江澤民就是網中間的那隻蜘蛛。」新加坡李光耀公共政策學院教授黃靜說。

江澤民 88 歲生日剛過，身體越來越虛弱，有關他死亡的報導周期性的流傳。但是他的追隨者仍在繼續使用他的名義。其兒子江綿恆活躍在商界和政界。

「他是中間的那隻蜘蛛，但是我想他是一隻半死的蜘蛛。」黃靜說：「它周圍的蜘蛛們在試圖保護他，並且保護他們自己。他們在使用他的名義，使用他的影響力，使用他的關係，但是只要他仍然有一口氣，他仍然被視為教父。」

網路熱傳江澤民名字被拿下的照片

《紐約時報》報導說，因此最近人們對於網路及微信上廣泛流傳的，顯示江澤民的名字和題詞被從 301 醫院大樓上移除的圖片，反應熱烈。在一個高度重視象徵意義的政治文化當中，這樣一個行動可以被解讀為「蜘蛛」將是下一個「老虎」的跡象。

「江澤民是周永康的後台。」一個博主發送這張圖片給朋友並寫道。他說，這「至少是對江澤民的一個警告」，不要干涉習近平對周永康和徐才厚的清洗。

後來人們發現這張照片可能是一張老圖片。不過這些對話真實，這張圖片的廣泛流傳也是真實的。這棟大樓被翻修幾個月。有可能只是暫時被拿下。

《紐約時報》記者致電 301 醫院要求解釋有關江澤民題詞的問題，當記者一提出這個問題，對方馬上掛掉。另外一個人說，醫院沒有公關部或其他方式來對媒體作出評論。

江澤民的影響力正在被淘汰

《紐約時報》採訪北京政治評論員章立凡，他說，這張圖片流傳這樣一個事實意義重大。

「這樣一個現象反映出局勢的一些東西。」章立凡說：「因此我認為一些事情的確在發生。他的影響力正在被淘汰。」也是在最近，反腐調查員抵達上海——江澤民的老巢；而在過去反腐運動當中，這個地方基本上被忽略。

黃靜說，習近平的反腐運動是打破特權集團的一個方式。如果繼續下去，將看到利益集團的總司令就是江澤民。

幾個月前，北京玉淵潭公園展出一隻充氣大蛤蟆，網民們紛紛將它跟江澤民聯繫在一起。這隻大蛤蟆漏氣趴下的圖片也在網路上廣泛流傳。其他動物可能進入中國政治的動物園。最近《環球時報》上刊登一張圖片，顯示一隻蛤蟆和一條蛇在搏鬥。人們猜測江澤民是蛤蟆，而習近平是蛇。

第五節

江澤民孫與劉雲山子
結盟馬雲的野心

港媒稱江澤民的孫子江志成（中）、劉雲山的兒子劉樂飛（右）和阿里巴巴掌門人馬雲（左）在商場上的聯手結盟並不單純，擴張商業帝國的大動作背後，夾雜著極具野心的計畫。（大紀元合成圖）

習近平陣營與江澤民集團內鬥正酣之際，港媒《蘋果日報》論壇 8 月 16 日的文章披露，中共前黨魁江澤民之孫江志成、現任常委劉雲山之子劉樂飛都極具野心，一旦時局有變，將利用網路、金融等布局，迅速推出自己人登頂政壇，接掌中共政權。商場上的聯手結盟，並不單純是新一代「太子黨」，企圖和本土互聯網新貴聯手，在網路、金融方面「奪城」。

報導稱，江志成、劉樂飛和馬雲都有政治野心，現在他們攪和在一起，有些動作已經引起中南海的高度警覺，認為他們的一些作為已經是在挑戰紅線。

江志成，1986 年 1 月 22 日生，父親是中共前黨魁江澤民的長子江綿恆。他是香港博裕投資的唯一創始人。

劉樂飛，1973 年生，中共現任常委劉雲山之子。2012 年前，他一直擔任中信產業投資基金管理有限公司董事長兼首席執行官。

江澤民孫、劉雲山子投資馬雲

2014 年 7 月 21 日，《紐約時報》撰文披露，阿里巴巴的投資公司擁有深厚政治背景。它們包括多家公司，其中有：博裕資本、中信資本和國家開發銀行的投資機構國開金融，以及新天域等。

2014 年 7 月 22 日，阿里巴巴聲明，截至 6 月底，博裕資本、中信資本及國開金融分別持有 0.55％，1.1％和 0.47％的阿里巴巴普通股。

中共前黨魁江澤民的孫子江志成是博裕資本的合夥人。中信資本母公司中信集團旗下的另一家公司聘請了劉雲山的兒子劉樂飛。劉雲山本人是中共宣傳領域的最高官員。國開金融最早一直是陳雲的兒子陳元所掌管，在薄熙來倒台後陳元離開國開行。

2008 年，35 歲的劉樂飛出任新成立的中信產業投資基金管理有限公司董事長兼 CEO，並管理四個基金，總規模達 350 億元人民幣，累計投資 50 多個項目。此前，有港媒稱，劉雲山是現任 7 常委中貪腐最嚴重的一個，其家族擁有數百億資產。

據「路透社」此前披露，2010 年 9 月 21 日，江澤民的孫子江志成在香港提交博裕的公司註冊文件，將自己列為公司的唯一董事。博裕成立後，江志成僅從投資日上、信達兩筆生意就大賺數億美元。

同時，江志成也投資阿里巴巴。2012 年，博裕向阿里巴巴投資 5000 萬美元，按現在的估值，博裕從中賺取 1.25 億美元。

2013 年 8 月，江志成掌控的私募基金博裕投資，宣布將募集 15 億美元資金，成為阿里巴巴集團的投資者。

習江內鬥加劇 江派劉雲山挑釁

據悉，2012 年 2 月重慶事件爆發後，由中共前黨魁江澤民主導、江派二號人物曾慶紅主謀、周永康和薄熙來執行的周薄政變計畫很快被曝光，江派人馬企圖從習近平手中竊取中共最高權力的陰謀因此中途流產，政變名單隨後曝光。

7 月 18 日，有民眾在新浪微博以圖片形式發帖《一份牆外流傳的名單》，帖文內容涉周永康、薄熙來政變的中共高層 18 人名單及政變後的職務。其中包括劉雲山以及劉雲山之子劉樂飛。

目前習近平陣營、江澤民集團內鬥加劇，而作為江派前台人物，現任常委劉雲山不斷利用其主管的文宣口挑釁習近平。據報，劉雲山曾在政治局被習近平多次警告。

習近平南京宣戰江澤民

第八章

江被監視居住
習抓江已無阻力

進入 2014 年下半年，江澤民處境越發不妙，其身邊的心腹陸續被抓。7 月底，中共中紀委巡視組進駐江澤民的老家江蘇及老巢上海。種種跡象顯示，處理江澤民已進入實質階段。（大紀元合成圖）

第一節

江澤民躲醫院避抓捕

周永康被立案審查後，民間要求「槍斃周永康」、「抓捕江澤民」呼聲不斷，有數種跡象顯示中共江澤民勢力已露潰敗跡象。（大紀元合成圖）

　　進入 2014 年下半年，江澤民處境越發不妙，其身邊的心腹也陸續被抓。6 月 30 日，江澤民軍中的代言人、前中共軍委副主席徐才厚被開除黨籍送軍事司法；7 月 12 日，江澤民的「軍師」曾慶紅被曝關押在天津接受祕密調查；7 月 26 日，江澤民父子密友、上海光明集團原董事長王宗南因涉嫌挪用公款和受賄被帶走。7 月 29 日，周永康被公布「立案審查」；同日，中共中紀委巡視組進駐江澤民的老家江蘇。第二天，中紀委巡視組又進駐江澤民的老巢上海。江澤民父子其他的發跡地，如中科院、一汽等地也在第二輪巡視之列。

　　7 月 30 日，在獲悉中央巡視組進駐後，街頭巷尾的上海民眾都在痛罵江澤民。種種跡象顯示，處理江澤民已進入實質階段。

「江澤民被帶走」視頻照片熱傳

7 月 30 日，有人在 Youtube 網站發布了一段題為「江澤民被帶走」的視頻。發布者聲稱：「最新消息，網上有片段播放前中央軍委主席江澤民被帶走，有記者在現場拍攝。消息未經證實。」當天，新浪微博上有附照片帖文稱「被紀委帶走的一瞬間」，所附照片同視頻中一幕吻合。相關照片和帖文迅速被刪。

事實上，該視頻是 2014 年 4 月下旬江澤民在上海露面時的內容。

有分析稱，熱傳江澤民被捕訊息這一現象顯示了民眾的心態和社會的普遍期待，也或是某些政治派別故意釋放信息來探測民意。無論是什麼緣由，這種現象在江澤民實權在握時是不可能發生的。

3 個月內兩度被噤聲 江澤民成啞巴

2012 年 2 月 6 日王立軍事件後，江澤民的權勢在每年一次的北戴河會議上，連續 3 年每況愈下。2014 年北戴河會議結束後，沒有任何一家海內外媒體對於江澤民的出聲有所報導。

2014 年的北戴河會議於 8 月上旬召開。在此之前，江派媒體吹噓江澤民又去了北戴河，但隨後未曾透露過任何有關江澤民出席會議的任何細節或是否參加了「非正式的切磋會議」。這是江澤民在 2014 年春夏三個月內第二次被「噤聲」。

此前的 5 月 20 日，俄羅斯總統普京在上海和江澤民會面。據報導，此次會面是由江澤民自己提出來，直至最後才獲得習近平同意。但大陸官媒對這次會面予以全面封殺。微博上「學習粉絲團」在發布消息時，也沒有提及江澤民任何隻言片語，江澤民被噤聲，罕見成了「啞巴」。

江澤民在這兩次如此大的場合都被噤聲，外界普遍認為江澤民已受到控制，即使相比於傳言滿天飛的賈慶林，江澤民的處境比民間公認的貪腐「賈老虎」還糟糕。

前常委紛露面獨不見江 傳被看住

2014年7月11日，中國享房網總裁程凌虛在微博發布消息稱，中共當局7月10日凌晨，動用38軍500人，祕密抓捕了賈慶林，並將其異地關押在呼和浩特市。還有署名南都校尉的微博博主發文表示，賈慶林被祕密羈押地點是呼倫貝爾。這個消息很快傳遍網路。隨後在7月中旬，賈慶林現身秦皇島長壽山景區，沒有見到地方主要官員陪同，地方傳媒也沒有報導，但網上曬出了他在秦皇島的照片。

8月24日晚，賈慶林與中共中央政治局原常委、中紀委原書記賀國強一同在國家大劇院現身，觀看大型舞劇《絲海夢尋》。與賈慶林不一樣的是，從6、7月開始傳聞滿天飛的曾慶紅和江澤民，卻罕見地一直未現身「闢謠」。

與此同時，胡錦濤、溫家寶、朱鎔基、李瑞環、宋平、萬里等中共其他前常委，都不斷地出現在公眾面前，兩相對比，更顯得江澤民、曾慶紅被「消聲與消形」的詭祕。

對付江澤民「紅二代」挺習達共識

7月17日，港媒引用資深媒體評論人的說法稱，「紅二代」基本達成共識，會站在習近平一邊對付江澤民。而太子黨、「紅二代」等已經成為習近平的支持者。

自由亞洲電台的資深評論人士林保華在17日的評論中稱，「紅二代」之間已經取得了基本共識，會支持「拋出江澤民，成全習近平」。

《明報》7月12日的報導稱，多名知情的京城「紅後代」透露，習近平在「18大」前隱身13天期間，與逾百名重要「紅後代」頭面人物會面。除胡耀邦子女外，還包括中共元帥葉劍英的後人、徐向前之子徐小巖等，所代表的「紅後代」家族成員超過1000人，近8成家族支持習近平的施政理念。

習近平現時的權力結構，背後有胡錦濤、溫家寶和「紅二代」們的支持。

2014年2月15日，在北京的一個新年團拜會上，有數百名中共「紅二代」力挺習近平。大會召集人是中共元老胡喬木之女胡木英，她在會中力挺習近平反腐「打老虎」，呼籲紅二代認清形勢，在這場鬥爭中擁護支持習近平，並稱這是「一場你死我活的鬥爭」、「『紅二代』認清形勢，在這場鬥爭中，支持習近平，不打橫炮、不幫倒忙……」

當時，這個表態就被認為是太子黨、「紅二代」們集體向習近平表忠心。

怕被抓捕 江澤民躲進醫院

88 歲的江澤民，越來越虛弱，有關他死亡的報導周期性的流傳。《大紀元》獲悉，中紀委巡視組進駐上海後，江澤民害怕自己被抓，藉口病重住進醫院。

有接近江澤民醫務人員的最新消息稱，江現已出院，但被習近平陣營派人看管起來。

有關江澤民入院的消息，日本媒體之前也做了報導。日媒表示，江澤民「病情惡化」與上個月其心腹周永康被審查有關。據了解，江澤民一直反對調查周永康，因而受到精神上的刺激，病情陷於惡化狀態。

看見江派紛紛倒下，北京官場上各個派系的官員們為了避禍，都紛紛遠離江澤民。

江澤民處境「你懂的」

8 月 30 日，大陸媒體《羊城晚報》刊發一幅蛤蟆輸液圖，被大陸和香港媒體紛紛轉載。圖中蛤蟆病入膏肓，身上掛了 5 個吊瓶，圖說只有一個「治」字，但大陸民眾顯然讀懂了圖的寓意——前中共獨裁者江澤民病危，許多民眾在微博表達自己的喜悅之情。同日，《東京新聞》引述熟悉中日關係的消息人士的話稱，現年 88 歲的江澤民，於 8 月初在上海住宅因身體情況惡化而緊急住院治療。

8 月 27 日，中共最高法院就輿論關注的周永康案表態，稱周案暫未進入訴訟程序。25 日中共政協常委會上，有政協委員當場問王岐山：「打完周永康這隻『大老虎』後，還有沒有更大的老虎？」王岐山笑而不答。再問王岐山是不是「你懂的」時，他笑說：「以後你就慢慢懂。」

　　自從 2014 年 3 月中共政協發言人就周永康案回答記者提問時使用了一句「你懂的」之後，這個詞就迅速竄紅網路，並成為回應和詮釋中共當下政治內情的流行語。消息本身是否屬實、人們是否最終知道答案已經不再重要，重要的是回答者從此有了無限的自由回應空間，提問者也從此有了無限的聯想空間，一切盡在不言中。在中共的政治氛圍下，更多的是需要意會而不可言傳。不過及早看清時局，對每個人自是不言而喻的重要。

第二節

北京不斷釋放拿下江派信號

廣州書記上任 3 天 大膽公開江澤民處境

2014 年 6 月 27 日，廣州原市委書記萬慶良被調查，4 天後被免職。中共黨媒《人民日報》官方微博隨後發布快訊稱，廣東省委副書記馬興瑞將兼任廣州市委書記，但該條消息在發布後不久便被刪除。此後兩個月，廣州市委書記一職一直空缺。

8 月 27 日，廣州和昆明同日發布了萬慶良和張田欣留下的職缺獲補消息。中組部異地調任 60 後的天津市副市長任學鋒出任廣州市委書記。「空降」的任學鋒打破了廣州官場慣例，即最近 30 年，包括萬慶良在內的 9 任廣州市委書記任職前，均有在廣東省內長期工作的經歷。

《羊城晚報》刊奄奄一息蛤蟆圖

新任廣州市委書記任學鋒上任 3 天，隸屬廣州市宣傳部管轄下的媒體《羊城晚報》有大舉動，8 月 30 日《羊城晚報》在 B5 版以《歐美如何限制抗生素濫用？》為題發表文章，文章並無特別，但其中的圖片卻引起外界聚焦並廣為轉載。

該文正中配發的是一隻奄奄一息、翻著白眼的蛤蟆手繪圖，蛤蟆身上掛滿輸液用吊瓶，異常醒目，右下角標題只有一個字《治》。簡簡單單一張圖卻傳遞了相當豐富的信息。

由於江澤民外號「蛤蟆」早已在中國民間及國際廣為流傳，尤其是 2014 年北京玉淵潭公園「充氣蛤蟆」癟氣後，西方主流媒體也罕見紛紛報導「蛤蟆」是江澤民的綽號。使得在國內國際上「蛤蟆」都成為江澤民的代名詞，因此這張奄奄一息的蛤蟆照立刻吸引了外界的注意。

日媒：江澤民緊急住院

奄奄一息的蛤蟆，真實再現了前中共黨魁江澤民的處境。8 月 30 日，包括《東京新聞》等多家日本媒體報導引述消息人士的話稱，前黨魁江澤民因患膀胱癌，8 月上旬病情急劇惡化而住進上海一家醫院，接受緊急治療。隨後有韓國媒體跟進報導稱，江澤民住院，與心腹周永康被調查有關。

《羊城晚報》報導出來後，在微博中引起熱議：「哈哈，媒體紛紛轉載此文，一切盡在不言中。」「好有內涵的蛤蟆圖。」「《羊城晚報》配圖好犀利。」「讓人浮想聯翩！」「蛤蟆要肚皮朝天了。」「祝病魔早日戰勝蛤蟆！」

「幾乎十年沒買過報紙，但是今天卻跑了好幾個報亭，終於買到了僅有的最後一份《羊城晚報》，僅憑 B5 版的這幅漫畫，這份報紙就值得珍藏！為何？看看今早日本的《東京新聞》便知！在此，向偉大的小編致敬！」

有評論稱，《羊城晚報》這張「蛤蟆輸液」圖的第一層含義就是：江澤民身體不行了，正在醫院輸液搶救，很可能是「奄奄一息」；第二層含義，圖附帶的一字標題《治》可以理解為治病，也可以理解為被整治。

《大紀元》：江害怕被抓而住院

此外，在習近平的連番打擊下，江派馬仔被抓的抓、判的判、軟禁的軟禁，厄運正一步步逼近江澤民。據報導，上海百姓獲悉上海被巡視後，街頭巷尾議論不止，要求「拿下江澤民」的呼聲高漲。

8月27日，百度網曾解禁「法辦江澤民」等信息。江澤民是薄、周政變及中共活摘法輪功學員器官罪惡的總後台。此前，每到中南海生死博弈重大時刻，百度都會解禁大量江澤民集團迫害法輪功、活摘法輪功學員器官的罪行內容。

落馬貪官為自保 供出其他貪官

8月29日，中共「新華網」博客欄目發表署名文章《如果貪官為了保命而「立功」會出現什麼局面？》。文章稱，一些落馬貪官們論罪可能被判處死刑。對於那些想保命的貪官，已無退路，唯一的「立功」途徑與機會，那就是在徹底交代自己全部罪行的基礎上，檢舉、供出其他貪官的罪行。而宋林的「不計代價」求免死，走的就是檢舉、供出同夥、下屬甚至上司腐敗的「立功」之路。

如果落馬的貪官都想以「立功」來達到免死或輕判的目的，都「不計代價」地供出那些沒落馬的貪官，會是什麼情況呢？文章分析，一是會牽出更大的貪官；二是會牽出更多的貪官；三是會牽出隱藏更深的貪官。貪官為了自保「不計代價」供出其他貪官的現象，也徹底戳穿了貪官會「反撲」的嚇人謊言。

文章稱，像周永康、徐才厚之類處於腐敗中心的貪官，一旦開口招供其他貪官，那麼是不是還會有與他們同樣位高權重，甚至大於他們的貪官落馬？他們的不斷高升，也是有「貴人」相助的。為什麼會「送他上青雲」，背後是不是也有見不得人的罪惡勾當？是不是也存在權錢交易？是不是也是狼與狽之間的關係？如果周、徐也為了保命而「不計代價」供出其他更大的腐敗官員，不就造成更大的「老虎」現出原形而被查處嗎？

宋林為自保或供出「國家領導人」

8 月 26 日，華潤集團自董事長宋林落馬以來，第七名高管、華潤集團總裁王玉軍被立案調查，此前 4 月 17 日，宋林被中紀委調查。據悉，宋林是江派大佬曾慶紅的心腹。8 月 28 日，中共官媒發表閻兆偉的博文《官媒曝宋林為自救不計代價在敲打誰？》，暗示宋林為了保命或供出「國家領導人」級別的背後「大老虎」。

8 月 23 日，中共官媒刊登一組題為中紀委辦案基地的照片，報導援引中共官員的話稱，貪官進到基地接受審訊不出 3 天，就會全盤供出。

人們普遍認為，這是在暗示周永康已全盤招供了。周永康能供出的更大老虎那就是江澤民了。

鄧小平家族藉俞正聲發力 江澤民危矣

除了王岐山緊盯江大老虎外，俞正聲也加入打虎隊伍中。

8 月 25 日，王岐山應中共政協主席俞正聲的邀請，在政協常委會講話並回答提問，對外放風「你慢慢會懂」。俞正聲背後是鄧小平家族，評論認為這是鄧家在發力，指向曾經與鄧家結怨的江澤民。

25 日那天，王岐山在中共政協 12 屆常委會第七次會議上進行了長達 70 分鐘的脫稿講話。正是他這次講話他笑說：「以後你就慢慢懂。」

王岐山是中共政協主席俞正聲邀請的，不排除兩人有默契而這麼做的，向外放風「你慢慢會懂」。2014 年 3 月 2 日以「你懂的」回答關於周永康案提問的，也是中共政協發言人。

9 月 1 日，上海市委副書記應勇提到俞正聲在問責上海。應勇稱，前上海書記俞正聲曾提問，上海為什麼沒留住阿里巴巴？上海要研究為什麼沒能夠留住馬雲。

上海是中共前黨魁江澤民的老巢，俞正聲背後是鄧小平家族，1997 年鄧小平去世後，江澤民曾出手打壓鄧家，鄧家和江澤民關係相當不好。鄧家很可能正在發力，為拋出「江大老虎」營造輿論聲勢。

第三節

習加速清理江、曾的商界勢力

北京釋放準備公審前中共政治局常委周永康的消息，習近平打虎深入商界，正加速清理江澤民、曾慶紅在港勢力。（大紀元合成圖）

　　中共人大 8 月 31 日封殺香港普選次日，北京藉大陸傳媒釋放準備公審前中共政治局常委周永康的消息，加上日本媒體報導指中共前黨魁江澤民住進醫院，百度解禁法輪功訊息等，中國局勢非常敏感。與此同時，和曾慶紅關係密切的華潤宋林案持續發酵，與摩根大通中國的前高層方方關聯公司被拋出，中共央企高管換人和減薪等，顯示習近平打虎深入商界，正加速清理江澤民、曾慶紅在港勢力。

　　江澤民上台後，為了抓權、抓錢，開始了中共最腐敗的「治國方略」。

　　中共中央企業成為江派利益集團的搖錢樹，如江澤民家族控制中國電信行業，曾慶紅家族、周永康家族控制石油能源行業，劉雲山的兒子則是著名的金融大亨，李長春家族掌控了部分文化基金。

　　駐港央企則成為曾慶紅、江澤民家族掌控的地盤，自從華潤集團董事長宋林 2014 年 4 月落馬後，目前四大央企高層已經全部換人。習近平近日更宣布對中石油、中石化、中國移動等 72 家央企高層大幅度減薪，令江派在金融圈的利益大幅度減少。

　　近期江派一直利用香港問題跟習近平攪局，局勢非常複雜。面對江家頹勢，不少曾經和江、曾關係密切的香港一線富豪、演藝圈明星等，不少開始轉向，與江派切割，拒絕參與江派搞亂香港的活動，如「反佔中」遊行等，並以「你懂的」的方式回應政改，不願意直接表態。

周案將公審 被揭貪千億

　　9 月 1 日，大陸《時代周報》報導引述「最新消息」稱，周案涉案金額尚在核定中，但公審所需材料已經開始準備。中共黨媒人民網 9 月 2 日也以《曝周永康案審理材料準備中涉案金額正核定》為題釋放了此消息。

　　報導稱，在與周永康相關的涉貪利益集團中，僅與中石油一家相關的貪腐金額就高達 1020 餘億元（人民幣，下同）；這個數字幾乎是國資委直接監管的 113 家央企 2013 年利潤總額的 10%。

　　此外，周永康家族的腐敗亦越揭越多。商務部研究院專家馬宇近日在一篇文章中間接表示，周家透過奧迪（Audi）汽車經銷權，年獲利高達 2000 萬元。

　　不過周永康的核心罪行：陰謀發動政變和活體摘取法輪功學員器官仍被隱瞞。

　　據來自北京消息稱，習近平當局計畫以反人類罪、政變這二項主要罪名來起訴周永康，但具體時間未定。中共內部因此博弈十分激烈，事件還有變數。

72 家央企高管減薪七成

　　而在周案被宣布準備公審前，8 月 29 日，中共政治局審議通過央企負責人薪酬制度改革方案。此次將針對中石油、中石化、中國移動等 53 家由國務院國資委履行出資人責任的央企，以及其他金融、鐵路等 19 家央企的負責人大幅降薪。

　　據報導，央企高管薪酬將削減 70％，且日後年薪不能超過 60 萬元。許多央企不僅壟斷國家資源，而且獲中共中央政策的傾斜厚待，同時高層薪酬以及「灰色收入」豐厚。有分析指，此舉被認為是習近平處置央企的第一步。

　　就央企高管減薪，和習近平關係密切的《財經雜誌》發表中歐陸家嘴國際金融研究院執行副院長劉勝軍專欄文章，點名中石油、華潤的巨額腐敗問題，文中舉例曾任周永康祕書的中石油副總經理、昆侖能源董事長李華林 2012 年薪酬總計為 1387.2 萬港元，「不僅如此，2012 年李華林在管理層激勵期權上大賺了一筆，至少有 1.7 億港元。」此外，央企高管利用手中大權，高買低賣實現利益輸送，「周永康之子周濱最重要的盈利模式就是與中石油做『買賣』。」文中還提及，華潤集團董事長宋林甚至一頓飯可以吃掉幾十萬。

　　劉勝軍質疑：「在現行的黨管幹部體制下，央企高管薪酬某種程度上是個無解的難題」，矛頭指向中共體制的腐敗。

　　據知，中石油、中石化由曾慶紅、周永康家族掌控，中國移動由江澤民家族掌控相關企業，華潤則由曾慶紅掌控。上述央企都先後爆出腐敗窩案，引爆數十名官員下馬。有分析認為，習近平對央企削減薪酬的動作，也在全面曝光江澤民派系的腐敗問題，要江家錢袋放水。

華潤案發酵 指向曾慶紅

　　早前，習近平、王岐山已經對香港四大央企動手，自華潤集團前董事長宋林 4 月 17 日落馬以來，招商局、華潤、光大和香港中旅這四大駐港央企全部進行了高層人事調整。

　　另外，沉寂了多時的華潤案，近日再度傳出多名要員被捕。

　　8 月 26 日，華潤電力發布公告稱，公司執行董事及總裁王玉軍被立案調查。據悉，王玉軍落馬與收購山西金業集團資產的「華潤百億併購案」有關，是 2014 年以來被調查的第 7 名高管。同時深度捲入華潤案的前山西首富張新明因涉嫌涉黑、洗錢等問題，於 8 月 4 日被警方帶走。山西多名官員亦相繼落馬，引發山西官場地震。

　　宋林被指是曾慶紅在香港的重要心腹及特工人員，也是中共在香港的地下黨主要負責人，控制中資在香港的老牌企業華潤集團。

摩通前 CEO 相關企業被拋

　　曾慶紅另一個王牌特務、摩根大通投資銀行亞洲區前副主席兼中國首席執行官（CEO）方方，自 2014 年 5 月 23 日被香港廉政公署控告後，9 月 2 日在習近平當局宣布公審前政法委書記周永康當天也被擺上台。和方方有利益輸送的相關公司，在香港上市的天合化工遭舉報指其財務造假，是有史以來最大宗的上市公司欺詐行為。該股 9 月 2 日突然停牌。

與此同時，各大媒體大量曝光各大投行捲入聘請富二代、天合化工總裁魏瑄的女兒魏嬌的醜聞。

據《華爾街日報》報導，為爭奪遼寧天合化工上市保薦人的身分，包括摩根大通、瑞銀及 Investec 三家投資銀行先後聘用天合化工總裁魏瑄的女兒魏嬌。當中摩根大通聘用魏嬌的具體操盤者就是方方，因為被美國調查，摩根大通更退出了天合化工的保薦計畫。

方方是曾慶紅安插的中共高級國安特工。方方還被傳是薄黨成員，涉嫌捲入周永康案。天合化工是中石油、中石化一級網絡供應商，與周永康關係密切。

曾慶淮傳被抓　藝人速撇清

繼周永康之後，港媒普遍認為，下一個被打的大老虎將是曾慶紅。《大紀元》消息稱曾慶紅據稱已經被抓，關押在天津，現在正接受祕密調查。據傳，曾慶紅的弟弟、被指是曾慶紅在港替身、文藝界大佬曾慶淮也已被抓。

《大紀元》獲悉，曾慶淮一直掌控對香港娛樂圈進行統戰和洗腦的工作，包括由楊受成的英皇集團等數十個中港電影商，開拍吹捧中共的《建黨偉業》，由曾慶淮出任電影顧問。

　　港媒曝光曾慶紅家族成為下一個被打虎的對象後，香港演藝圈人人自危，早前和曾慶淮稱兄道弟的中共紅人成龍，最近亦在「反佔中」事件第二天被拋出兒子房祖名吸毒。

　　《大紀元》獲悉，其實早在吸毒事件之前，成龍已經知道江、曾頹勢，擔心惹禍上身，所以沒有參加之前 8 月 17 日的「反佔中」遊行，不願意為江派站台，而當天亦完全沒有一線明星出面，只有張明敏一人唱獨角戲。據知，成龍也因此成為江派報復的對象，所以房祖名出事之後，他第一時間向習近平求救，奈何成龍因投靠江派太久犯眾怒，最終沒有任何人出手相救。

　　而香港一線及紅色富豪也沒有人出來支持「反佔中」遊行，或者在政改事件中直接表態，都想和江派切割，避免成為被清算的對象。

第四節

百度解禁「法辦江澤民」

搜索百度圖片網，鍵入關鍵詞「法辦江澤民」，出現法輪功學員集會的橫幅標語，「法辦江澤民 羅幹 周永康 劉京」的大量相關圖片被解禁。（網路擷圖）

8 月 27 日前後，大陸最大搜索引擎百度網突然解禁「法辦江澤民」、「法辦周永康」、「法辦羅幹」、「法辦劉京」這四大迫害法輪功的主要責任人信息，大量相關圖片也被解禁。種種跡象顯示離最後「抓捕江澤民」的日子越來越近。

百度解禁法辦江、羅、周、劉圖片

自 2014 年 7 月 29 日周永康被中共官方宣布立案審查後，「抓捕江澤民」的呼聲不斷高漲。每到敏感時刻，百度都會解禁大量江派核心人員迫害法輪功的敏感內容，《大紀元》曾多次報導。

8 月 27 日前後，搜索百度新聞網，鍵入關鍵詞「法辦江澤民」，第一條看到的就是「法辦江澤民百度圖片」的信息；鍵入「法辦周永康」也有類似信息；鍵入「法辦羅幹」，最先出現的是海外《大紀元》網站刊登的「清算江澤民迫害法輪大法國際組織」的公告：「現任當權者：立即逮捕法辦羅幹、曾慶紅、周永康、李嵐清四大元凶」的信息，第二條則是「【章天亮】：周永康企圖謀反已至少四年」。

點擊「法辦羅幹」信息下第一條進入內文，儘管頁面多是無關內容，但有一條醒目的信息是：「大限懲惡，天時已到，沒有任何人能夠逃脫正義的審判。迫害法輪功元凶羅幹、曾慶紅、周永康、李嵐清罪惡難逃。必須將他們繩之以法以清算其罪惡！」

搜索百度圖片網，鍵入關鍵詞「法辦江澤民」、「法辦周永康」、「法辦羅幹」、「法辦劉京」後，會發現很多有關法輪功反迫害的圖片，包括海外法輪功學員和平請願、「停止迫害法輪功」、「法輪大法好」等橫幅、海外景點講真相、演示中共活摘法輪功學員器官、法輪功學員反迫害徵簽等。

搜索百度圖片網，鍵入關鍵詞「法辦江澤民」，出現法輪功學員演示中共活體摘取人體器官盜賣的圖片。（網路擷圖）

習陣營打虎不斷升級 逼近江澤民

自 2012 年 2 月王立軍出逃成都美國領事館引發中南海政治海嘯後，習近平當局不斷「打虎」，中共江派接連受到重創，近

40 名省部級高官落馬。在近兩年多的整肅中，江派勢力已元氣大傷，無力做有效反抗。到 2014 年下半年，「反腐」之火已燒至江派核心層。

7 月 29 日，中共中紀委巡視組進駐江澤民的老家江蘇。第二天，中紀委巡視組又進駐江澤民的老巢上海。此外，江澤民父子的其他發跡地：中科院、一汽等地也在第二輪巡視之列。

7 月 26 日，江澤民父子密友、上海光明集團原董事長王宗南因涉嫌挪用公款和受賄被帶走。7 月 28 日，王宗南被立案調查。7 月 30 日，王宗南被撤銷中共上海市政協委員資格。與此同時，外界接連傳出，一向最愛出風頭、喜歡到處題詞、題字的江澤民的筆跡開始被清理。

周永康被立案調查的三天前，7 月 26 日的中共政治局會議上，習近平稱：「清查周永康，不是反腐敗的句號。」習近平當局「打虎」不斷升級，正逼向中共前黨魁江澤民。

殘酷鎮壓法輪功的罪惡難以維繫

1999 年 7 月 20 日起，江澤民發動對法輪功民眾的殘酷鎮壓。在中共政法委的掌控下，違憲、違法的勞教系統，被廣泛用於關押、酷刑折磨、奴役和強迫轉化洗腦法輪功學員。鎮壓期間，中共當局編造出所謂「1400 例死亡、法輪功斂財、殺妻殺母、天安門自焚」等謊言，令海內外不知情民眾、媒體，被動聽信中共當局的謊言。

15 年來，一億法輪功學員不屈服強權，在海內外堅持不懈講真相，使得江澤民集團所欠下的血債——數百萬法輪功學員被迫害致死與活摘器官的滔天大罪，被曝光，並受到國際社會越來越多關注。

多年來，中共的「胡、江鬥」到現在的「習、江鬥」的核心都是法輪功問題。江澤民集團活摘法輪功學員器官的反人類罪、江澤民與周永康控制的「610」、政法委系統迫害法輪功所犯下的滔天大罪，都在中共高層掌握中。

目前中共政權危機四伏，隨時面臨崩潰解體。江澤民集團因迫害法輪功把整個國家政權重心壓在上面，致使中國大陸法制崩潰、經濟破產、道德摧毀，把中國社會推向災難的深淵，中共之腐敗已經無力回天。

迫害者必受法律、道德和歷史嚴懲

「清算江澤民迫害法輪大法國際組織」於 2014 年 7 月 20 日發布《迫害法輪功首犯江澤民罪狀公告》，指出：

「江澤民發動的對法輪功群體長達 15 年的殘酷迫害，犯下了反人類罪、酷刑罪和群體滅絕罪。江澤民不僅違犯了國際法，也同樣違犯了中國政府的法律：《中國憲法》、《中國刑法》、《中國刑事訴訟法》等多部法律。這場殘酷迫害已構成江澤民違法、違憲的多項犯罪。」

公告列出了江澤民的九大罪惡，其中有：「製造和推行國家恐怖主義，把政府淪為國家鎮壓機器。利用手中獨攬的黨政軍大權，糾結黨羽，脅迫整個國家權力體系、操控整個國家機器瘋狂運作，把迫害迅速推向從中央到地方的黨政軍和社會各界各系統。把一億多無辜的法輪功群體連同他們幾億之眾的親屬，推向空前絕後的巨難之中。」

此外，公告還依次列舉江澤民的以下罪惡：以個人代法，以黨代法，摧毀國家全部法律體系；在全世界進行輿論欺騙；置於死地的「經濟上截斷」；滅絕性的「肉體上消滅」；活摘法輪功學員器官；超倫理、超人性的酷刑折磨；思想專制，精神屠殺；操控整個國家機器和社會資源，動用四分之一的國家財力鎮壓法輪功修煉群體。

公告中還列出江澤民觸犯國際法中「群體滅絕罪」、「酷刑罪」條款的具體內容。

最後，公告對迫害法輪功的江澤民集團發出嚴厲警告：「歸還被中共殘酷迫害的法輪功群體以司法公正，盡早清算結束這場人類的浩劫，這是歷史的必然，這一天很快就會到來！江氏血債幫以及所有參與迫害者、那些犯下滔天罪行的人必將受到法律、道德和歷史的嚴懲！」

評論：中共毀在了江澤民手上

在共產黨的天下裡，老百姓是無法評論黨魁的，除非到了共產黨垮台的時候。蘇聯共產黨從 1912 年列寧創立，經過斯大林、馬林科夫、赫魯曉夫等，到戈爾巴喬夫第九代的 1991 年就氣數已盡，熬不到 80 歲就滅亡了。中共的總書記從陳獨秀、瞿秋白算起，到胡錦濤已經是第 12 人，至今 81 年了。不過在國際共運史上，從來沒有哪個黨魁像江澤民那樣被百姓公開罵得狗血噴頭的。

其實無論古今中外，從來沒有哪個皇帝、君王或國家首腦，在當權時就被眾人如此羞辱、譴責與聲討。如今江澤民的愚蠢、貪婪、狡詐、凶狠、陰險、淫亂、妒嫉、作秀等劣跡，已成了百姓茶餘飯後閒談的笑料了，這不得不說是人類歷史上獨一無二的現象。

簡單地說，江有兩大特性，一是邪，二是蠢。翻開人類歷史，羅馬皇帝尼祿雖然其邪惡的一面可以與江有一比，但江的愚蠢則是無人可比的，他蠢到不但要出賣自己的國土，還蠢到毀滅自己民族的文化、更蠢到要走上反人類的不歸路。

江澤民除了「二奸二假」的臭名外，他在外國首腦面前掏出梳子梳頭，邊吃飯邊為人獻唱「我的太陽」；他攀花枝的醜聞、他住高級賓館卻走垃圾道進出、害怕見到法輪功的醜態；他用「悶聲發大財」的物質貪慾，取代神州大地上僅存的善惡標準；他因為嫉妒李洪志大師而發起對法輪功的迫害，不顧眾人反對而肆意剝奪上億民眾做好人的權利；他偷盜國庫錢財，把高達四分之三的國民經濟收入用於全面迫害法輪功；他殘酷鎮壓修煉「真善忍」的人，令中華大地上「假惡暴」更加猖獗；他指揮活體摘除法輪功學員器官的惡行，犯下了這個星球上從未見過的邪惡……

如今眼看中共的政權不保，其實中共的江山是毀在了江澤民的手上。

正因為江澤民鎮壓法輪功，於是出現了被國際社會起訴的、以江澤民、羅幹、周永康、劉京、薄熙來等人為代表的「血債幫」，從而引發政治、經濟、軍事、文化、外交等方方面面無法解決的難題。毫無疑問，江澤民鎮壓法輪功的結果，就是從內部打倒了中共。

其實，中共垮台並不是什麼大事，歷史上一朝一代都是這樣更新進行的，然而由於江澤民的邪惡與愚蠢，他把民族帶到了毀滅的邊緣。試想，一個反對真善忍的民族，她崇尚的是什麼？她還能有光明的未來嗎？中共官員早就承認，對付法輪功的經費已經超過了一場戰爭，以人民為敵的戰爭的結果會如何呢？這樣的國家能不垮嗎？

所以說，中共滅亡棺材的最後一顆釘子，被江澤民在 15 年前就釘上了，如今的歲月，只是由於老天爺的慈悲，給良知覺醒的民眾一個從棺材裡逃出來的救人時期：那些遠離了中共、不想跟江澤民一起下地獄的人，才能從最後一絲縫隙中逃出來。

習近平南京宣戰江澤民

第九章

亞視醜聞後
江再死一次內幕

2014 年 9 月初，有關江澤民的死訊一直在坊間流傳。9 月 9 日，中共外交部發言人在回應記者對此傳聞的提問時，罕見以「第一次聽到有關消息，無法證實」回答，而沒有稱該傳言是謠言，這讓外界猜測紛紛，同時顯示江澤民處境非常不妙。（大紀元合成圖）

第一節

外交部以罕見方式
回應江澤民死訊

2014 年 7 月 30 日，江澤民的心腹周永康被公布立案審查後的第二天，王岐山主掌的中央第二巡視組進駐上海市進行巡視。隨後《大紀元》獲悉，8 月初江澤民因害怕自己被抓，藉口病重躲進了醫院。

之後 8 月 30 日，日媒《東京新聞》報導證實了江澤民入院的消息，不過稱是江澤民以前患的膀胱癌惡化而入院。當天，大陸《羊城晚報》刊發一張掛了 5 個輸液瓶的蛤蟆配圖，影射江澤民入院，被眾多媒體廣為轉載，在網路上「蛤蟆」成了熱搜詞。

不久大陸網路再度熱傳江澤民的死訊，《新紀元》當時表示，江澤民真死假死都不重要，最重要的是人人都希望他死，這個民意已昭然若揭。在社交網站臉書上更是流傳了一條據稱是香港媒體《信報財經新聞》發布的「江澤民去世」的消息，後來《信報》發聲明否認。

9月5日，《新紀元》周刊在394期中率先報導了江澤民活著並且已經出院，但被習近平陣營的人馬監視居住的消息。就在這種情形下，9月9日外交部發言人華春瑩主持的例行記者會上，有記者就江澤民死訊提問。華春瑩回應稱：「第一次聽到有關消息，無法證實。」英國BBC報導了該消息，而中共外交部網站上有關該例會的消息卻沒有上述內容。

這是中共官方首次罕見的回應江澤民死訊，而且沒有稱該傳言為謠言。

謠傳「江澤民死亡」，已經不是第一次。2011年7月6日亞視新聞於傍晚《六點鐘新聞》中報導江澤民病逝的消息，死亡原因是肝腫瘤；但同時未見其他媒體的報導。據英國廣播公司報導，中共外交部拒絕評論關於江澤民的健康狀況。

3年後這次中共外交部發言人罕見地回應記者提問，並且稱不知道江澤民死活，實在是讓外界大感意外。

自2014年5月20日俄羅斯總統普京在北京與江澤民見面後，江澤民就再也沒有公開「露面」。

江澤民這次最後「露面」的消息，最早是由親習近平陣營的新浪微博「學習粉絲團」發出，顯示江澤民的「露面」是在習近平控制之下的「露面」。

隨後的官方報導故意突出普京在會面中所說的「感謝江澤民對俄中關係發展所作出的貢獻」，而眾所周知的是，江澤民這個所謂「最大貢獻」其實是向俄羅斯出賣了大幅中國領土。

9月5日，中共官媒報導了江蘇省原政協主席曹克明遺體送別儀式，中共前總書記胡錦濤出現在中南海高層名單中，而江澤民再次缺席。江澤民多次「失蹤」和被傳死訊，以及現在外交部

自 2014 年 5 月 20 日，俄總統普京在北京與江澤民見面，官方報導故意突出普京說：「感謝江澤民對俄中關係發展所作出的貢獻」。突顯江向俄羅斯出賣了大幅中國領土。（大紀元合成圖）

對其死訊的回答，不排除這是習近平陣營在以「你懂的」方式向外界透露江澤民處境。

事實上，江澤民只是江派集團的象徵人物，現在已沒有多少影響力，江澤民的死活對當前的中國局勢並沒有多大的影響。目前在檯面上與習近平作對的是追隨江澤民鎮壓法輪功而被重用升官擠入中共政治局、在江以貪治國中大量貪腐的三個常委：張德江、劉雲山、張高麗。

第二節

亞視報「江死訊」
是胡反擊第一步

2011 年 7 月，香港亞視曾報導「江澤民死訊」，大陸民眾放鞭炮慶賀，隨後中共官方闢謠。《新紀元》獲悉，亞視曝「江澤民死訊」是胡錦濤全面反擊江澤民的信號，是令計劃安排的系列計畫中的第一步測試行動。

2011 年 7 月 6 日傍晚 6 時 30 分左右，香港亞洲電視台曾獨家報導江澤民死訊。中共官方沉默 18 小時後，中共黨媒「新華社」才以發送英文簡訊的方式，低調回應西方媒體，聲稱江澤民死訊「純屬謠言」。7 月 7 日，在中共外交部舉行的記者例會上，發言人洪磊面對記者的三次提問，都沒有正面回應，只是表示「新華社已就此發布相關消息，請你查閱」。

2012 年王立軍事件發生後，消息人士曾向《大紀元》披露，「其實早在 2011 年曝出『江澤民死訊』的時候，胡錦濤對江系的全面反擊就即將開始，那是第一步的測試。」

消息稱，胡錦濤「18 大」布局，其實早有計畫，而計畫中的最重要一步就是 2011 年年中由安排好的內線給外媒放風稱「江澤民死亡」，一方面試探江系的反應與實力，並進一步逼迫江澤民露面，對其身體狀況作出全面評估。另一方面，是試探中國大陸民眾的反應，確定「倒江」有無民意基礎。

港媒亞視在 2011 年 7 月 6 日晚率先公開披露江的「死訊」，使得外界熱議江的死亡，大陸民眾鞭炮慶賀，令江系大為恐慌。在江的「死訊」被披露不久，江系政治局要員相繼上新華網頭條以「穩定軍心」，最後江被逼只能在 2011 年 10 月 9 日「辛亥革命一百周年紀念大會」的時候露面。

胡錦濤頻遭暗殺 全面反擊江澤民

據海外媒體披露，中共前總書記胡錦濤上台後，2006 年至 2009 年，至少遭遇了三次驚心動魄的暗殺，其中兩次差點命喪黃海，一次上海暗殺未遂，而背後的主使正是迫害法輪功的血債幫頭子江澤民，其心腹周永康是幫凶。

2006 年在黃海逃過暗殺的胡錦濤，回京後馬上重拳回擊，中共軍方大洗牌：海軍副司令王守業被判死緩，原海軍司令、江提拔的親信張定發病死後遭低調處理；屬於江系人馬的北京衛戍區司令及政委雙雙換人。北京副市長劉志華、青島市委書記杜世成等相繼被革職。

另外 2006 年，在中共「17 大」前，令計劃幫助胡錦濤打掉了江澤民隔代接班人、時任政治局委員、上海書記陳良宇。江派不得不重新找因緊隨江澤民瘋狂鎮壓法輪功、血債累累的薄熙來作為權力繼承人。

2009 年，胡錦濤在黃海青島海域參加多國海上閱兵活動之前，得到密報：江澤民的人馬準備在 23 日早上 9 時開始閱兵時，在 14 國海軍艦艇的面前，赤裸裸地把胡擊斃，製造震驚世界的「黃海謀殺案」。

在亞視 2011 年報導「江澤民死訊」後，頻遭暗殺的胡錦濤確定倒江有巨大民意基礎，開始發動全面反擊江澤民的行動。

2011 年底，胡錦濤的「大內總管」、中辦主任令計劃參與主使中紀委調查王立軍，最終導致王立軍與薄熙來反目。

2012 年 2 月 6 日，王立軍闖入美領館事件，周永康、薄熙來主謀推翻習近平的政變計畫曝光，事件引發中共高層大地震。2012 年 3 月 15 日，中共兩會結束後，薄熙來迅速被免去重慶市委書記職務。

華府中國問題專家石藏山表示：「從胡錦濤的這次動作來看，一系列的行動既準又狠。從與習近平聯盟、與賀國強聯手；到整肅軍隊、打下薄熙來、拉政法委要員來北京『內控』、斷周永康的警權。這些現象都表明了這次的整個動作都是事先經過精心策劃的。」

胡習聯盟 定下系列行動計畫

2013 年 10 月 25 日，薄熙來二審宣判無期徒刑。2014 年 6 月 30 日，江澤民軍中心腹、深涉薄周政變與活摘器官罪行的前軍委副主席徐才厚落馬；7 月 29 日，周永康被立案審查。

據悉，習近平在 2006 年「17 大」的接班人地位確立後，原中共中央總書記胡耀邦長子胡德平曾勸說胡錦濤與習近平聯手對付政敵。還有消息稱，習近平對薄熙來確實感到擔憂。與其以後鬧出更大動靜，由自己出手處理，不如由在任上還有最後一年的胡、溫代勞更佳。消息稱，習近平和胡、溫達成默契，由胡、溫處理這一棘手問題。

《華盛頓時報》報導，美國政府內部的中共問題專家透露，胡錦濤在 2012 年交班給習近平之前，就已經警告習近平，徐才厚不可信任。有網路消息稱，總後副部長谷俊山落馬，時任軍委副主席徐才厚、郭伯雄吃驚不小，害怕被供出，曾求教於江澤民。當時是「18 大」即將召開之時，江澤民曾安慰部下，自稱和胡達成共識「止於谷，不上追」，誰知道，習與胡也達成了共識「你查谷、我查上」。查谷是胡拍板決定，查徐是習的決定。

《大紀元》早前報導，習近平和胡錦濤在「18 大」之前就已經定下來抓捕周永康的計畫。「18 大」之後，2012 年 12 月 6 日，周永康心腹馬仔、四川省委副書記李春城應聲落馬。

此後，周永康的龐大人脈網被大清洗，周的祕書幫、四川幫、石油幫，及親友家族馬仔被查被抓。當局反腐懲治的省部級官員達 40 多個，江澤民勢力被徹底瓦解。

《大紀元》曾指出，中國政局的核心是法輪功問題，從 1999 年開始的迫害法輪功的災難性後果，已經到了讓當政者無法收拾與無法掌控的地步。現任當權者恐懼中共崩潰失去政權，而不得不試圖有限恢復秩序，穩住民心，而另一方江澤民集團因當年發動鎮壓而欠下的血債，為避免被清算，不惜一切代價攪亂局勢，江、習衝突無法調和。

習近平、胡錦濤陣營自從抓捕了薄熙來之後，就已經無法再收手，正如「開弓沒有回頭箭」一般，只能向前衝，隨後拿下了徐才厚、周永康，目前傳曾慶紅被祕密調查，江澤民岌岌可危。

第三節

「江詐死」
洩露中共構陷媒體招數

「江詐死」鬧劇只是近年來中共構陷海外媒體的一個案例，中共派系之間利用假消息探測民意、打擊對方的同時，把一些盲目搶報新聞的海外媒體給套住，並藉此掩蓋真相。

　　在一言堂的大陸，中共最害怕的就是老百姓知道真相。如今真相大多來自海外獨立媒體，比如近年來很多民眾發現，被中共官媒稱為「謠言」的《大紀元》報導，事後證明都是「遙遙領先的預言」。為了破壞海外媒體的聲譽，中共不惜拋出構陷媒體的殺手——自己造謠後，自己再闢謠，結果一些判斷力弱的媒體被利用給套了進去。

釋「李鵬死」假訊打擊海外媒體 埋葬「六四」真相

　　中共只在最危險的生死關頭才使用構陷媒體這個手段，否則用多了也就失效了。專業媒體人也許還記得，1989 年 6 月 4 日中共在天安門廣場屠殺學生後，海外媒體大量報導真相，因為國外衛星都拍到了屠殺現場的錄像，很多人還傳出了照片，目擊者的人證、物證俱全，面對坦克、開花彈以及成百上千的屍體，中共發言人袁木依然面不改色地宣稱：天安門廣場沒死一個人。

中共還學趙高，指鹿為馬，非要全中國百姓表態擁護中共中央的殺人政策，並冠以所謂「平息暴亂」的謊言。

當海外一張張真實圖片，一篇篇血淚經歷傳進大陸，中共的謊言難以欺騙百姓時，這時，從一個「非常可靠的渠道」傳出一則消息：李鵬死了。於是，一些很相信大陸消息來源的海外媒體開始報導此事，鬧得沸沸揚揚的。當時百姓都痛恨李鵬，都希望他死，於是一傳十，十傳百，很快大家都認為李鵬死了。

中共一看時機成熟，就讓李鵬高調出來公開露面，這時中共官方媒體馬上跳出來指責謾罵海外媒體是「謊言的製造者」，連中共「六四」殺人這樣的鐵血事實，也被中共一起貼上了謊言的標籤。對於長期受中共洗腦而缺乏獨立思考能力的普通百姓而言，對於那些不相信政府會殺人的「善良人」來說，「六四」屠殺也就跟著「李鵬死了」一樣成了「反華勢力製造的謠言」了。

造謠「江澤民死」 探民意打媒體

這是 25 年前的事了，年輕讀者可能沒有親身經歷，不過 2011 年 7 月 6 日，香港亞洲電視以及海外一些媒體報導「江澤民死亡」，那次可謂是中共自己造謠，再自己闢謠的經典手法。

當時 85 歲的江澤民因為被蜱蟲咬後中毒，處於生死遊蕩之間。那時中共官方故意釋放消息，讓新華社、《人民日報》等派記者到 301 醫院附近租房子，等大消息發生；同時，還有人給香港亞洲衛視電視台的大股東、江澤民妻子王冶坪的侄兒王征傳送消息，說江澤民不行了；加上此前江澤民缺席了很多重要場合，人們也盼他死，中國人普遍認為壞事做絕的惡人就是該死。

於是，7 月 6 日，香港亞洲電視台搶先報導江澤民死亡的消息，結果引發全國百姓興高采烈放鞭炮、慶祝江死亡的轟動局面。

事後人們發現，這只是中共派系之間利用假消息探測民意的一種手法而已；同時，中共利用這種手法把一些盲目搶報新聞的海外媒體給套住了，亞視因此一蹶不振。

造習近平「打的」謠言 掩蓋迫害消息

「江詐死」鬧劇也只是近年來中共構陷海外媒體的一個案例而已，另一個比較著名的案例是「習近平打的鬧劇」。

2013 年 4 月 7 日，隸屬於財經報社的大陸敢言媒體《視覺》，發表了 2 萬字的紀實調查報告《走出馬三家》，講述了中共勞教所殘酷迫害訪民的駭人酷刑，同時暗示，這些酷刑最早都是江澤民時代用在折磨法輪功學員身上的。眼看 14 年來中共江澤民集團迫害法輪功的暴行就要被揭開，於是，中共再度拋出假新聞「習近平打的」，再次製造讓大陸百姓不要相信海外媒體的口實。

2013 年 4 月 18 日，香港《大公報》以一個整版的篇幅，繪聲繪色講述當代皇帝「微服私訪」的故事《北京的哥奇遇：習總坐上了我的車》。該文作者都是該報社最資深的記者和編輯。

起初新華社在官方微博上證實這條新聞是真實的，當海內外媒體都轉載報導此事後，新華社突然宣布，這是個假消息。於是，中計的媒體不得不公開道歉，而中共媒體趁機在此時推出所謂《馬三家調查報告》，稱《走出馬三家》也是不實報導，同時，中共在網路上進一步開展封網運動，號稱是為了打擊謠言。

中共親手製造 21 世紀最大假新聞

以暴力和謊言起家的中共，不但「自己造謠來誘導別人做出假新聞」，還親自動手「製造假新聞」，最典型的例子就是 2001 年 1 月 23 日除夕當天，江澤民、羅幹下令讓河南幾個人冒充法輪功，宣稱為了升天而在天安門廣場自焚，從而引發民眾對法輪功的仇恨。聯合國調查後證實，這是中共政權一手製造的謊言，目的就是誣陷法輪功，從而為進一步鎮壓法輪功鋪路。

「天安門自焚案」被稱為「人類 21 世紀最大的偽案」，之所以被稱為「世紀偽案」，是因為還沒有哪個國家、哪個政府這樣公然製造假新聞，而且用經濟、政治、外交等諸多手法，迫使全世界媒體噤聲。西方媒體即使知道這是假新聞，也因為想和中共做生意而保持沉默，放任中共用謊言欺騙民眾。

然而，這個世紀偽案漏洞百出，有人總結了 15 個疑點：

1. 央視畫面上警察先到位，然後自焚者才開始點火。

2. 天安門廣場巡邏的警察，怎麼會背個滅火器？央視後來辯稱是車載滅火器，但有行家指出，車載滅火器最多四公斤，畫面上那種八公斤的滅火器絕不是隨車滅火器。

3. 突發事件，火燒起來幾分鐘就滅了，中央電視台記者簡直太幸運了，他們如何捕捉到這個鏡頭，而且還是長鏡頭、短焦距全方位的都有？

4. 那個所謂被燒死的劉春玲，央視畫面顯示，她是被後面一個武警用類似警棍的硬物擊中打暈後倒地而死的。外國記者去她河南家中調查，她是個坐檯女，周圍人從未聽說她練法輪功。

5. 劉春玲的 12 歲女兒劉思影大面積燒傷後說話底氣十足，氣管被切開後還能唱歌，外國醫生稱除非是醫學奇蹟。半年後，劉思影在身體恢復很好的情況下，卻突然死了，分析認為因為有人怕她洩露實情。

6. 自焚未遂者自稱是法輪功學員，但講的話完全違背法輪功理論。法輪功嚴禁殺生，包括殺死自己。法輪功也從來沒有把「德」、「業」和燃燒聯繫起來，包括劉葆榮所說的所謂冒白煙黑煙的說法，和德與業毫無關係，更讓人不由得想到她根本不是法輪功學員。

7. 劉葆榮自焚前「喝了半瓶汽油」才往身上倒：喝到肚裡的汽油無法燃燒，而且還會令人嘔吐中毒，她喝油幹什麼？

8. 劉葆榮先看到別人燃燒，還是看別人沒動？說法前後矛盾。

9. 新華社報導說，陳果 1996 年已開始煉功，但又說陳果受 1997 年開始煉功的母親的影響才開始煉功，明顯的前後矛盾讓人匪夷所思。2014 年陳光標帶到紐約的所謂自焚毀容母女，自焚前已經很多年不煉法輪功了，她們信的是河南那個劉雲芳。

10. 三個真假王進東：官方先後報導給出的王進東照片，從臉型、耳朵和聲音鑑別，是由 3 個不同的人扮演。自焚者王進東的坐姿也不是法輪功的打坐，而是中共解放軍的散坐。

11. 警察拿的並非滅火毯，而是能助燃的毯子，真正的滅火石棉毯很重，得兩個人才舉得起來。

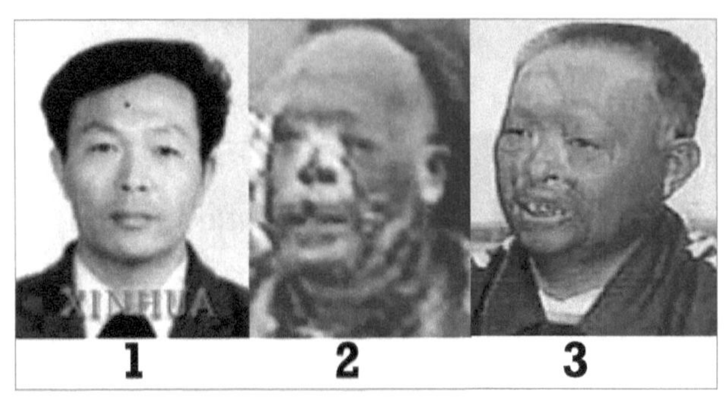

經鑑定，出現於央視《焦點訪談》第一集和第二、第三集中的「王進東」不是同一個人。（大紀元）

「王進東」的坐姿不是法輪功的打坐；警察拿的不是滅火毯反而會幫助燃燒。（央視自焚錄影擷圖）

12. 新聞發布速度異常快速、內容前後不一，英文稿最先出，連公安局都不知道。一開始說有 5 人自焚，後來又變成 7 人。

13. 自焚者燃燒的顯然不是汽油。因為若是汽油，不管多少它們都會在一瞬間同時燃燒，並發出「砰」的一聲響，整個過程只有短短幾秒。而央視拍到的延燒畫面卻長達幾分鐘。

14. 滅火時，有個武警目不斜視地從旁邊走過，這違背人性。這邊在著火，人們都會看的，除非事先告訴他不許看。

15. 不符合「中國國情」的執法行為：具有中共特色的警察應該會先一腳將王進東踹倒，然後用腳踩住他的頭；如果王進東企圖喊口號，那還得馬上堵住他的嘴。

　　不過，這樣一個漏洞百出的謊言，至今卻還能欺騙很多中國人，一些大陸人依舊對法輪功抱有一種莫名的仇恨，殊不知他們的仇恨都是因為中共造成的。

　　此外，中共在活摘法輪功學員器官上也大搞假新聞。《大紀元》經常收到一些所謂爆料，講述的是中共如何殘酷迫害法輪功學員的事，比如什麼把法輪功學員和老虎關在一起，什麼從天津到丹東的敞篷列車上如何懸掛法輪功學員等等，但不少是虛構的。

　　這些不實消息《大紀元》一律不報導，這令中共的陰謀難以得逞。為了掩蓋中共大規模活摘法輪功學員器官，中共拋出什麼民間賣腎黑團伙等等煙霧彈，來掩蓋中共以軍方和勞教所為主體的官方罪行。

江澤民遺臭萬年 早就死了

　　如今北京再次傳出「江澤民死了」的消息。其實無論江澤民是生是死，他在人民心目中、在歷史地位中，早就死了，而且必然遺臭萬年。因為一個出賣數百萬平方公里國土的賣國賊；一個破壞中國傳統文化，鎮壓「真善忍」的惡人；一個動用國家機器、利用政府信譽來迫害善良民眾的人；一個活體摘取法輪功學員器官，犯下反人類罪行的惡人，這樣的人，他活著也已經死了。

　　犯下這些罪行的江澤民，他已經不是人了，百姓把他稱為「江鬼」，恐怕也是真實不虛。希特勒被國際社會稱為魔鬼，而江澤民比他更邪惡。希魔當年還不敢殺人取器官後公開賣錢，脅迫全世界聽從他的，而江澤民卻做了。毫無疑問，江澤民是迫害人類的魔鬼了。

第四節

習近平被立假遺囑
安排「五人組」

　　2014年9月，網絡上流傳消息稱，習近平自上台以來遭遇了多次暗殺。為預防不測，習近平已經立了政治遺囑，安排了一個「五人組」，如果習在任內「出事」，這個「五人組」就會代行職權。

　　消息稱，「八一」前夕，習近平親自提出的一項提案在中共政治局會議上被通過。這項提案規定：如果習近平遭遇「意外」、「突發」事件，李克強、張德江、王岐山、范長龍、栗戰書五人組成「領導小組」，暫代行中共總書記、軍委主席的職務。

　　「八一」前夕，江派核心成員、中共前政法委書記周永康在7月29日被立案審查，習近平陣營和江派之間的博弈異常激烈，局勢緊張。習近平卻把江派前台人物、中共人大委員長張德江安排為自己「出事」後的代行職權人之一，這顯然不可能。因此，關於習近平立遺囑、安排「五人組」的說法很可能是張德江故意叫人弄出來的假消息。

張德江是對抗習近平的江派前台人物

張德江在廣東主政期間，追隨中共前黨魁江澤民，不遺餘力地迫害法輪功，得到江澤民的賞識和提拔，在中共「18 大」爬上中共政治局常委之位。

此後，張德江不斷為江派站台，和習近平陣營展開對抗。2013 年，習近平陣營提出廢除勞教制度，張德江通過操縱中共人大，故意在此事上拖延。

2014 年中共「兩會」前，習近平陣營透露消息稱，人大將通過立法正式設立「國安委」，但「兩會」期間，中共人大根本無此議程。據悉，這是張德江對習近平主導的「國安委」實行程式上阻撓。

2014 年 6 月 10 日，在張德江和另一名江派常委劉雲山的運作下，中共「國新辦」發表「香港白皮書」，改動「一國兩制」的定義，引發激烈反彈，近 80 萬港人參加全民公投，超過 51 萬人參加「七一」大遊行。江派的目的之一是逼習近平下台。

8 月 31 日下午，張德江操控的中共人大常委會在對香港政改方案進行表決時，連落三閘，正式全面封殺港人爭取的真正民主普選。張德江此舉意在刺激香港民眾，找機會製造事端，最後讓習近平承擔責任。

習近平對張德江老巢動手

「香港白皮書」出台後，以張德江為幫主的「吉林幫」成員、中共前政協副主席蘇榮於 6 月 14 日被習近平當局拿下。

　　就在中共人大封殺香港真普選的當天，8 月 31 日，中共原吉林省委副書記、省長巴音朝魯被任命為吉林省委書記，原省委書記王儒林被調離。

　　中國農業銀行董事長蔣超良任吉林省委副書記，提名為吉林省省長候選人。

　　巴音朝魯曾在中共團中央工作 8 年，和時任團中央第一書記李克強共事 5 年，係團派出身。據媒體報導，巴音朝魯還和習近平在浙江有 5 年的「深度接觸」。蔣超良則與中共中紀委書記王岐山、政協主席俞正聲有交集。

　　此次吉林高層人事調整，使得以張德江為首的「吉林幫」人馬失去了對老巢吉林的控制。

江澤民蛤蟆民間稱謂的考證

2000 年江澤民出訪以色列時在死海游泳的舊照，被民眾嘲諷說，活像一幅幅「死蛤蟆仰屍」照。（AFP）

蛤蟆、鱷魚、超級大老虎、蜘蛛等字眼，這些年常出現在網路、報章等媒體和公眾視野中，所指的同是江澤民。尤其「蛤蟆」一詞，一度成為大陸被禁的敏感詞彙。在當今世界各國華人圈裡，特別在中國大陸，「江蛤蟆」幾乎無人不知、無人不曉。

老方丈曾言江是超級蛤蟆轉世

據知情人透露，早在 1996 年，江澤民曾去南方一著名寺院。在大殿上香後，江澤民便來到鐘樓。不料方丈以善言百般相勸：「施主萬不可在此撞鐘。」江澤民大為不悅，毫不理會，執意撞響了古鐘。老方丈半晌無語，只是默默垂淚不已。後來有人得知，老方丈曾言，江澤民是超級癩蛤蟆轉世，鐘聲一響，必定引發中原水族作怪，從此中原大水連年，再難平安。

其實，早在江澤民剛當上上海市長時，就開始「興風作浪」了。一位曾在上海時任處長的老先生透露，當時連天大雨，到處發水，江澤民本人也自嘲地對他們幾個人說：「我是水市長，上任就發水。」上海人說老江的嘴長得像蛤蟆嘴，說出的話跟井底蛤蟆一樣沒見識，沒德沒能，而且沒有自知之明，就像想吃天鵝肉的癩蛤蟆，還很陰險。

蛤蟆的稱謂到 2001 年時在大陸已家喻戶曉了，到 2002 年時外國人都知道了。2002 年 4 月江出訪五國，德國人想出了個特殊的「歡迎」方式，在江到達德國的前兩天，德國的各個火車站同時出現了大蛤蟆廣告畫。上標題為「往上瞧」，兩個蛤蟆一邊站一個，側過頭向上看，一個白肚大蛤蟆頭戴皇冠出來了，下標題為「大的出來了」。

後來，江澤民將大片國土送給俄國；同時，江唆使兩個兒子在上海大片圈地，變相鯨吞國家財產等消息傳開後，江澤民愈發引起公憤。

2013 年 8 月，中共喉舌媒體紛紛熱炒「癩蛤蟆」話題，暗諷江澤民。同時，一張被諷刺為「癩蛤蟆翻肚皮等天鵝肉」的圖片在微博熱傳，人們藉此發洩對江的不滿。當時，央視還在《中國漢字聽寫大會》上，要選手聽寫的詞中，還有「癩蛤蟆」一詞。新華網還在當天「炫悅讀」欄目裡刊發題為《七成人不會寫癩蛤蟆評：娛樂後更要有反思》的文章。

這是囑咐人們一定不要光聽寫完「癩蛤蟆」幾個字就完了，還要「反思」一下，「聯想」一下，「癩蛤蟆」指的是誰？

更有趣的是，新華網發展論壇還刊登一組《珍貴舊照江澤民以色列死海游泳》，15 張相關照片有 9 張都是江澤民挺著大肚子仰在水面上，活像一幅幅「死蛤蟆仰屍」照，網民圍觀熱議，「太像殭屍、蛤蟆」。同時，死海，分明是暗喻詛咒江澤民快去死吧。

惡搞蛤蟆也推陳出新

然而，隨著「打虎」行動的不斷深化，惡搞蛤蟆的題材也被推陳出新。2014 年 7 月 19 日，北京玉淵潭公園湖面上出現了一隻高 22 米、底部長 34 米的充氣黃色大蛤蟆。據了解，主辦方稱是為了給市民消暑活動「增添視覺亮點」，給遊客送上一份「喜氣」，放置了這樣一隻所謂的「金蟾」。

不過，這隻蛤蟆兩天後就在暴風雨中癟掉，但相關消息在網上持續發酵。有網友怒罵：「明明是隻蛤蟆，非說是金蟾；明明看著很噁心，非說很祥。」

這隻大蛤蟆由出現到癟掉，也引起外國媒體的興趣和評論。英國《電訊報》說，當周末的暴風雨令這隻蛤蟆癟掉一部分之後，它倒下的臉浸入水中，預示著 87 歲江澤民的身體狀況。

據說，江澤民的來歷還有一個更貼近的說法：有一具上千年的腐屍，散發出一股邪氣進入了蛤蟆胎，江澤民就是這個蛤蟆胎轉生而成。還有人說，江澤民是條鱷魚，它常常是悄悄地游到水邊，然後，突然衝向獵物，極為凶殘。

「打虎」以來，蛤蟆的稱呼似乎被「超級大老虎」取代。有趣的是，隨後，江澤民又多了一個稱呼「蜘蛛」。據《紐約時報》報導稱，習近平的反貪動作層級愈拉愈高，打完「蒼蠅」及「老虎」，這次矛頭指向「蜘蛛人」——中共前黨主席江澤民。該文還稱江澤民是處於中共權貴利益集團網絡中央的那隻「半死的蜘蛛」。

習近平南京宣戰江澤民

第十章

「反佔中」促「雨傘運動」開花

從 2014 年 9 月 28 日開始，以學生為主體的香港「佔中運動」，隨著中共的打壓不斷升級，很多市民主動加入，國際社會大力支持港人爭取民主人權，世界媒體也都重點報導，「佔中」運動成為舉世關注的「雨傘運動」。香港成了習近平陣營與江澤民派系之間博弈的戰場。（大紀元）

第一節

「反佔中」大遊行
背後策劃者揭祕

9月20日和21日冒充法輪功學員的「香港人優先」發起人張漢賢。「香港人優先」曾於2013年12月炮製「闖軍營」事件，配合江派推「23條」立法。（大紀元合成圖）

　　2014年9月25日是香港學聯組織的萬人罷課行動第4天。因要求與特首梁振英對話被忽視，學聯呼籲學生到禮賓府「緝拿」梁振英。香港近期動盪源於引發各界強烈反彈的「6·10香港白皮書」。6月10日是江派成立迫害法輪功的「610辦公室」、也是成立攻擊法輪功真相點的香港「青關會」的這一天；江派還選擇了江澤民生日8月17日策動「反佔中」遊行，以「你懂的」的方式把香港拖入中南海內鬥的泥潭，撕裂香港。

　　香港亂局背後涉中南海高層的生死博弈，焦點圍繞因中共鎮壓法輪功問題帶來的嚴重後果及如何延續迫害政策所要付出的代價等問題。江澤民在2003年試圖推行「23條立法」，以此取締法輪功和其他反共團體，導致港人強烈反彈，第一次發生針對北京的50萬人大遊行。此後，港人對北京已經沒了信心，北京與香港的裂痕加大，再加上江澤民集團這 10 多年來，在香港問題上一直握有實權，不斷挑起事端，終使香港走到了今天這一步。

抗議人大議案 學聯籲緝拿梁振英

9 月 25 日，香港學聯組織的罷課行動仍在添馬公園繼續。學聯夜晚宣布，由於警方拒絕所有要求，加上特首梁振英不肯出面，決定留守特首官邸禮賓府。此前約 5000 名學生在添馬公園舉行晚會，9 時半，4000 名學生啟程前往禮賓府「緝拿」梁振英，一路高呼「還我普選」。夜間約千人留守在上亞厘畢道靜坐，呼籲市民 26 日早上到場聲援，一起「接梁振英返工」，26 日晚間則包圍政總。

8 月 31 日，張德江操控的中共人大否決香港真普選，引致全港憤怒及國際關注，香港局勢緊張。當晚數千港人聚集在政府總部和立法會旁邊的添馬公園舉行集會，「佔中」發起人表示，未來會有一連串的公民抗命行動。

9 月 11 日，香港專上學生聯會在發出罷課誓言提出四點要求：一、確立公民提名選 2017 年的特首；二、廢除立法會所有功能組別議席；三、向港人鄭重道歉，並撤回就政改的不義決議；四、要求梁振英等官員引咎辭職。

9 月 22 日開始，香港 25 個院校發起為期一周的罷課，首日逾 1.3 萬學生身穿白衣，繫著代表追求民主的黃絲帶擠爆中大百萬大道，這是香港有史以來最大規模的學生罷課活動。

學生在罷課宣言中說：「當中共單方面撕破一國兩制、港人治港、高度自治的承諾，意味香港將進入全面抵抗的年代，不合作運動就是為了拒絕助紂為虐、坐擁香港被謀殺……，我們絕對不能失守這一仗，我們每一個人都誓要抗命到底！」

9月23日，學聯向特首梁振英發出公開信，要求梁兌現當選時聆聽民意的承諾，到添馬公園與市民、學生對話，若48小時內不現身，行動將升級，由罷課擴展至各種不合作運動。但梁振英迴避。

「白皮書」發表於6月10日的邪惡意涵

香港近期動盪源於6月10日中共國新辦發表的「香港白皮書」。此「白皮書」改動「一國兩制」的定義，引起香港各界強烈抗議。6月22日有近80萬港人公投，「七一」有51萬人遊行抗議。據悉，「白皮書」的出台是江派在背後運作和推動。

6月10日有其特殊的含義。1999年6月10日，中共前黨魁江澤民成立鎮壓法輪功的核心機構「610」，並給予這個機構跨越各個部門包括軍隊的最高權力，各級政法委都設有「610辦公室」。

先後任此核心小組組長的有李嵐清、羅幹、周永康，歷任中央「610辦公室」主任的有王茂林、劉京、李東生；他們都是江澤民的鐵桿心腹，因迫害法輪功而血債累累。

長期以來，中共一直對「610辦公室」諱莫如深，「610」也因其迫害法輪功的各類駭人聽聞的手段而臭名昭著。

在2013年12月20日，第一個與「610」有關的高官李東生落馬，當局發通告時特意強調其「中央防範和處理X教問題領導小組」副組長、「610辦公室」主任的身分。此後習陣營一步步懲治實施鎮壓法輪功的頭目、前中共政法委書記周永康。

蹊蹺的是，在 2012 年習近平當局追查王立軍、薄熙來、周永康等人之際，香港 6 月 10 日成立了青年關愛協會（青關會），此協會成員 2 年來專門攻擊香港法輪功真相點，謾罵、毆打法輪功學員，曾遭香港民眾在旺角街頭憤怒聲討。

2014 年 8 月 25 日一名假冒法輪功的青關會女成員，承認襲擊法輪功學員，被法院判入獄 12 日，緩刑一年，並罰款 1000 元。

據悉，這個持續在侵擾法輪功真相點的青關會，與在港中資企業、中聯辦等有密切聯繫，其幕後指揮者是以當時在位的周永康為首的中共政法委，香港老闆則是有地下黨員之稱的香港特首梁振英，聽命於一手扶植他上台的江派香港大總管、前中共國家副主席曾慶紅。

更詭異的是，「香港白皮書」也是 2014 年 6 月 10 日被江派常委張德江等策劃拋出。目前，把持港澳辦多年的曾慶紅被監管，江派總頭目江澤民也被監視居住，江派站在台前的是現任常委張德江、劉雲山、張高麗，此三人皆因賣力迫害法輪功而受江澤民提拔。

為江澤民慶生 張德江拍板「反佔中」

現任中共港澳辦小組組長張德江此前拍板，在 8 月 17 日江澤民生日當天，在香港發起號稱有十多萬人參加的「反佔中」遊行。當日，在梁振英親自簽名推動下，由香港親共陣營總動員的「反佔中」遊行鬧劇，警方稱約 11 萬人，共有多達 1500 個親共團體參加，令香港地下黨組織前所未有地大曝光。

曾慶紅把持香港多年，此次動用了多年來培植的地下黨和所有親共力量傾巢出動，還有香港周邊廣東，潮州、廣東、深圳等同鄉會及機構的特務，用「分化、瓦解和各個擊破」的手段撕裂香港。之前，中共特務和地下黨操控召集香港各類地下黨組織、團體和商會等，到深圳和廣州祕密開會，布署此次鬧劇。

顯然江派並不忌諱，公然以「你懂的」方式挑開法輪功問題，香港今天的「6‧10白皮書」依循的還是江澤民、曾慶紅那一套「越亂越好辦」的手法；江派並選擇江澤民生日發動「反佔中」，顯示香港局勢的核心是法輪功問題，張德江等人是要跟習攪局到底了。

學生隊伍中有江派特務曾冒充法輪功學員

在「9‧22」罷課學生中，出現了一幫冒充法輪功學員、衝擊真相點鬧事的中共江派特務，有一人故意手持港英旗揮舞，其後發覺被記者拍照，沒多久即消失。

此前9月20及21日，這批人穿著仿製法輪功黃色衣服的江派特務，在銅鑼灣真相點騷擾法輪功學員，過程中不斷挑釁，企圖製造法輪功學員內部衝突的假象。警方被迫多次出手對其阻攔。

該批冒充法輪功人士中，包括為港人熟悉的所謂「網民」組織「香港人優先」發起人張漢賢（Dickson）及該組織成員。

這幾名冒充法輪功學員的惡徒，曾在路邊休息抽煙等，做著有悖於法輪功理念的事情。法輪功學員指出，真修者遵照大法的要求都不抽煙。

21日，「青關會」頭目陳健華還在現場全程錄影；張漢賢則換上便服，跟一名持港英旗的成員站在一旁作勢「看熱鬧」。而這人就是 22 日在罷課學生隊伍中揮舞港英旗的那人。

據知情人士向《大紀元》透露，今次張漢賢只是其中一個馬仔，背後還有其他幕後勢力操控，涉及中共江派曾慶紅、周永康等在港培植的地下黨組織。幕後勢力出錢相當闊綽，收買了十多名年輕激進青年假扮法輪功學員搞事，每人 500 元。加上具體安排「假扮法輪功」鬧劇的頭目費用，一場戲一天約 5 萬元。

《大紀元》曝光張漢賢的真實身分後，張四處向警方及傳媒人等造謠，宣稱 20 日在銅鑼灣假冒法輪功的行徑，是受《大紀元》全球總編輯郭君指使，謊稱法輪功內部分裂，要他出面協助。這是在冒充法輪功散播謠言。

2013 年 12 月炮製轟動國際的「闖軍營」事件主角就是「香港人優先」發起人張漢賢，這次又假扮成法輪功學員，對銅鑼灣法輪功真相點進行干擾。事件證實，所謂「港獨分子」闖軍營是中共江澤民集團一手策劃，目的是製造「動亂」，以便重提立「23條」惡法。

香港不穩定局勢的由來

香港與中國大陸的矛盾根源在於其政治制度的不同，兩種制度本就格格不入，水火不容。而江澤民集團一直在香港問題上採用不斷激化局勢的策略。這也使得香港政局在短短 10 多年內就發生劇變，鄧小平欺騙世人的所謂「一國兩制」正面臨被徹底曝光的局面。

1999 年以後，法輪功在香港一直公開存在，成為江澤民集團的「眼中釘」。江澤民集團指使香港政府在 2003 年對《基本法》「23 條」立法，實際針對的就是法輪功，此舉在當時導致嚴重的政治危機。

江澤民試圖通過在香港以正規立法的方式，把法輪功等團體以「反共＝反中國」的名義取締，與現在的「白皮書」幾乎如出一轍，但是當時遭到 50 萬港人的激烈抗議而不得不作罷。

江澤民此舉，使得 1997 年前港人對中共最擔心的事情轉化成了現實，實際已經造成了香港和北京之間的最大裂痕，此後香港人已經徹底不再信任北京。鄧小平和英國談判後拿回的香港，瞬間又被江推了出去。

2003 年，香港對「23 條」的抗議人數達到 50 萬，中共極其震驚，其後成立港澳小組，組長由江澤民集團的二號人物曾慶紅擔任。作為曾慶紅手下的特務梁振英，在成為香港特首之後，暗藏的使命就是要針對法輪功、並攪亂香港局勢脅迫當權者。

要挾習近平 江集團以香港作籌碼

江派近來既想栽贓法輪功，同時又在不斷攪局，趁亂捆綁習近平。江派派出同樣一組人扮演法輪功學員，但做著有悖於法輪功理念的事情；又扮演「港獨」，闖軍營栽贓法輪功，還扮演近日罷課的學生。

香港是國際金融中心，貨幣自由兌換的天堂，在英國幾百年的管理下形成天然的自由經濟市場，有健全的法律和稅務制度並與國際接軌，一直以來是世界排名前幾位的國際金融大都市。

美國華府中國問題專家石藏山表示，江派不惜毀掉香港，毫不隱諱的擺明了就是在為法輪功問題和習近平對抗，江把香港作為一個籌碼來要挾、威脅習近平。江派的意圖很明顯：你上台了，你就必須延續江澤民對法輪功迫害的政策。

1999 年 7 月 20 日江澤民發起鎮壓法輪功運動，至今數百萬法輪功學員被迫害致死，數萬人被活摘器官。中共內部不乏反對的聲音，江澤民極度恐懼被清算，提拔了薄熙來、周永康等迫害法輪功的急先鋒，以維持迫害。

江澤民本想推薄熙來到高層，但因薄名聲太臭，權宜之計是先推上同為太子黨的習近平，再伺機換上薄熙來。

2012 年 2 月王立軍事件爆發，薄熙來、周永康政變及整垮習近平的陰謀曝光，中南海展開激烈博弈，爭權至今，江派勢力被大清洗。

石藏山表示，江澤民對付習近平的多張牌已經都輸掉了，江垂簾聽政被廢掉，暗殺習近平也不成，又製造殺戮，如昆明事件等針對平民百姓的恐怖血案，而習近平拋出對迫害法輪功相關的人物作為反擊，李東生、蘇榮、徐才厚、周永康等相繼落馬。

「迫害法輪功及活摘器官」是江澤民集團的死穴。15 年來，法輪功學員持續講真相，殘酷的迫害真相在國際社會上曝光，迫於壓力，習近平現政權在迫害法輪功問題上有要和江脫軌的現象，在留後路，更引起江派恐懼而垂死掙扎。

如今，江澤民等迫害法輪功的元凶已被 30 多個國家的法輪功學員以「群體滅絕罪、反人類罪、酷刑罪」告上國際法庭。追查國際 2014 年 7 月 20 日發出通告稱，江氏血債幫以及所有參與迫害者、那些犯下滔天罪行的人必將受到法律、道德和歷史的嚴懲。

第二節

香港「雨傘運動」全程圖片輯

　　為抗議中共人大封死香港真普選，一向給人紙醉金迷、政治冷感印象的香港，9月28日以來在每天近10萬人、分布在多個區域、長時間駐守的「雨傘運動」抗爭集會中，表現出相互謙讓，公民意識強等的傳統自律，獲得全球的矚目與嘉許。

　　10月3日和平「佔中」人士遭受中共黑社會攻擊後，香港局勢再度升級。10月4日「全民反暴、和平抗爭」活動10萬人匯集，強調學生唯一目標是落實民主政制及真普選，並高喊「香港人加油」！

　　香港全面爆發的抗議浪潮，衝擊中共政權。

9 月 11 日

港專上學生聯會在發出罷課誓言提出四點要求：一、確立公民提名選 2017 年的特首；二、廢除立法會所有功能組別議席；三、向港人鄭重道歉，並撤回就政改的不義決議；四、要求梁振英等官員引咎辭職。圖為 3 名學運領袖（左起學聯副祕書長岑敖暉、學民思潮召集人黃之鋒、學聯祕書長周永康）被扣留逾 30 小時獲釋後，9 月 29 日到金鐘「佔中」現場。（大紀元）

9 月 22 日

由香港學聯發起的大專生罷課第一天，1 萬 3000 位來自 25 所大專院校的學生、舊生及市民坐滿中文大學百萬大道，向中共表明不屈服、不認命的精神，創下香港最多人罷課的歷史紀錄。（大紀元）

9 月 25 日

香港大專生罷課踏入第四天，發起罷課的學聯向特首梁振英發出最後通牒已過，梁振英如意料中沒有現身會面，學聯晚上發起遊行前往梁振英住所禮賓府，「緝拿梁振英」，有四千人參加。（大紀元）

9 月 26 日

香港大專生罷課踏入第五天，學聯及學民思潮晚上在政總外集會，約晚上十點半，集會尾聲時，突然有百餘學生衝進公民廣場，大批警員包圍示威者。（大紀元）

9 月 26 日

學生和市民在立法會外築起人牆，聲援衝入政府總部公民廣場內的學生。（大紀元）

9 月 27 日

凌晨 3 時後，數十名配戴頭盔及盾牌的防暴警察朝向添美道，並用警棍驅趕示威者及噴射胡椒噴霧，情況混亂。其後一批軍裝警員與防暴警察交換位置，期間有示威者用雨傘與警員推撞，有警員強行扯走雨傘。（大紀元）

9 月 28 日

9 月 28 日，香港，警方以強力水柱噴灑抗議民眾。（大紀元）

9 月 28 日

9 月 28 日下午 6 時，香港警方對參加香港「和平佔中」的香港學生和民眾釋放催淚彈，噴射胡椒噴霧，事件震驚世界，遭到全球譴責。（大紀元）

9 月 29 日

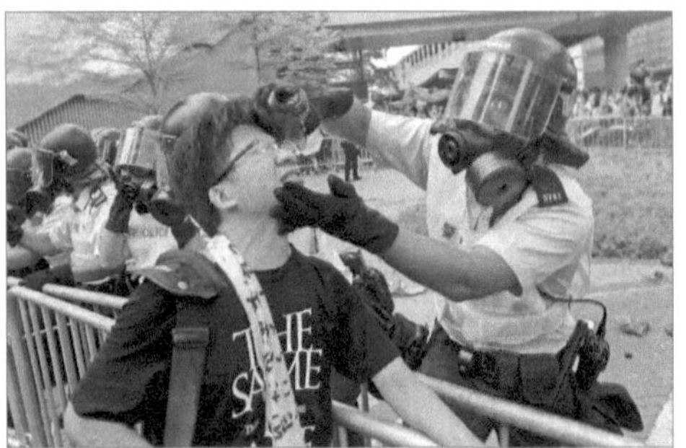

9 月 29 日，在香港金鐘附近，一位燃放催淚彈的警察施暴後於心不忍，用自己隨身攜帶的水，為受傷市民沖洗眼睛。（大紀元）

9 月 29 日

香港民眾無懼催淚彈，更多民眾湧上街頭，武力失效，防暴警察撤離，香港政府被迫宣布取消「十一」煙花活動。（大紀元）

9 月 29 日

香港抗議民眾在干諾道以布條表達訴求。（Getty Images）

9 月 30 日

繼續有數以萬計市民晚上在商業區金鐘集會。儘管曾一度下起大雨，集會者仍然留守，堅持爭取梁振英下台、人大道歉。（大紀元）

9 月 30 日

旺角街頭的一堵貼滿市民心聲的民主牆。（AFP）

10 月 1 日

香港，市民紛紛自發來到金鐘政府總部聲援留守的學生，並呼籲市民離開時留下可用物資給學生。（大紀元）

10 月 2 日

香港午夜下起陣雨，身穿輕薄塑料雨衣的學生們，體恤值勤警察的辛勞，為他們撐傘遮雨。（AFP）

10 月 2 日

學生在街頭製作海報，期勉「雨傘運動」勿忘民主訴求的初衷。（大紀元）

10 月 2 日

中共定調支持梁振英。10 月 3 日，中共正式啓動潛伏在香港的各種地下黨員、特務組織等中共黑社會幫派成員，冒充市民身分，恐嚇、辱罵和襲擊香港市民。（大紀元）

10 月 3 日

中共黑社會黑幫成員冒充市民身分，以「反佔中」人士的名義在多處衝擊、毆打「雨傘運動」群眾，造成多起流血事件。（大紀元）

10 月 3 日

中共在背後支持的黑幫分子到「佔中」現場滋事，製造混亂。傍晚時分，警方築成人鏈，由警方電單車開路，分隔中共動員的「反佔中」人士，協助參加「雨傘運動」的民眾離開。（大紀元）

10 月 4 日

「全民反暴、和平抗爭」活動，晚間8時起在金鐘的香港政府總部前進行，大批群眾同時打開手機燈光，照亮香港夜空。（大紀元）

第三節

「雨傘運動」升級
香港成江習兩派戰場

從 2014 年 9 月 28 日開始，以平均年齡 22 歲的香港大學生和部分中學生為主體的「佔中運動」，隨著中共的打壓和逼迫不斷升級，很多市民主動加入其中，國際社會也大力支持港人爭取民主人權，世界媒體也都在頭版重點報導，「佔中」運動很快就演變成了舉世關注的「雨傘運動」，不但中共密切關注，大陸百姓也在興奮地議論，因為這場運動早已不只是 700 萬人在爭取普選的權利，而是全中國 14 億人為爭取民主自由的開端。

「雨傘運動」不光是香港和北京之間的較量，民眾和專制的抗衡，還包含著中共內部兩大派系之間的爭奪。香港成了習近平陣營與江澤民派系之間博弈的主戰場。

事件初期 習陣營出奇緘默

8 月 31 日，中共人大常委會通過關於香港行政長官普選問題和 2016 年立法會產生辦法的決定，全面封殺港人爭取真正民主普選的權利。「佔中」發起人戴耀廷形容當天是香港民主運動及一國兩制「最黑暗的一天」，並表示「和平佔中」在未來兩周亦會聯同不同學界、政黨及民間團體，推動「一波又一波」的抗爭行動，包括遊行及罷課，到適當時候便會發起全面占領中環。

對於這場早已提前公布的佔領活動，中共方面有足夠的時間來商討對策、布置實施。不過等到了「佔中」爆發的前夕，9 月22 日，習近平會見香港富豪團，70 多人的大團卻唯獨沒有香港特首梁振英。習近平不喜歡梁振英這是很多人早已察覺的事，《新紀元》在 2014 年「七一」前夕出刊的第 4 本特刊《戰火延燒海外：香港綁上中南海政爭戰車》中，詳細介紹了個中緣由。

簡單地說，梁振英是曾慶紅一手培植起來的中共特務。他潛伏在香港，20 多年後被中共運作成了香港特區行政長官。而曾慶紅與江澤民由於破壞法治，迫害民眾，欠下累累血債，害怕在習近平推行的「加強法治」中被清算，從而竭力阻攔習掌握實權，甚至支持和操縱薄熙來、周永康對習近平發動政變、謀殺等。

9 月 22 日，香港已有上萬名學生罷課，呼籲梁振英下台。正常情況下，北京高層這時應該站出來公開表態支持香港政府，安撫下級，並想辦法平息民眾的怨氣。然而習近平沒有這樣做，相反，他卻非常高調地接見了由前任特首董建華帶隊的富豪團。

會談中習近平沒有禮節性地說一句「支持香港特區政府」這樣的套話，連梁振英這三個字都沒有提及，而只是泛泛地重提要堅持一國兩制，強調對港政策不會變，也就是「舞照跳，馬照跑」，不會改變香港的民主自由體制。

　　人們發現，在公開新聞稿中，習近平對香港萬名學生罷課一個字都沒提，而且對香港民眾的言論很溫和，與張德江要強行推動人大決議、強行實施所謂香港政改的言論明顯不同，這標誌著中南海在香港問題上的矛盾分歧公開化了。

　　很多香港富豪去北京前，都公開在媒體上反對學生，擁護張德江人大常委頒布的所謂普選規則。然而他們見過習近平後，就再也不吭聲了，對抗議民眾的態度也變軟了。當時香港著名時事評論員程翔分析說：「很明顯就是架空了梁振英。如果梁振英可以勝任（香港特首）的話，用不到董建華回朝，董建華回朝本身就說明中共對梁振英已經不抱希望，在政改方面，沒有任何角色給他了。」當時外界普遍猜測北京會動員梁振英辭職，或最多讓梁振英做完本屆任期。

梁振英一度失去權力

　　習近平會見香港富豪團後，從 9 月 22 日起，梁振英基本處於「不作為」狀態。他連續五天沒有與學生見面，在學生的一再敦促、下最後通牒的情況下，9 月 25 日，梁振英只是悄悄地和一些沒有參加罷課的學生見面座談，而沒有任何媒體到場採訪。隨後的新聞報導中，梁振英把學生的罷課稱為「政治動員」，從而激化矛盾。罷課學生在對和談徹底失望後，升級了行動。

　　據內部消息，當時香港警察和紀律部門處理學生罷課、「佔中」等事件的最高權力，已不由梁振英處理，而由中共中央直接派人來香港全程監察，直接向北京彙報後由中共中央決定。還有消息說，當時汪洋已到廣東，準備接手處理香港問題。此後多家外媒都報導說，梁振英控制權被削，中共這次基本不會出兵。

這點從 9 月 27 日港府的清場行動中也可以看出。那天白天，由香港 8 所大專院校的學生會組成的香港專上學生聯會（簡稱學聯，祕書長叫周永康，副祕書長岑敖輝）和學民思潮（召集人黃之鋒，2011 年曾組織反對中共藉國民教育對香港青少年洗腦）等學生組織，在添美道舉辦集會。

至少 5 萬名參加。當時集會現場秩序井然，沒有出現衝突。據說習近平此前已發話，不允許梁振英再利用大陸特務和大陸控制的黑幫藉香港這個地頭來攪局。

27 日當天警方在一日內兩次清場，行動中香港警方拘捕逾 70 名在廣場留守和集會的學生和市民，共花了 16 小時。這明顯不是梁振英的做事風格。梁振英執政以來，一貫採用黑道手法，出動黑道人物清場，很短時間內就可辦完，絕不會拖上 16 個小時。

28 日，學生第一次占領中環。香港警方試圖用 87 顆催淚彈驅散港人，遭到各方譴責。很多原本中立的香港市民反而走上街頭，加入了抗議行列。當天在政府總部大樓前，一度有 6 萬人集結高喊「梁振英下台！」

隨後幾天，「佔中」運動遍地開花，抗議者占領了旺角、銅鑼灣等地。香港警方反而撤回了防暴警察，警方態度明顯變軟。不過，到了中共建政 65 年活動前夕，當江澤民、曾慶紅與習近平一起露面後，香港政府的態度又轉為強硬。

「十一」前後 香港政策大轉彎

10 月 1 日，中共正式升級對「佔中」的定性。港澳協會會長陳佐洱在新華網報導中，定性香港「佔中」為「顏色革命」。在另一篇報導中，陳佐洱稱，「這場較量意義不亞於 1997 年回歸」，「17 年前香港回歸是收回主權，現在是捍衛管治權。」江派《環球時報》更是再度拋出文章《港獨背後的黑手究竟是誰？》

10 月 2 日，中共黨媒《人民日報》文章《堅決貫徹三個堅定不移》稱，「中央政府對行政長官梁振英是充分信任的，對他的工作是十分滿意的。」這是北京方面第一次對梁振英表示支持。

10 月 3 日，《人民日報》發表評論《堅決維護全國人大常委會的決定》。前後兩天的《人民日報》文章，徹底地拒絕了港人這次「佔中」提出的要求，幾乎斷絕了和平解決這次「佔中」的可能。3 日央視《新聞聯播》中還罕見地播出了梁振英在 10 月 2 日晚間用廣東話做的講話。按照中共慣例，《新聞聯播》只播放中南海官員的講話場面，梁振英這樣低級別的官員是沒有資格在《新聞聯播》中露面的。

在得到「中央」的多次肯定之後，梁振英一下又活過來了。他不斷高調譴責抗議民眾，10 月 3 日後還派出香港黑社會成員冒充普通市民，在多處衝擊、毆打「佔中」革命群眾，造成多起流血事件。梁振英還下令港警暗中保護縱容這些暴徒，選擇性執法。香港局勢急劇惡化。

很多惡人在現場行凶，被民眾舉報，警察抓捕了他們，但一轉身警察就把這些惡人放了，讓他們到另外的地方繼續搗亂。據香港媒體報導，有一個惡人，媒體發現他一天三次被抓被放。這些惡人不但毆打學生，搶走學生的帳篷、物品等，還用下流的語言和動作攻擊女學生，嚇得女孩子直哭。

為保政權 兩派再度聯手妥協

什麼原因導致習陣營對梁振英的態度發生變化呢？什麼原因讓北京對香港政策變得強硬呢？答案就在江澤民、曾慶紅跟習近平兩次露面所牽扯的兩派妥協上。

中共四中全會遲遲定不下時間和內容，原因就是習陣營想推動的改革遭到中共保守勢力的阻攔，各派達不成妥協，所以四中全會一拖再拖。習的改革，一是觸及到地方大員的既得利益；二是要觸及國營大型企業如銀行、債券等金融巨頭的削權，這就牽扯到要動太子黨的奶酪；三是要和江派貪腐大老虎直接交鋒。

為了達成協議，習就和江派做了交易，江澤民同意嚴懲周永康，讓四中全會上有關「依法治國」的具體條款得以通過。作為回報，習近平就得讓王岐山暫時停下對上海幫的出擊，同時，把曾慶紅手下的香港，依舊交給曾的馬仔梁振英來操控。於是人們看到梁振英的態度又趨於強硬。

江派企圖死灰復燃的 4 大政變策略

10 月 4 日，《大紀元》網站發表了王富貴的評論，文章分析了曾慶紅給江派嘍囉留下的妄圖死灰復燃的策略：「第一是借助江曾在軍隊、情報和政法、公安系統、醫療等系統的力量，尋機利用各種方式行刺習近平、王歧山。

第二是徹底搞亂大陸局勢，借助江曾一夥在全國各地的官員暗中庇護，暗中縱容或給恐佈分子提供方便，甚至派遣自己人直接參與，讓他們在全國各地發動爆炸、凶殺、投毒等惡性群體事件，以打擊習近平的聲譽，動搖其領導地位。2014年中共兩會前後的昆明血案、廣州血案、新疆血案等，都是源自這個策略。

第三是搞亂中國的經濟，讓中國爆發金融經濟危機，藉以動搖習近平的地位。如「8‧16」股市烏龍指和幾次股災等。

第四是依循江曾一夥「香港越亂越好辦」的戰略，徹底搞亂香港，激化香港局勢，達到藉香港問題迂迴攻擊習近平的目的。之所以選擇香港作為戰場，是因為香港是江曾勢力滲透、控制最得心應手的地方。在香港有不少被江曾控制的中共官方勢力、有較大程度被江曾控制的軍情與地下黨勢力、有完全被江曾控制的青關會等地下勢力。香港的特殊地位，導致習近平不能直接管理，最利於江曾勢力借助自己掌控的張德江、梁振英和上述官方、半官方、地下勢力製造事端。

文章分析說，如果香港激烈局勢長期化，甚至激烈化、失控化，那麼江曾就會著手下一步計畫。一是脅迫習近平同意江曾在香港大開殺戒，至少是戒嚴的策略，讓習近平背上血債的黑鍋，並且架空習近平；二是暫時利用黨內的極左力量，以習近平領導無力的理由罷免習近平，撤換王歧山，逼退李克強甚至俞正聲，讓張德江、張高麗、劉雲山擔任總書記、總理、委員長或政法委書記等職務，達到徹底鎮壓香港、大陸民主派、黨內自由派、法輪功的目的，從而徹底鹹魚翻身，改變18大以來江曾勢力江河日下面臨滅絕的危機。

江曾的大陸馬仔司馬南此前已經數次在微博上引用鄧小平評論胡耀邦趙紫陽下台都是因為在關鍵問題上沒有站住的講話，意在威脅習近平必須聽從江曾在香港和大陸進行鎮壓的策略，並為利用上述政變手法顛覆習近平中央進行了輿論準備。

曾慶紅雖然詭計多端，但江派實力之薄弱，讓這些「美好的計畫」一個個都落湯了。比如昆明血案等，最後的結果大多是搬起石頭砸了自己的腳。

保統治是中共最高原則

中共與民為敵的本性永遠不會改變，因為那是其九大邪惡基因決定的。唯有解體中共，中國與香港才有出路。

也有人會問，為何習近平會同意讓江派重新掌控香港呢？這就牽扯到現任當權者的「致命軟肋」：因為他們想保住中共政權不倒。香港「雨傘運動」在中共官員眼裡就是「顏色革命」，就是要來推翻中共專制的，要革中共的命，一旦中共讓步，大陸民眾就會效仿，也會站出來爭取民主，因此，香港抗議者在中共眼裡就成了敵人，在所謂「大敵當前」的情況下，中共各派也就「放下分歧，一致對外」了。

對於中共而言，失去一個香港並不算什麼，中共只關心它對大陸的掌控，只要能保住它在大陸的統治，中共什麼事都幹得出來。甚至出兵香港，都是可能的。

從這點看，任何希望中共「改良變好」的人，都會徹底失望。中共與民為敵的本性永遠不會改變，因為那是它的九大邪惡基因所決定。

柔性革命 貴在堅持

那香港局勢會如何演變呢？

　　江派一定會想盡辦法激化矛盾。據外媒報導，張德江在 8 月 17 日為江澤民慶祝生日而在香港舉辦反「佔中」遊行時，就派出了 5000 大陸武警混入香港，冒充香港市民參加遊行。

　　隨後這些人伺機而出，阻止學生的「佔中」運動。

　　10 月 4 日，香港市民發現，很多大陸口音的人，一部分冒充「反佔中」人士，一部分冒充「佔中」人士，雙方打起來了，若不是被及時曝光，通過這種陷害方式（港人叫「鬼打鬼」），江派就能製造出混亂，若再來一次誣陷法輪功那樣類似的「天安門自焚案」，混亂中死幾個所謂的學生或市民，梁振英再向中共中央謊稱香港警察無力控制局面，要求中共駐港部隊那 6000 人出來維持局面，或者從大陸調動軍隊出面，「習近平出兵鎮壓學生」這頂帽子就給扣上了，摘都摘不掉。習也就背上了類似「六四」的血債。

　　此前很多網友提醒說，王岐山打虎，千萬不要「放虎歸山」，一旦讓曾慶紅回到香港實權位置，「惡虎咬人」一幕也許就會成為現實。對於參加「雨傘運動」的學生和市民來說，堅持就是最寶貴的。不用和警察硬頂。今天他清場了，回家睡一覺，明天再來。只要堅持下去就是勝利。這也是「雨傘運動」的要點：柔性革命，收放自如。

　　北京當權者原本想用「拖」的辦法來搞垮學生，因為群眾運動是很鬆散的，拖久了就容易疲憊鬆懈，不過，印度的甘地、美國的馬丁路德・金等人，也給後來者樹立了榜樣。在普選路上不是有所謂五部曲嗎？

　　一波往前進一步，一波一波地往前推進，只要不停步，就會走到勝利的終點，何況天佑中華，有老天爺庇護，正義總會戰勝邪惡。天滅中共，很快就會成為現實。

第四節

「六四」PK 雨傘 誰是贏家？

9月28日，香港警方用87顆催淚彈對付手無寸鐵的學生。在令人窒息的煙霧中，一位青年堅持手舉雨傘。這張震撼人心的「雨傘人」（左）照片被外媒封為「雨傘運動」的象徵影像之一（AFP），與「六四」時抵擋坦克的「坦克人」（右）相提並論。（維基百科）

左圖為2014年9月，香港學生罷課爭取真民主普選。右圖為1989年北京，學生聚集在天安門爭取民主。（Getty Images）

中國人相信輪迴，西方哲人相信事物螺旋式的發展方式，轉一圈之後彷彿又回到了原地。

當香港一群群大中學生晝夜堅守在公民廣場上時，時光彷彿又回到了 25 年前的天安門廣場；當香港警察連放 87 枚催淚彈、不斷發射膠皮子彈時，人們想到的就是那血流成河的北京「六四」慘案⋯⋯

好像一切都沒變

是的，一切好像又都回來了。同樣的，人們看到了一個個堅強不屈的港版「王維林」，看到了女學生為警察舉起的小花傘，看到了警察良知清醒後的懺悔和補救⋯⋯前後 25 年，人心沒變，而中共的暴政也沒有任何改變。

當然，變的也不少。當公民抗命從北京轉移到香港時，香港這個「世界櫥窗」的特性，讓新劇本有了很多變化。

香港素有「東方之珠」、「購物美食天堂」、「東方曼哈頓」等美譽，香港也是全球最安全、人均壽命最長的大都會之一，20 年來香港一直在世界最自由經濟體系中排名第一。

然而經濟上的自由並沒有帶來政治上的進步，相反，自從 1997 年香港回歸大陸之後，港人就越發感受到制度上的桎梏和精神上的奴役。積攢了 17 年獅子山岩漿，終於在中共推行暴政 65 年時爆發了。

普選承諾騙了港人 17 年

2007 年中共人大常委承諾，在 2017 年允許香港人普選特區行政長官（香港特首）、2020 年普選立法會。這種畫餅充飢的騙術有效抑制了港人對追求自由的實踐。不過，當 2014 年 8 月 31 日以張德江為首的中共人大，通過了香港普選的具體方案時，香港民眾才愕然發現：自己被中共的假普選給騙了十多年。

中共的所謂普選方案有主要三條，一是特首候選人由 1200 人的上屆「行政長官選舉委員會」提名，二是提名委員會只提出 2 至 3 名候選人，三是每名候選人均須獲得提名委員會全體委員半數以上的支持。港人把這三點比喻為走向真正普選的三道攔路的閘門，中共「連落三閘」，讓港人看清了中共假普選的真面目，於是公民抗爭隨即爆發。

目前香港有超過 350 萬選民可以在立法會和區議會選舉當中投票，但可以直接參與產生選舉委員會的選民卻不足 24 萬人，也就是說，至少 300 萬選民被排除在外。這 24 萬再「選出」1200 人組成選舉委員會，這 1200 人就是人們常說的「小圈子選舉」，他們基本上是親共人士。

很多港人對這 1200 人的代表性持否定態度，認為不公正的地方太多。香港中文大學教師梁啟智舉例說，香港教育界選民有 8 萬多，但在 1200 人小圈子裡只有 30 個名額，而香港漁農業只有 0.4 萬選民，但有 60 個名額，而且即使是這漁農業的 4000 人，也只有上屆政府認可的 158 人具有「投票人」資格，也就是說，選舉委員會的成員基本上由上屆政府說了算，在野的永遠在野，在朝的一直在朝，過去 4 屆香港特首都是由北京暗中操控決定的。

香港回歸時，中共承諾的《基本法》規定《公民權利和政治權利國際公約》在香港適用，也就是說，香港人應該有一人一票的普選權。早在 1944 年 2 月 2 日，中共的《新華日報》社論也說，「真正的普選制，不僅人民都要享有同等的選舉權，而且人民都要享有同等的被選舉權。」但中共搞的香港政改方案，其實剝奪了港人的被選舉權。

不少大陸人覺得香港已經被收回了，港人就不能自作主張；不過中共對外宣稱的「一國兩制」是允許港人自作主張的，資本主義就是應該不同於社會主義。有人擔心放開選舉後，香港會選出一個對抗中共中央政府的特首，然而民主社會就是由不同聲音的人們來組成的平衡。

梁啟智舉例說，美國總統和紐約市長，兩人不一定來自同一政黨；英國工黨控制著倫敦市議會，而保守黨控制著國會，倫敦市議長天天在議會上拉橫額，批評對岸的西敏寺國會，「這些都是成熟政治制度的表現。就算同屬華人社會，中華民國的總統和台北市的市長也不一定是同一套政治觀念，一樣可以運作如常。如果我們對香港市民和中央政府有足夠的信心，就不用擔心這個問題。」

被逼出來的「佔中」運動

在舉行「佔中」之前，香港民眾就政治改革諮詢向港府提供了 12 萬 4700 份的書面意見，但都被港府曲解或漠視了。正如「佔中」發起人戴耀廷在 2013 年 1 月 16 日的文章所說，過去港人用盡了遊行示威、苦行、五區公投、佔領政府總部兼絕食等各種請願方式，都沒能讓中共讓步，最後被逼採用佔領中環的行動。

「佔中」，全名叫「讓愛與和平佔領中環（Occupy Central with Love and Peace，OCLP）」，簡稱「佔領中環」、「和平佔中」或「佔中」，最早由香港大學教授戴耀廷、陳健民及基督教傳教士朱耀明等人在 2013 年發起，以佔領香港的政治及商業中心「中環」，來向香港特區政府和中共施壓，主要觀點是反對中共人大的香港普選方案，要求實現更多民主。黃絲帶是「佔中」行動的標誌。

有人問，香港人為何不在港英時代爭取民主，而非要在今天「佔中」呢？這牽扯到周恩來的一個祕密。早在 1956 年，周恩來便向英國政府提出不容許港人治港的改革。當時英國政府為了避免中共的節外生枝，就按照中共的要求去做。等到了 1990 年代，港督彭定康提出加快香港民主化，卻被中共批為「千古罪人」。

中共害怕有反共傳統的港人

在中共的宣傳中，香港人就是一群只認錢的市井小民；不過，真實情況恰恰相反。以 1989 年爆發的「六四」學生運動為例，當大陸人早就屈服於中共的淫威，把學生運動當成「動亂」、把愛國學生污為「六四分子」，甚至當流亡海外的民運人士都淡忘「六四」之後，香港人每年在維園舉行的「六四」燭光悼念會卻一直堅持了 25 年。

每年「六四」、「七一」、「十一」，都有大批港人為了中國人的民主自由，為了大陸人的權利，而奔走呼籲。每次大陸發生天災人禍，港人也是積極伸出援手。汶川地震不說了，就拿回歸前的 1991 年來說，華東發生水災，香港在短短十天之內向大陸捐出了 4.7 億元。

香港具有很深厚的反共傳統。1949 年前，一大批害怕或討厭共產黨的大陸人逃到了香港，隨後幾十年也出現過多次大陸偷渡潮。只要有一點良知和理性的人都會看清，大陸在中共的蹂躪下，與香港在自由社會的鮮明對比；從這個對比中人們明白了，沒有共產黨，中國會更好。

如果要拿今日的香港抗議者與 25 年前的大陸抗議者相比，前者是站在後者的肩膀上，自然會做的更好。世界媒體都評論說，這次香港學生做得很理智，有理有節，讓中共很難對付。

比如奧地利《新聞報》（DiePresse）報導說，在香港做貿易工作的奧地利人席勒對記者說，抗議活動讓他深受觸動，「所有人都很安靜文雅，這樣的抗議讓人佩服。」同時港人說話的坦蕩直爽，也讓席勒感到印象深刻。

美國記者也稱讚說香港學生非常有善心，大家互相關愛，互相守望，抗議集會現場讓人感到溫暖。

大陸青年與香港青年的對比

瑞士《新蘇黎世報》在《民眾要求民主》（Mass an Demokratie eingefordert）一文中，還將當今的大陸年輕人與香港年輕人做了一個比較。文章說，「香港這次抗議活動很大程度上由學術界的年輕人發起，北京也曾經希望在政治上拉攏他們。香港青年的叛逆和中國大陸青年可怕的因循守舊之間的巨大差距，在這幾天表現得極為分明。在中國其他地方，青年不關心國家，只是一味專注個人幸福，就像中國共產黨要求的那樣。中共出於獨自操控的目的，想要一群不關心政治的人民，並且通過各種手段讓民眾遠離政治，從而讓政治成為中共的獨裁工具。」

為什麼香港青年對社會有責任感，而大陸青年卻沒有呢？文章說，「中共領導人不能也不會明白，個人的政治權利被剝奪，會導致人對國家和社會不負責任。中共認為，只要能用繁榮去蒙蔽人民，就不必去關心負面政治影響。但香港民眾認識到，經濟成功需要相應的政治基礎，並認為這是一種公民責任。」

和平理性堅守的非暴力「雨傘運動」

有人把香港學生和其他香港民主派別相比較，發現學生的意願很純潔，目的非常乾淨，就是為了香港的未來負責，沒有任何私心雜念，所以中共就很難操控學生。學生們也知道中共的凶殘本性，故而一開始就強調，不和中共硬拼，而是柔性但堅持不懈地抗爭：9月28日警察以胡椒噴霧和催淚彈驅趕學生，學生就以撐傘對抗，於是色彩鮮豔的雨傘成為這次公民抗命行動的象徵，人們因此把香港這次運動稱為「雨傘運動」，或「太陽傘運動」，因為這傘不是下雨天才用的，大太陽天也得撐傘。

學生組織者還多次強調，警察清場抬人時，他們將不作任何抵抗。人們看到很多照片上，學生都是高舉雙手，表明自己手無寸鐵地「投降」，但第二天他們還會再來，就這樣堅持著。

「雨傘運動」與空手上場不同的是，有了雨傘，就多了一份保護自我的意識，就不會因走極端而被中共藉機利用，無論政治上如何刮風下雨，都能長期堅持下去。而且雨傘能收能開，開合自如，收放自控。這種柔性地非暴力抗爭，有些類似印度甘地的不合作抗議，本質就是和平與堅守。

「佔中」運動到了 9 月 30 日之後，就沒有組織者了，「佔中三子」多次表示，人們靠的是自覺認識，自發加入到抗議人群中，很多原本中立的港人，看到警察如此殘暴地對待學生，非常憤怒，從而加入「佔中」行列。等到了 9 月 30 日，「佔領中環」已經變成了「佔領香港」，抗議人群遍地開花，人們自發參與，自己管理自己，很像當年「六四」民眾加入學生抗議隊伍一樣。

其實，這就是民意的體現，也是天意的使然。

中共殺人本性不變 殺人、誅心並用

從一開始，中共在香港問題上就陷入兩難的困境：一方面是硬不得，另一方面也軟不得。

硬不得是因為香港是世界櫥窗，在中共經濟主要依靠外貿來維持、依靠外國投資來發展時，中共不敢過多地激怒國際社會。有人曾形象地比喻，只要香港政局出現大的衝擊，比如中共開槍了，香港會在半小時或幾天之內變成一個死港，因為香港的存在，靠的都是軟件，靠的是其法制體系和商業規則的健全，一旦這個體系被打破，香港的資金會在半小時內全部逃走，香港的精英們很多都是持有外國護照的，半天不到，香港就會變成死港，因此中共是不敢貿然動武的。

於是和「六四」相比，25 年後的中共不敢貿然開槍了，哪怕使用催淚彈、水炮、橡膠子彈、胡椒噴霧等，用這些來對付手無寸鐵的民眾，中共已經遭到國際社會譴責了。

香港警察曾在 1967 年用催淚彈對準香港自己人，但香港警察面對的是受到中共「文革」鼓譟的類似「造反派」式的壞人，當時民眾對警察使用催淚彈鼓掌歡迎。沒想到 47 年後，在中共統治下，香港警察卻將催淚彈對準手無寸鐵的學生，遭到香港民眾的唾罵。

中共在香港問題上也軟不得，是因為中共不敢在高壓鍋的任何一個地方減壓，只要在任何地方鬆口了，其他地方就會效仿。比如這次中共如果在香港問題上讓步，大陸的民眾就會效仿香港民眾，也站出來爭取民主自由，也會出現更多的「公民抗命」運動。於是人們看到，類似「六四」的「4•26」社論，中共的《人民日報》從 10 月 2 日開始，連續幾天把香港「佔中」扣上「非法集會、破壞法治、破壞社會安寧」等大帽子而要加以鎮壓。

目前鎮壓方式雖然不是直接開槍，但中共卻利用黑社會搞事，進而暴力驅散抗議者。10 月 3 日人們看到，梁振英讓香港黑社會成員冒充普通市民，搞了個「反佔中」運動，不斷故意製造事端，製造流血事件。

《環球時報》預測並威脅說：「香港警察若力不從心，大陸武警可協助平亂」。按照《基本法》規定，當發生香港特別行政區政府不能控制的危及國家統一或安全的動亂時，中共全國人大常委會有權決定香港進入緊急狀態，並授權中共中央政府發布命令，將全國性法律在香港實施。

是狼，就會露出牙齒。中共殺人本性不變，只是越到後期，殺人與誅心並用，當一個人喪失民主自由的基本權利時，這個人哪怕肉體還活著，精神已經死亡。所以香港學生喊出的口號是：「寧願站著死，不會跪著生」。

今天的「雨傘運動」 明天的大陸革命

參加香港「雨傘運動」的民眾說，假如香港人不抗爭，大陸的今天就是香港的明天。與此同時，大陸民眾通過翻牆軟件看到香港「佔中」盛況後也感歎地說，香港今天的太陽傘革命，也是明天大陸革命的參照。據說因為害怕大陸人效仿香港，中共竭力封鎖香港「雨傘運動」的信息，竭力阻止香港的民主運動。

不過歷史潮流不是人所能阻止得了的。螳螂擋不了車，中共也翻不了天。

另外，中共高層內部的分裂是眾所周知的。10 月 2 日後《人民日報》的表態，是江派張德江的意願，是否能代表習近平的決定，還是一個問號。

10 月 3 日，香港出現中共潛伏在香港的地下黨員、特務組織、中共控制的黑社會幫派成員，冒充成「反佔中」人士，對參與「雨傘運動」者進行大規模攻擊；在旺角，有示威學生和市民被暴徒打至頭破血流。這套手法即是江派梁振英的慣用手法，此前他們攻擊法輪功就是以類似的手段與方式。

另外有消息說，國務院副總理汪洋赴港救火。消息是否屬實暫且不論，但汪洋曾提出，廣東要學香港，搞小政府大社會等。

還有人說，北京方面原本採取「拖」的辦法，像之前美國的「占領華爾街」一樣，拖一段時間，群眾就疲乏鬆懈了，運動也就不了了之。

然而，香港「雨傘運動」和「占領華爾街」大不相同，這背後不但有社會因素，還有政治因素，而且還有民心與天意的驅使。

自從 2004 年《九評共產黨》問世後，中共的滅亡已成了天意。

連中共中央應急小組都曾向常委會提交一份絕密報告，判定中國社會即將在 2014 年全面崩潰。這份絕密報告描述的崩潰情景十分可怕，經濟崩盤、企業倒閉、鬼屋林立、盜賊四起，社會發生劇烈動盪，街頭革命隨時發生。

也就是說，無論中共如何在體制內進行改革，不解體中共，一切都是空談。無論香港「雨傘運動」在這一階段如何演變，香港民眾的抗爭在道義上來看，都是遠遠高出了中共暴政，香港人贏了，中共被唾棄了。

香港「雨傘運動」的最大意義，就是成為大陸革命的典範、序曲。在轉了一圈之後，這個歷史大戲的主場不久就會轉回到大陸。這就是中國人講的輪迴與報應。

習近平南京宣戰江澤民

第十一章

江拋周永康自保
習抓軍權備戰

2014 年 9 月 29 日中共在人民大會堂舉行音樂會，習近平與江派人馬各自列出陣勢，兩軍對壘，陣營分明。（視頻截圖）

第一節

「十一」鴻門宴
周永康被江拋棄

宴會期間江澤民不改貪淫本性緊盯美女。（Getty Images）

2014 年 10 月 1 日是中共奪取政權 65 周年的日子。在江澤民、胡錦濤時代，這是中共新老官員一起亮相、演示所謂「盛世大團結」的日子。不過在胡錦濤 18 大全退換來的「習八條」推出後，2013 年 10 月 1 日，中南海的「十一」慶祝招待會只有現任官員出場，不過在閏九月的 2014 年，「十一」的招待會卻出現不同面貌。

江曾露面 歡慶會成黑臉會

2014 年 9 月 30 日，就在香港 18 萬公民走上街頭抗議中共剝奪港人普選權時，這一天單中央電視台《新聞聯播》的安排就很特別。前面 49 分鐘播報的都是中共建政 65 年的各類慶祝活動等，在播報國際新聞前最後 2 分鐘，才是香港「佔中」新聞，而且沒有新聞圖片。但這樣的處理方式，並不能減弱香港局勢對北京的影響力。

在《新聞聯播》第三條中人們獲悉，中共在 9 月 29 日晚在人民大會堂舉辦了音樂會，此前盛傳生病住院的江澤民緊跟在習近平之後進入了進場。88 歲的江是自己走進來的，但旁邊的隨行人員不時伸手攙扶。與江早前都故作笑容所不同的是，這次明顯消瘦的江面無表情，好像換了個人似的。

從官方公布的幾張不同角度的照片上人們看到，音樂廳上空懸掛的是「緊密團結在以習近平同志為總書記……，為實現中華民族偉大復興的中國夢……」，不難看出，妒嫉心極強的江澤民，看到「江核心」被取代了，為了給嘍囉們打氣，自己還得耐著性子坐那看完習的「中國夢」，心裡不好受，臉色自然就不好看。

這是江澤民自從 2014 年 5 月與俄羅斯總統普京會面後的第一次公開露面，此前北京還有人故意釋放「江死亡」等消息來試探民意。此次隨江露面的還有被傳已被習近平控制的曾慶紅。不過人們議論最多的還是中南海高官們在音樂會上的座位安排：習近平和江澤民坐中間，習的右手邊列座的依次是李克強、俞正聲、王岐山；江澤民的左手邊依次是張德江、劉雲山、張高麗。而盛傳被抓的曾慶紅坐在江左邊的後一排。這天胡錦濤和溫家寶沒有露面，因為第二天晚上的宴會才是官方正式邀請的活動，音樂會只是自願參加。

9 月 30 日《新聞聯播》第 4 條隨即播出了當天中共國務院在人民大會堂舉辦的 3000 多人的「十一」招待會。畫面中依序進場的前 5 人是習近平、江澤民、胡錦濤，前總理李鵬、朱鎔基。江依然是有隨行攙扶。在近距離拍攝中，人們看到風燭殘年的江臉上的老年斑非常大也非常多，頭髮稀疏，病懨懨的，依舊是面無表情，有點癡呆的模樣。

這原本應是中共的歡慶會，不過從央視播放的視頻來看，幾乎每個人都黑著臉、愁容慘淡、目光呆滯，整個會場一桌一桌坐的都是多穿黑西裝的中共高官，以至於外媒說，會場氣氛用「烏雲蓋頂形容也不為過」。

從新華社公布的照片上人們看到，劉雲山、張高麗、張德江都是一副心事重重的模樣。香港抗議事件的無法收拾，讓張德江面無表情，目光呆滯；劉雲山則完全沒了在文宣口的那種橫行霸道，一副低眉眼斜的樣子。而張高麗嘴巴張開，恍惚痴呆。

很多大陸民眾評論說，這怎麼一個個都跟敵人似的？一位甘肅民眾回應：「我們這邊的老百姓如果不得不和討厭的人一起吃宴席的時候，就是這種表情。」也有人說，「弄錯了！這是出席追悼會的臉色！」「如喪考妣啊！」「像極了一群來奔喪的人。」「莫非是最後的晚宴？」大陸詩人沙光就此寫了對聯：「上聯：本想表演全家和氣；下聯：奈何暴露各懷心機。兩橫批：賭氣吞聲！演砸了！」

在「十一」招待會上，中共現任、離任的所有大佬，除了萬里、喬石、尉健行之外，在世的都露面了，而 2013 年的招待會上只有現任官員出席。早在 2012 年 12 月 4 日，習近平在中共政治局推出「習八條」中就要求多做實事，特別對老人干政制定了諸多限制。如習八條的第二條規定，老人們「未經中央批准一律不出席各類剪彩、奠基活動和慶祝會、紀念會、表彰會、博覽會、研討會及各類論壇」。看來這次江澤民、曾慶紅等人的露面，也是習近平批准後才得以發生的。

互動「微妙」 表情各異露心情

除了習近平之外，畫面上唯一帶笑容的就是溫家寶。溫依舊是那種招牌式笑容，讓人感覺他很興奮，好像想說點什麼。10月1日，網民「華夏正見m」在微博發貼透露溫家寶的現狀稱：「基本上是勝券在握。（很多人指責寶搞4萬億，寶只是批錢，真正把錢貪污亂用是發改委，江的錢袋子，現在基本上都把發改委連鍋端了。）」

習近平在招待會上做了簡短講話，多次提到胡錦濤的「科學發展」，如「科學發展才能永續發展」，「以經濟建設為中心、以科學發展為主題」等，而隻字未提江澤民的「三個代表」，以「你懂的」方式再次釋放習、胡聯盟穩固的信號。

最有意思的是習陣營幕後支持的「學習粉絲團」在微博上發布的照片。

一張是江澤民在宴會期間再次緊盯「美女」的醜態。有網友表示，「蛤蟆，死到臨頭了，還是改不了貪淫的本性。」江澤民在公開場所肆無忌憚地直勾勾地看美女的照片，過去十多年早已在全球流傳，連同他與宋祖英、李瑞英等情婦的淫亂醜聞，也已讓江成為公眾恥笑嘲諷的對象。這次學習粉絲團故意把這種照片公布出來，有評論說，「足以表達習近平的態度。鴻門宴也可以一團和氣，圈外人看不懂而已」。

學習粉絲團還上傳了習近平分別給江澤民和胡錦濤敬酒的照

片。人們看到，習近平向江澤民敬酒時，江依舊表情木訥、僵硬，習也只是禮貌性地微笑，雙方視線沒有交集。而當習近平向胡錦濤敬酒的時候，習立即春風滿面，胡也顯得興致頗高。此時習身後的保鏢卻以一種奇怪的眼神看著江。新唐人報導這一新聞時引用網友的猜測說，江澤民一向妒嫉成性，如今被習近平當眾冷落，難保不會一口氣上不來，也許揣著急救藥的保鏢正是擔心這個。

不過表情最異常的卻是曾慶紅。相比某些平日裡也常板起面孔的其他中共大佬來說，向來在鏡頭面前笑顏甚歡而被外界稱為「笑面虎」的曾慶紅，這次卻神情特別肅殺，只見他昂著脖子，好像不服輸，憋足勁也要魚死網破的樣子。2014 年 7 月，《新紀元》報導了曾慶紅已被軟禁關押的消息。

應對危機 臨時決定搞慶祝

據北京高層人士向《新紀元》透露，原本習近平沒有準備在「十一」搞慶祝活動，在 8 月 31 日張德江的人大公布香港政改方案引發港人憤怒譴責之後，中共於 9 月初突然決定舉行諸多「十一」活動，這個決定時間相對於過去實在是非常倉促，「讓北京市政府在這 20 多天裡緊張的像熱鍋上的螞蟻」。

除了音樂會、招待會之外，北京市政府公布了 10 月 1 日遊園活動方案，當天全市公園免費，並在下面 5 個公園舉辦文藝演出：天壇公園、園博園、玉淵潭公園、朝陽公園、陶然亭公園。雖說進公園是免費的，但這 5 個公園當天卻要憑票入場，而門票只給了公務人員。

據北京市公安局通報，「十一」期間北京全面提升反恐、特警備勤等級，布署 2000 餘名機動力量和 300 餘輛巡邏處突車組動態前置備勤，而且北京還動員組織百萬人參與安保，其中包括實名註冊的「治安志願者」85 萬人，加強對訪民和異議人士的監控。這種「防民如防敵」的草木皆兵狀態，和所謂「舉國國慶」的實情相距甚遠。

不是哥倆好 而是兩軍對壘

《新紀元》前不久出版了《習江三次生死交鋒》、《曾慶紅暗殺習近平》等暢銷書，揭示了江習之間激烈的政治博弈。為何此時仇敵卻並肩露面？大陸網路上一位不斷準確預言中共政局的神祕人物「華夏正見 m」在其微博帖子中給出了答案。

這位不斷被封殺，而又不斷改換名字上網發帖的神祕人物，曾在 7 月 29 日下午 17 點 59 分，周永康被北京當局公布立案審查之前 3 小時 35 分，提前爆出了周永康的消息。8 月 21 日，網民「紅 2011 糖」發帖猜測王岐山上海打虎路線圖時稱，「抓上海海關的卞祖耀，今後可能的路徑是卞祖耀→華亮建設集團→上海建工→蛤（江澤民）的二兒子（江綿康）和韓正。」「華夏正道」回帖表示贊同，並稱「一切按照計畫推進，不要和我說《新聞聯播》，我一生最大的成就就是從不看《新聞聯播》。目前，上海，蝌蚪（指被網民稱為「蛤蟆」的江澤民之子），妹妹……一網打盡中。」

9 月 30 日在《新聞聯播》爆出江澤民、曾慶紅與習近平一起露面的消息當天，「華夏正見」在其微博發出題為《露臉》的帖文稱：「2013 年，康師傅被傳會出事，他們的馬仔已經做好暴亂的準備，但 10 月康師傅露臉，其馬仔被迷惑鬆懈⋯⋯不久，康師傅被抓，馬仔一個個慢慢被清理。長時間失蹤後露臉，只是證明當事人已經徹底失去自由，見光即死。」他還表示：習近平可以控制好軍警，意味著已經全面控局，此時需要做的事是讓「準備要動手的對象」露露臉，騙騙對方馬仔。

回想起習近平與江派人馬看音樂會的「排排坐」，很多人到場，習江一起看戲，這不是「哥倆好」，而是公開「攤牌」，雙方像古代打仗一樣，各自列出陣勢，兩軍對壘，陣營分明。

10 月 1 日，這位網路神祕人物「華夏正見」接連發帖文稱，為了解決 HK（香港）問題，維尼（習近平）走了兩步：1. 現場撤退警察；2. 把幕後黑手「新四人幫」擺上桌面，表明是他們做的。他隨後又發帖文稱，「把幕後黑手擺上台後，習近平為了表示他的強大實力，30 日把所有人都叫出來，你會看到寶（溫家寶），小木匠（李瑞環）都很淡定的。」過後，他又表示，「鴻門宴也可以一團和氣，圈外人看不懂而已。」

《大紀元》諸多評論也分析說，北京高層不願看到中共四分五裂的狀態加速其滅亡，於是習陣營再一次選擇了與江派的妥協，雙方同台亮相。各色人等不管背後如何要置對方於死地，但表面上大家還要共同唱好「和諧」這齣戲，矇騙老百姓。從他們各自僵硬表情看，明顯是各揣心腹事，或許都心知肚明聚會背後隱藏的是怎樣的刀光劍影和你死我活，⋯⋯因為沒有人可以保證，今日的坐上賓不會成為明日的階下囚。

第二節

天象示警 中共「聖地」山崩

2014 前夕，象徵香港精神的獅子山「眼睛」突呈紅色，整個過程持續了 30 分鐘左右，被視為「不是好的預兆」。（大紀元）

中共革命「聖地」山崩 5 死

　　「十一」前的 2014 年 9 月 29 日，被稱為中共革命「聖地」象徵的陝西延安寶塔山所在的寶塔區萬花鄉發生山崩，導致 5 人遇難。近年來延安寶塔山屢屢出現滑坡等災害，塔基岌岌可危。

　　2013 年，中共「革命聖地」延安在遭受「百年一遇」的強降雨襲擊後，不但寶塔山大面積山體滑坡並面臨坍塌，毛澤東延安故居的圍牆在暴雨中倒塌；南泥灣墾區政府舊址 3 孔窯洞發生垮塌；毛澤東在延安的「自己動手，豐衣足食」的碑也歪倒了。

　　寶塔山古稱豐林山、嘉嶺山，因山頂的延安寶塔（原名嶺山寺塔）而得名。中共中央進駐延安後，這座古塔成為所謂中共「革命聖地」的標誌和象徵。寶塔區是中共「革命聖地」的「心臟」，寶塔山再度告急，引發網路眾多關注和討論。

　　復旦大學歷史學系教授馮瑋曾在微博上調侃：「現在成天有大批幹部去延安接受『革命傳統教育』。很多幹部長時間營養過剩，肥頭大耳，加之寶塔山本身基礎薄弱，受此外力，塌了。」

　　廣州民眾「妖之博」說：「這坡滑遲了 80 年」；合肥民眾「Gbar」說：「根基不穩吶」；民眾「晚風吹」說：「還不快降罪己詔」；重慶市一手機用戶說：「老天也看不慣 ZF（政府）了嗎」；杭州一手機用戶說：「天現異象啊」；昆明民眾「十月十月」說：「滅亡前兆」。

上海科技館把國慶當清明

　　2014 年 9 月 30 日晚，中共國務院舉行建政 65 周年招待會，中共 7 常委和前常委們黑臉出席，引發網路熱議稱不像是慶祝更像是為中共政權奔喪，好似最後的晚宴。上海科技館的告示甚至將「十一」稱為清明節。

　　上海科技館打出液晶顯示的告示稱，10 月 1 日至 10 月 7 日清明節期間正常開館，歡迎參觀。該告示的圖片在網上流傳，人們稱其給中共「十一」過忌日，宣布中共大限已到。清明節是每年黃曆 4 月 5 日祭奠死者的日子，上海科技館把 10 月 1 日中共的所謂國慶稱為清明，不知是天意還是民意的結果。

香港異象頻生 抗共潮前所未有

　　隨著 1997 年主權移交，香港直接落入中共的魔掌之中，一屆接一屆的特首形同中共的傀儡。尤其是江澤民集團 2 號人物曾慶紅扶植中共地下黨特首梁振英上台後，梁一直在曾慶紅的授意下製造事端：在香港推洗腦教育、縱容「青關會」打壓法輪功、箝制港視等等，發動黑幫惡黨搞亂香港，造成香港社會民怨沸騰。

2014 年「6 · 10 白皮書」事件導致「七一」有 51 萬港人遊行爭取「真普選」。8 月江派常委張德江操控人大封殺真普選，導致逾萬名學生「9 · 22」罷課，直接演變成公民抗命行動。

香港的動盪在很早之前就已經有徵兆。2014 新年來臨前夕，2013 年 12 月 22 日下午 2 點整，象徵香港精神的獅子山的「眼睛」突然呈現紅色，獅子頭也變得活靈活現。獅子眼睛先後兩次呈現紅色，整個過程持續了 30 分鐘左右。韓國知名風水師朴珉贊和異能通靈人士認為，這對香港來說，「不是好的預兆，暗示著如果不找出原因，香港會有災難，甚至發生很大的不幸。」

9 月 16 日，有 200 多年歷史的香港鴨舌洲洪聖古廟前用來擋煞的被稱為「定海神針」的「龍柱」，遭颱風「海鷗」強風吹襲而折斷倒下。有風水專家直言這是不祥之兆，香港可能出現動盪，而有權勢的人亦會出事。

9 月 28 日當夜，參加和平「佔中」抗議的學生在政府總部的上空看到有流星劃過。流星的顯現被認為是上天的警告，其經過的地方或有動盪。

9 月 28 日凌晨，位於香港金鐘夏慤道 18 號，香港地標性建築、政府總部對面的海富中心的中共血旗被倒懸，周邊民眾發現後，紛紛鼓掌叫好。血旗倒掛，被認為是「天滅中共」之天意昭顯。

9 月 29 日下午，香港政府宣布取消燃放過 17 次的「十一」煙花，引發港人熱議，稱此寓意中共滅亡。2012 年國殤日當晚，一艘觀光船前往南丫島觀「國慶煙火」被撞沉，造成 38 人死亡、超過 100 人受傷，是香港 1997 年以來傷亡最嚴重的事故，事件造成中共「國慶日」降半旗的異數，寓告中共即將垮台。

香港民眾此次為爭取真正的普選權而大面積抗命行動，已經動搖專制的根基。

「閏年」不吉利

2014 年馬年為「閏年」，每逢閏年增加一個月，所以稱為「閏九月」。大陸民間有說法，出現閏月都不吉利。港媒引述玄學家的說法稱，閏月易出現政局動盪，並認為中國於馬年、羊年都易有政治不穩，如 1966、1967 年的「文革」。

1976 年是「龍年閏八月」，社會上流傳著「閏八月凶多吉少」、「地動山河變」等說法。1976 年 7 月 28 日發生唐山大地震，也是這一年，中共三巨頭毛澤東、周恩來、朱德先後死亡。

2014 年，中國正處在毛澤東死後 38 年來的最大政治變局。玄學家說，閏九月帶來天災人禍，易出現動盪。香港成為中南海博弈的焦點。

中國歷史上，凡是改朝換代的關鍵時刻，都會出現很多常理無法解釋的異象，尤其旗幟出了問題，從古代的天人感應來看皆是凶兆，歷來是兵家的大忌。比如，《三國演義》第 48 回的赤壁之戰中，周瑜忽見曹軍水寨中央的黃旗被風吹斷，周瑜大笑說：「此不祥之兆也！」果真赤壁之戰，曹操大敗。

貴州藏字石

近幾年來，中國大陸各種天災人禍頻發。外界熱議：中共聚

貴州省平塘縣掌布鄉億年藏字石天成「中國共產黨亡」六個大字。圖為「藏字石」所在的國家級地質公園門票。（網路圖片）

集了歷代王朝滅亡前的 10 大徵兆。高溫、大地震、暴雨、沙塵暴、隕石、洪水、嚴重霧霾等自然災害此起彼伏，各地暴動、遊行和上訪，爆炸事件接連不斷。民眾表示，中共亡黨徵兆全齊了。

古有「亡秦石」，今有「藏字石」。2002 年 6 月 14 日，貴州省平塘縣掌布鄉桃坡村驚現距今約 2.7 億年的巨石，上面浮刻 6 個天然大字「中國共產黨亡」，中國科學院的專家去考察，證實這 6 個字是自然形成的，包括石頭的斷裂紋路，都不是人為的。大陸的各家媒體都進行了報導，但都自欺欺人隱去了「亡」字。

藏字石昭告中國共產黨即將覆滅不可逆轉的天意，並警示世人認清中共的邪惡本質，順天意退出中共組織，以保平安。

隨著《九評共產黨》的發表，2005 年初全世界掀起了退出中共黨、團、隊組織的「三退」運動，拉開了解體中共的歷史大幕，至今已有近 1 億 9000 萬中華兒女內心覺醒告別中共，越來越多的民眾認清共產黨的真面目。越來越清楚認識到：中共是中華民族所有苦難的根源，唯有解體中共，中國人才能重獲新生。

第三節

「麗媛粉絲團」爆
「衝刺開始」

　　新浪微博「麗媛粉絲團」在 2014 年 10 月 29 日，發布一張習近平與其妻子彭麗媛出訪的照片，同時留言「10 月即將過去，衝刺的步伐即將開始！」

　　新浪微博「麗媛粉絲團」從 2013 年 3 月 23 日開始發布的信息可以看到，幾乎都是彭麗媛的消息和照片。有一些是彭麗媛未公開過的舊照，有一些從拍攝角度看是與彭麗媛有一定親密關係才可能拍到的。

　　因而該微博被視為像親習近平的「學習粉絲團」微博一樣，是習近平與彭麗媛形象公關團隊在運作。

　　「10 月即將過去，衝刺的步伐即將開始！」這消息發布後，有不少網民轉發及留言。有人將其視為習近平要對江派動手的信號而表示支持。

　　「有深意！」「冬天到了，春天還會遠嗎？」「我已準備好鞭炮！」「希望從此雲開霧散！」「殺它個片甲不留」、「國之大幸，民之大幸」、「看來真的到決戰了，買好瓜子，給習大大加油吧，祝一切成功！」「拿下禍害！支持！」「強烈支持年底解決戰鬥」。

10月20日，「學習粉絲團」在微博發帖：「這個世界，我們需要了解的第一個道理是：大家都不傻，誰都是聰明人，如果你看到一個人貌似在做一件傻事，那只能是說明你不了解這個人。當所有人都拿我當回事的時候，我不能太拿自己當回事。要懂得取捨，要學會付出；不負重心靈，不偽裝精神，不貪功急進，不張揚自我，成功時低調，失敗後灑脫。」並配一張「雲山夕陽」圖，同樣是引起網民的關注，認為這是話裡有話，是在警告江派常委劉雲山。

該「學習粉絲團」自2012年10月開博以來，現在已有粉絲264萬，其發出的微博絕大多數與習近平相關，同樣是有習近平未公開的私照。

2014年江澤民在「十一」招待會露面後，「學習粉絲圖」在10月1日即發表一組招待會相關圖片，其中一張是江澤民近距離兩眼直盯著美女服務員。把江澤民淫邪的醜態曝光出來，以「你懂的」方式釋放信號。

5月20日，習近平安排俄羅斯總統普京在上海同江澤民會面。但是當天大陸官媒對該會面集體消聲。第二天，大陸各大網站卻轉載「學習粉絲團」的微博內容。

「學習粉絲團」發布的信息只是突出普京感謝江澤民在任時對中俄關係的「貢獻」。這則消息不僅過濾了江澤民在「江普會」中的話語，還有目的地暗示江澤民曾向俄羅斯出賣國土逾百萬平方公里的醜聞。

傳胡錦濤呵斥江澤民 江提六點求饒

2014 年 9 月 29 日，中共為建政 65 年在人民大會堂舉辦了音樂會，從公眾視線消失近半年的江澤民和盛傳被抓的曾慶紅都和習近平一起出現，不過胡錦濤和溫家寶沒有出現。

據海外媒體發文透露，在中共元老宋平和萬里的提議下，9 月 28 日中共當局安排歷屆退休的政治局常委、政治局委員召開了一個「老同志生活座談會」，當晚則安排在中南海小禮堂聚餐。會上，一向說軟話的胡錦濤卻一改常態，公開批江澤民「五個違背」——即，一、違背政治上的承諾和承擔；二、違背中共黨的組織原則；三、違背中共黨的章程紀律；四、違背老同志的勸導和意見；五、違背黨內決議。

報導稱，胡錦濤指責江澤民 2002 年 12 月提出並推行的多項對中共中央政治局常委會內則，以及中共中央政治局內則的修訂，導致上述兩個權力機構內部「山頭林立」，使諸多重要事宜和政策出台夭折停頓，並因此而喪失一連串良機。胡錦濤還說，江某從 2003 年到 2012 年向中共中央政治局提出 400 多條「建議」和「意見」，提名從中央到地方省級領導人選 170 多名，因為江的干預而擱置政策、決議等有 155 項。胡錦濤並在會上提出：「黨中央在適當時期能否本著求真務實唯物主義立場，對江澤民同志作全面評價。」

據稱，當時會場上充斥著「火藥味」，會後全體與會者合照時，胡錦濤也找藉口推卻，不肯和江澤民一起站立在中間。於是，第二天 29 日胡錦濤以辦理私人事務為由請假未出席音樂會，當晚在中共中央招待所和十多名「老同學」聚會。而溫家寶為表示對胡的支持也藉故未出席該次音樂會。到 9 月 30 日的「十一招待會」上，胡仍然拒絕和江碰杯，整個招待會近兩個小時，胡、江二人始終沒有互動。

假如這個信息是準確的，這表明胡錦濤在 18 大「捨身炸碉堡」廢除老人干政問題上又前進一步，這等於把過去胡溫 10 年受江氏「垂簾干政」的真實情況，公開曝光，直接向江澤民宣戰。外界分析，胡錦濤能公開指責江澤民，這標誌著習近平已經定了好要與江派決一死戰的大盤已定。

江澤民 6 點建議曝光　哀求免受清算

該雜誌 10 月號還刊登了另一篇文章，從江澤民的角度透露了習近平陣營的布署。文章說，江澤民給習近平提了 6 條建議，如，對於「15 大」、「16 大」、「17 大」的大政方針予以肯定；對這 15 年在大政方針上出現的嚴重過失和造成的損害，「原則上不作重新評價和結論」；當年推行政策中出現的問題、挫折和代價，「原則上由集體班子負責，不追究個人責任」；有問題的退休官員，「如本人沒有在中共組織上和經濟上有新的大問題，原則上不再搞審查、追究」；「子女和家屬在經濟領域存在的問題，應考慮給予一定的時間，內部處理，原則上不作刑事追究」；關於財產申報，「能否考慮子女的財產和經濟來源不列作一併申報。有關申報、公開、公示財產和經濟來源以及境外居留權和國籍等的立法，能否設寬限期，有利於全域利益和減少震盪」。

　　不管江澤民是否真的提了這 6 條建議，但這 6 條的確反映了江澤民最害怕的事，也顯露了習近平陣營未來可能在這 6 方面要做的事。這 6 條與其說是江澤民的建議，不如說是江派的「求饒書」，條條都點到了江派的痛處。概括的說，就 4 個字：不要清算。

　　江澤民因鎮壓法輪功而欠下血債，破壞了法治，淪喪了道德，搞亂了經濟，江最怕的就是被清算，但這些罪行不被清算，習近平就無法正常執政。比如四中全會想搞「依法治國」，江澤民就叫劉雲山安排人馬寫出「無產階級專政」來對抗。過去 2 年的事實證明，江派殘餘一直在繼續行惡，一直在暗中策劃對習近平的暗殺和政變，如今的香港「雨傘運動」就是江派布局的結果。

　　不清算江派，習近平就是第二個胡錦濤，這也是胡錦濤為何要憑藉牢固的胡習聯盟，對江澤民窮追不捨的根本原因。

第四節

習死抓軍權　北京局勢詭異

中共四中全會後，習近平召開全軍大會，再次宣示其掌控軍權。如此強調軍隊的絕對忠誠，習近平不但為嚴懲周永康打下基礎，也為下一步真正抓出大老虎曾慶紅、江澤民做好了準備。（Getty Images）

　　日曆撕到了 2014 年 11 月。表面上中南海一如既往，不過敏感的人早就體察到局勢的詭異：周永康案懸而未決，讓海內外一片唏噓聲，而此前被監視居住的江澤民、曾慶紅開始和習近平一起露面；香港局勢依舊動盪；大陸各地貪腐官員也開始大反撲；江派大員張德江甚至下令其心腹公開宣稱：人大具有罷免國家主席的權力。凡此種種，都瀰漫著一股騷動的氣味。

　　中共四中全會沒有宣布周永康案進程，外界頗感失望。在記者會上很多人提及周案，官方回答是還在調查中。其實從習近平 10 月底的行蹤上就能看出，若想騰出手來懲治周永康，還得先把徐才厚案辦完。因為周永康已無力再鬧出動靜，而徐才厚卻不同。徐雖然倒下了，但他十多年在軍隊提拔安置的江派人馬，隨時可能發動政變。因此若整肅不好軍隊，習近平是不會輕易宣判周永康的，特別是他想重判周永康時。

「全軍政治會議」都開在危機時刻

2014 年 10 月 23 日，中共四中全會結束，11 月 5 日至 11 日，亞太經濟合作組織（APEC）峰會在北京舉行，不過在這兩個被中共動用了數百萬人搞安保的所謂大事之間，習近平卻在 10 月 30 日至 11 月 2 日，帶領 420 名中共軍頭們南下福建上杭縣古田鎮，召開了一次共軍大會。不過會議名稱並沒有冠之以「古田會議紀念座談會」之類的稱號，而是直接稱為「全軍政治工作會議」。

在中共軍隊 87 年的歷史中，曾召開過 15 次全軍政治工作會議，大多是在政局動盪、軍權不穩的時候。如密集召開的兩個時段：1956 年至 1965 年「文革」前有 8 次，毛澤東感覺自己政局不穩，想加強軍權以壓倒劉少奇；1978 年至 1982 年有 4 次，那是鄧小平剛上台抓軍權時期。中共上一次召開全軍政治工作會議是在 15 年前的 1999 年，江澤民面臨危機，企圖繼續掌控軍權。

江澤民時代開了兩次全軍政治會議。第一次是 1989 年 12 月 11 日，那時因鄧小平決定開槍鎮壓「六四」學生，中共軍隊出現分裂：第 38 集團軍軍長徐勤先拒絕帶兵鎮壓，第 28 集團軍軍長何燕然及政委張明春消極抗命、未能在預定時間進入天安門廣場。第二次是 1999 年 7 月 5 日，在 6 月 10 日江澤民獨斷下令鎮壓修煉法輪功的上億民眾之後，江為了鞏固其暴力權力，召開全軍政治工作會議，要求軍隊違背良心，跟隨江鎮壓善良民眾。後來中共軍隊成為迫害法輪功的主力，特別是活摘法輪功學員器官所犯下的反人類罪行。

胡錦濤時代沒有召開全軍政治工作會議，因為軍中政工是徐才厚的天下，徐不買胡的帳，胡想開政治大會也無法讓自己軍委主席的頭銜增添一點威信，因為江澤民退休後的「軍委首長」稱號就是徐才厚給樹立起來的。

新舊古田會議：黨指揮槍

跟隨習近平去古田的，除了中共政治局委員王滬寧、栗戰書、軍委副主席范長龍、許其亮外，還有軍委委員常萬全、房峰輝、張陽、趙克石、張又俠、吳勝利、馬曉天、魏鳳和，以及中共軍隊和公安的 420 多名代表。

如此興師動眾地帶領龐大隊伍南下福建，習近平有自己的意圖。翻開中共黨史不難看見，85 年前的 1929 年 12 月 28 日，中共的紅四軍在古田鎮召開了與會者 120 多人的第九次黨代表大會。當時紅四軍主要聽命於朱德，毛澤東只是個副手，不過正是因為古田會議，毛澤東從朱德手裡奪取軍權，開始了其「後來者居上」的仕途，並逐漸走上了中共黨魁之路。

古田會議確立了中共「黨指揮槍」的基本原則，從此開始了「黨委書記」這個外行要指揮管理「將軍」這些內行的顛倒模式。對毛澤東來說，古田會議是他政治生命中的大轉折點，於是他讓中共媒體把古田會議炒作宣揚得幾乎人人皆知，中學教材中都必須學這段歷史。

黨指揮槍＝黨魁至高無上

習近平此次選擇到古田開會，令人聯想欲藉古田會議再度確立他這個共產黨總書記的最高領導地位。此前張德江的人大提出

「人大有權罷免國家主席」，被視為張故意挑釁習近平。

有評論說，近期中共在各類會議上頻繁強調「黨指揮槍」，是為了阻止「軍隊國家化」的思潮。在正常人類社會，國家軍隊，既不應為某些特定社會成員擁有，也不應屬於某個政黨或集團，而應當「非黨化、非政治化」，唯國家命令是從。比如美國獨立戰爭以後，華盛頓將軍實施了軍隊國家化，將軍隊的職能定位為保家衛國，而不受任何政黨的控制。人類的歷史證明，國家軍隊化對於民主國家的平和安穩的管理起到了很大作用。

然而在中共獨裁體系下，軍隊根本無法擺脫「黨的領導」，因為國家、政府、人民、全部都被中共控制了，軍隊實質是聽從共產黨的。目前有些江派軍頭高喊軍隊國家化，其真實意圖是讓軍隊不聽命於習近平，若今後將習近平拉下台、自己當上黨總書記後，他將再次要求「軍隊聽黨的話」。

這次習近平強調黨指揮槍及肅清徐才厚把持軍隊政工十多年的遺毒，實質是想從江派手中徹底奪回軍權。此前習近平對軍隊提出的「能打勝仗」的目標，其實背後包含的更深含義即是「為誰打勝仗」的問題。也就是說，在「黨指揮槍」的背後，是黨魁的「最高無上」的權力宣示，也是中共各派系之間較勁的體現。

近來中共一再高喊「黨的領導」，這四個字在四中全會公報中一共出現了 13 次，比以往多了很多。四中全會公報也首度寫入「黨的領導是中國特色社會主義最本質的特徵」，這反過來說明，中共如次強調，表明中共已經無力「領導」中國。近年來，中國大陸在「退黨、退團、退隊」的三退大潮衝擊下，中共已經成為民眾唾棄的對象，看過《九評共產黨》的人都明白中共的邪惡本質，誰還願意被這個邪黨所領導呢？

首提徐案 向江派亮牌

也有分析指出，習近平之所以選古田來開會，因為這裡是他的軍政大本營。習近平曾在福建工作 17 年，擔任過廈門副市長、寧德市委書記、福州市委書記、福建省長等職，與中共福建駐軍關係密切。習近平把中共軍隊高級將領拉到福建開會，也是為了暗中震懾江派勢力。

據官媒報導，習近平在會上發表講話，強調要特別重視和嚴肅看待徐才厚案件。這是習近平首次在官媒報導中提及徐才厚案。

11 月 3 日，中共軍報摘登了 18 名軍頭的會上發言，其中包括副總參謀長乙曉光、總後勤部政委劉源、海軍政委劉曉江、第二炮兵政委張海陽等。他們在發言中力挺習近平，其中劉源、張海陽等 6 人發言批徐才厚案影響惡劣。

太子黨劉源說，受貪腐問題等衝擊，特別是徐才厚、谷俊山對軍隊政治生態的破壞，並稱，當前反腐決不能鬆懈，「老虎」「蒼蠅」一起打。劉源是谷俊山、徐才厚下台的主要推手。

此前，2014 年 3 月徐才厚被調查的消息傳開後，中共軍隊先後共 35 名軍頭集體向習「表忠」，出現了 1977 年鄧小平復出後「三十多年來罕見」情況。「表忠心」者並不一定真的忠心，但這種行為本身是中共官場站隊的表現。越是政局動盪、派系鬥爭激烈時，中共官場越容易出現這類「宣誓效忠」的現象。外界認為此次軍頭的集體表態，是習陣營有意警告江派。

官媒報導說，習近平在講話中強調，要特別重視和嚴肅看待徐才厚案件，「深刻反思教訓，徹底肅清影響」。習此番話的用意被認為，一方面徐才厚提拔的那些買官者可能面臨被逐步淘汰替換的下場，另一方面，讓這些人重新站隊，歸順習陣營。換句話說，習近平要求與會的中共高級將領支持他徹底清洗江派勢力。有評論稱，新古田會議可視為習近平針對江派勢力在軍隊攤牌的亮相舉措。

2013 年 6 月大陸媒體曾報導稱，2012 年抓捕薄熙來時，習近平帶領相關人員對薄熙來進行突襲，而整個過程習沒怎麼講話。專案組的負責人是上海浦東新區公安局的某官員，在他向薄宣布強制措施時，挨了薄一記耳光。

時事評論員趙邁珺分析說，「如果習近平繼續清洗江派勢力，抓捕江澤民和曾慶紅不是大問題，因習近平陣營的人馬早就對其監視居住。但對於江派的三名現任政治局常委張德江、劉雲山和張高麗，情況就變得複雜起來，很可能需要習近平親自出面主導對其進行抓捕。

清洗江派勢力還存在一種風險：清洗行動可能會遇挫，江派勢力糾集部分武裝力量公開『反叛』。在這種情況下，習近平要想應對危局，必須特別倚重其福建嫡系人馬。到了關鍵時刻，習近平想進行重大授權，需要找他自己的親信。」

紅二代表態支持習

11 月 1 日，在習近平結束「新古田會議」的前一天，中共近 100 名「紅二代」在北京萬壽賓館召開紀念中共「古田會議」85 周年座談會。會上，中共元帥羅榮桓之子羅東進與林彪之女林豆豆也罕見在「紅二代」會議上公開露面，林彪心腹黃永勝之子黃春光也出席了會議。

羅東進會上發言稱：「當前國內一些別有用心的人，顛倒黑白，混淆是非，蠱惑人心。」外界認為他是在影射劉雲山的文宣系統和意識形態領域，並對劉表達出強烈不滿。羅東進的言論被外界紛紛轉載。

有評論稱，「紅二代」在這個時候開會表態支持同是「紅二代」的習近平，因為新古田會議其實就是習近平要進一步整肅江澤民派系前夕的「安軍令」，強調軍隊對他的絕對忠心，「絕對不要站錯隊，不要再跟隨江澤民、徐才厚了」。

自中共「18大」習近平上台後，在習、江鬥的過程中，「紅二代」人馬多次力挺習近平、打擊江澤民集團。2014年7月17日，港媒引用資深媒體評論人的說法稱，太子黨、「紅二代」等基本達成共識，會支持拋出江澤民來成全習近平。

2014年2月15日在北京的一個新年團拜會上，有數百名中共「紅二代」力挺習近平。大會召集人是中共元老胡喬木之女胡木英，她在會中力挺習近平反腐「打老虎」，呼籲支持習近平，稱這是「一場你死我活的鬥爭」，「紅二代」要認清形勢，「支持習近平，不打橫炮、不幫倒忙……」。

回頭來看，她的這番話是有很多內涵的，意味著江習鬥是「一場你死我活的鬥爭」，習近平如此強調軍隊對他的絕對忠誠，不但為嚴懲周永康打下了基礎，也為下一步真正抓出大老虎曾慶紅、江澤民做好了準備。

習近平南京宣戰江澤民

第十二章

習整肅軍隊後逮捕周永康

7月29日周永康被立案審查，《新紀元》兩年多前就預測了周永康落馬。（大紀元合成圖）

第一節

習清理軍隊 整肅江派殘餘

11月13日習近平下令軍紀委抓捕8名中共將軍級別的貪官，大多是江澤民的「軍中最愛」徐才厚的親信。其中瀋陽軍區聯勤部的王愛國（左）與侯樹森（右）除貪腐外，還深涉活摘器官的黑幕。（新紀元合成圖）

　　2014年11月14日上午9時，中共國家主席習近平和妻子彭麗媛乘專機離開北京，前往澳洲參加20國集團領導人第九次峰會，並對澳洲多國進行國事訪問。按11小時的越洋飛行時間推算，他們抵達布里斯班酒店已是深夜，第二天一早就要開G20峰會，有人會想，既然坐專機，為何不早點動身呢？很快人們就從中共軍方消息中猜到了答案。

　　據海外華文媒體報導，習臨行的前一天，直接下令軍紀委，在當日抓捕了8名將軍級別的貪官。這8名同時被拘查的官員是：海軍副政委馬發祥中將、北京軍區戰友文工團團長劉斌少將、總後勤部副部長劉錚少將、總政保衛部部長于善軍少將、吉林省軍區副政委宋玉文少將。以及3名退役將官：原黑龍江省軍區司令寇鐵少將，原湖北省軍區司令苑世軍少將，原瀋陽軍區原聯勤部長王愛國少將。

習近平整肅軍隊保命固權

在兩周前《新紀元》周刊封面故事報導了《習死抓軍權 北京局勢詭異》一文中談到，2014 年 10 月 30 日到 11 月 2 日，習近平在福建古田召集 420 多名軍隊高級將領，召開「全軍政治工作會議」，首次公開提出徐才厚問題，並強調要「徹底肅清其影響」，公開釋放出徹底清除軍中江澤民派系勢力的信號。

江澤民以腐敗治軍，靠冊封 570 多名各級將官在軍中培植黨羽、掌控軍權。江澤民的「軍中最愛」徐才厚掌管軍隊人事大權長達 10 年，大肆受賄，買官賣官，致使軍隊內部貪腐驚人。當習在執政後，以「反腐」名義剪除江派勢力時，便同時在地方與軍隊進行。

《新紀元》暢銷書《習江三次生死決鬥》一書曝光了習近平為了保命，必須得緊抓軍權的內幕。面對江派的政治阻擊，習必須讓軍隊絕對聽從他的調遣，否則其連自身性命都不保。外界知曉的江派對習近平的暗殺就有 3 次。在公開處理周永康案之前，清理整肅軍隊，鞏固權力就成了習近平、王岐山「反腐」的必要步驟。

馬發祥跳樓自殺後 兩個怪現象

習近平臨出國門前直接下令抓捕的 8 名將領中，馬發祥的落馬最受到媒體的矚目。

首先，根據多個管道證實，11 月 13 日上午，當中共海軍副政委馬發祥接到中央軍委紀委通知「前去談話」後，當場就縱身從 15 層高樓躍下，成為北京海軍大院幾乎人人皆知的事件。不過，據香港《南華早報》引述知情者提供的消息說，此事有兩個怪異之處：一個是誰都不敢議論此事，另一個則是馬發祥跳樓的消息先是通過微信傳播，4 天後中共官方才媒體靠引用港媒的報導予以證實，間接公布。

11 月 17 日，有網民披露馬發祥自殺細節。大陸微信帳號「察時局」陳述馬發祥是在位於北京公主墳的海軍大院東區 100 號樓 15 層縱身跳下自殺身亡，自殺原因可能是因為「抑鬱症」。11 月 17 日大陸新浪網以《港媒：海軍副政委馬發祥跳樓身亡》為題刊發此消息，同時也援引了「察時局」的說法。

官方簡歷顯示，馬發祥是海軍軍系出身，歷任海軍政治部祕書長、海軍裝備研究院政委，2005 年 7 月晉升海軍少將軍銜，之後繼續升任至海軍政治部主任、海軍副政委，是中共 17 大代表。

為何官方允許新浪網報導馬發祥的自殺消息呢？有分析猜測這是官方想用間接方式證實馬的死訊，從而警告其他貪官，明白自己身處的險境。也有評論稱，種種跡象表明，繼政法系統和中石油系統被清洗之後，習近平陣營正在不動聲色地在軍隊進行大整肅。據軍中消息人士透露，此波抓貪主要針對總政、總後和各地方省軍區。軍隊反貪調查已經觸及各軍兵種、各大軍區，而且落馬的 8 名將軍中，大部分都是徐才厚的親信。

姜中華自殺或與暗殺胡錦濤有關

不過，這已經不是中共海軍少將跳樓身亡的第一例。3 個月前的 9 月 2 日下午，海軍少將姜中華在浙江省舟山市怡東凱麗酒店跳樓身亡的照片被大陸微博曝光，但中共官方至今對此諱莫如深，軍方亦沒有任何回應。姜中華此前擔任中共海軍南海艦隊裝備部部長，之前曾任南海艦隊榆林保障基地司令員。曾有日媒報導，榆林基地是中共海軍核潛艇基地，曾駐泊多艘 094 型戰略核潛艇和 093 型攻擊核潛艇。

有人猜測姜中華之死與洩密核潛艇有關，也有認為與暗殺胡錦濤有關。

2004 年江澤民卸任軍委主席後，郭伯雄和徐才厚作為江澤民的「監軍」，連手架空了胡錦濤，直到 2012 年重慶事件爆發，胡錦濤才藉機奪回軍權。但江澤民、郭伯雄、徐才厚的黨羽遍布軍中。

2006 年、中共 17 大召開的前一年，5 月初，江澤民和胡錦濤分別去了青島。當胡乘坐中共一艘導彈驅逐艦到黃海視察北海艦隊時，兩艘軍艦突然同時向胡乘坐的導彈驅逐艦開火，打死驅逐艦上 5 名海軍戰士。驚慌失措之下，載著胡錦濤的導彈驅逐艦立即調頭，疾馳駕駛艦隊離開，直到安全海域。當時，江澤民還約情婦陳至立到青島等候暗殺胡錦濤的「佳音」。

為了避免再次受暗殺，胡換乘艦上的直升機飛回青島基地，未敢停留，也未回北京，直飛雲南。江澤民一直設法打探胡的消息，但沒人知道任何消息。一個星期之後，胡把一切安排妥當，才回北京露面。事後官媒新華社發消息稱，胡錦濤 11 日至 15 日在雲南考察。

受命於江澤民，安排暗殺胡錦濤的海軍司令張定發，不久「患病」死去。死後，既沒有弔唁也沒有悼詞。中共官媒新華社、《解放軍報》都意外地沒有報導這位海軍司令的死亡信息，只有隸屬於海軍的小報《人民海軍報》2006 年 12 月 17 日在頭版刊出個簡訊：「中央軍委委員、海軍原司令張定發同志，因病於 12 月 14 日在北京逝世，享年 63 歲。」消息中只有一個簡單得不能再簡單的履歷，甚至連刊登黑白遺照都免了。

2006 年北海艦隊暗殺失敗 3 年後，江澤民又下令郭伯雄安排了針對胡錦濤的另一暗殺活動——「黃海謀殺案」。2009 年 4 月 23 日，中共海軍史上規模最大的多國海上閱兵活動在青島海域舉行，來自 29 個國家的海軍代表團、14 國海軍 21 艘艦艇匯聚黃海。時任中共軍委主席胡錦濤在閱兵開始之前，胡得到密報：江澤民的人馬準備在 23 日早上 9 點開始的閱兵時，在 14 國海軍艦艇的面前直擊胡錦濤。

於是，胡突然更改計畫，先會見 29 國海軍代表團團長。同時派軍中心腹將企圖「弒君」的海軍艦艇官兵「搞定」。12 時左右，一切就緒後，胡身著西裝開始閱兵。據悉，當日胡錦濤招手致意時，臉上肌肉緊繃，而旁邊站著的軍委第一副主席、江的親信郭伯雄行軍禮時，手猶瑟瑟發抖。

有評論稱，作為郭伯雄的馬仔，馬發祥自殺係企圖逃避對其罪行的清算，顯示軍中的江派勢力正極力「負隅頑抗」，習近平陣營與江派之間的博弈將進一步升級，郭伯雄很可能步徐才厚的後塵被拋出，而郭伯雄的後台江澤民也很可能被觸及。

劉斌涉湯燦錢色醜聞

此次被抓捕的 8 名中共將領中，劉斌深涉官媒中嚴重的錢色貪腐。11 月 15 日晚，大陸多個微博傳出，13 日北京軍區戰友歌舞團團長劉斌被軍紀委帶走。不過，官方未證實這個消息。

劉斌原為京劇演員，1984 年進入北京軍區戰友歌舞團，曾首唱軍旅歌曲《當兵的人》一曲成名。現任北京軍區戰友文工團團長，副軍級待遇。

當時有網民披露，「忽聞戰友歌舞團團長劉斌被軍紀委帶走接受審查！有媒體人稱這不意外。1998 抗洪期間，武漢搞一場義演，此人要出場費，否則不出場。當地媒體準備報導，因軍人身分稿子『被和諧』。」「此人潛規則了不少女文工團員，潛完後送給大手掌（首長）。」

還有網民說，「2010 年 9 月在徐才厚授意下，北京軍區政治部主任董萬才讓戰友文工團的劉斌特招師妹湯燦入伍戰友文工團。湯燦說非常感謝劉斌團長的知遇之恩，讓其演唱之路翻開了一個新的篇章。」

據大陸百度資料顯示，1986 年劉斌在官方中央電視台「春晚」後走紅。據劉斌講，1999 年 10 月 1 日，在當晚的文藝晚會上演唱《當兵的人》，受到時任前中共黨魁江澤民等官員的接見。

網傳劉斌與湯燦淵源深

2011 年底，大陸網路傳出被稱為「公共情婦」的軍旅歌手湯燦因涉貪腐、性賄賂被中紀委帶走調查的消息後，有關劉斌的消息不斷曝光。此後，據新浪博客署名「遠行的星」刊文稱，湯燦能有今天的事業，背後離不開三個男人的支持，除了其老師金鐵霖和導演陸川之外，就是被湯燦稱為有「知遇之恩」的劉斌。

　　湯燦 2010 年 9 月被特招入伍，命運從此改變。這一年湯已38 歲，早已過了文藝演員的黃金年齡。據外媒報導，湯燦被戰友文工團團長劉斌「潛規則」後，獲軍委副主席徐才厚青睞，搖身穿上軍裝。入伍後，湯燦更被授予了文職級別三級，專業技術五級，大校軍銜，享受副師級待遇，可見「提攜人」的背景深厚。

　　湯燦自 2011 年底至今未曾露面。2014 年 11 月 26 日，大陸知名博主秦全耀發博文《中國三大尋人啟事》，其中質疑湯燦的去向。文章稱，湯燦說沒就沒了，有人說湯被判 15 年，也有人說已被祕密處死。

　　據悉，劉斌的問題涉徐才厚和湯燦外，還和他自身的生活作風腐化等問題有關。11 月 16 日，中共中央軍委副主席許其亮在軍隊文藝工作會議上，暗中提到劉斌的問題。

劉錚：谷俊山的繼任者

　　第三位被抓的是總後勤部副部長劉錚，他不但人被帶走，還被軍紀委抄家，從家中起出不少涉嫌貪腐的證據。

　　劉錚歷任總後勤部司令部通信自動化局局長，總後勤部司令部副參謀長。2009 年 12 月任總後勤部司令部參謀長，2012 年 12 月，他接替原總後勤部副部長谷俊山的職務，任總後勤部副部長。消息指他長期負責總後通訊裝備的採購，且在升遷過程中涉嫌向時任軍委副主席徐才厚買官。徐才厚當時分管總政和總後。

　　據悉，劉錚向徐才厚行賄 2000 萬元。該消息若被中共官方證實，劉錚將是劉源出任總後勤部政委後第二名被查的副部長。

宋玉文與于善軍

繼海軍副政委馬發祥跳樓身亡後，又傳出吉林省軍區副政委宋玉文也已上吊身亡。這已是三個月來，連續傳出三個中共將領自殺身亡。

11 月 19 日，法廣、中央社等援引海外中文媒體消息報導，吉林省軍區副政委宋玉文少將在調查期間上吊身亡，時間在 11 月 15 日前。

宋玉文長期在吉林省任職，曾任通化軍分區政委，2009 年升任吉林省軍區政治部主任，2012 年晉升少將，2014 年 8 月任吉林省軍區副政治委員。吉林省軍區隸屬瀋陽軍區。

1972 年至 1984 年，徐才厚也曾在吉林省軍區擔任過政治部副主任等職，此後長期在瀋陽軍區任職，2007 年至 2012 年任中共軍委副主席，因此瀋陽軍區被認為是徐才厚的地盤。

11 月 13 日，總政保衛部長于善軍也被捕。于善軍也是少將軍銜，1953 年 12 月生，河南濟源人，曾任蘭州軍區某高炮旅政委，蘭州軍區政治部保衛部部長。2007 年任總政治部保衛部副部長，2009 年任總政治部保衛部部長。

退休也難逃抓捕

這次被軍紀委拘查的還有 3 位中共退役將領，一是原黑龍江省軍區司令寇鐵少將。64 歲的寇鐵出身中共野戰軍，歷任排長、參謀、副科長、科長、裝甲兵處長、40 集團軍機械化師副師長、摩步師師長、40 集團軍坦克 5 師師長、40 集團軍參謀長、副軍長、

23 集團軍軍長、黑龍江省軍區司令員。40 集團軍和 23 集團軍都屬瀋陽軍區，是徐才厚的勢力範圍。2010 年屆齡 60 退役，少將軍銜。

另一位被軍紀委拘查的中共將領是湖北省軍區原司令苑世軍。此人 1949 年 11 月生，河北邢台人。1997 年升少將軍銜。1994 年 3 月至 1999 年 9 月任駐香港部隊副司令員，1999 年 9 月至 2003 年 6 月任廣東省軍區副司令員，2003 年 6 月任湖北省軍區司令員，2007 年 6 月任湖北省委常委、省軍區司令員，2008 年起擔任解放軍代表團的中共人大代表。

瀋陽軍區原聯勤部參與活摘器官

11 月 13 日同批被拘查的退役將領還有瀋陽軍區原聯勤部長王愛國。王愛國長期在瀋陽軍區野戰軍任職，2007 年即升少將，深得徐才厚賞識，將他扶上聯勤部長之位，2011 年屆齡退役。

瀋陽軍區是最先活摘法輪功學員器官的地方，薄谷開來、王立軍、薄熙來、周永康、徐才厚就是最早參與活摘器官、犯下反人類罪行的人。作為負責為各兵種提供軍需、衛勤、軍事交通運輸等保障的瀋陽軍區聯勤部，很可能涉足活摘法輪功學員器官的罪惡，因為最早曝出活摘法輪功學員器官的蘇家屯正處於瀋陽地區。

2014 年 9 月，追查迫害法輪功國際組織對原中共解放軍總後勤部衛生部部長白書忠進行了電話調查，白書忠供認是前中共國家主席江澤民批示用法輪功學員器官做移植。

調查員提到，「你們和這些聯勤一分部、二分部包括聯勤四零分部，他們負責的軍隊醫院有沒有直接領導和被領導的關係？」白書忠回答，他們掌控軍醫大學，江澤民對活摘器官這事很重視，「還是很重視這個問題，都有批示的。」

資料顯示，在 1999 年 7 月江澤民開始非法鎮壓法輪功後，瀋陽軍區聯勤部也緊緊追隨，成立了「法輪功辦公室」，迫害軍中法輪功學員。比如曾在黑龍江省佳木斯市 224 醫院工作的麻醉師王紀平就曾被非法關押在瀋陽軍區聯勤部，被殘酷折磨，並於 2009 年被迫害致死。8 月 5 日，「澳洲新聞網」報導稱，出身瀋陽軍區的中共副總參謀長侯樹森捲入徐才厚案。據稱，遼寧阜新一大老闆在接受調查時，供出了侯樹森是他向徐才厚行賄 1000 萬的牽線人。

另據大陸媒體報導，11 月 11 日，侯樹森以「原副總參謀長」的身分出席在珠海舉行的第 10 屆中國國際航空航太博覽會開幕式。這是官方媒體首次披露侯樹森被免職的消息。

侯樹森是在 2009 年被江澤民提拔，2005 年時剛任瀋陽軍區參謀長，這種火箭式提拔速度的背後原因就是因為侯積極從事活摘法輪功學員器官的工作而受江提攜。1999 年 12 月到 2005 年 12 月，瀋陽軍區聯勤部部長正是侯樹森，而這 5 年間正是中共軍隊醫院參與活摘法輪功學員器官最為猖獗的時期，其屬下的後勤部隊也參與了活摘器官的運輸工作。

綜上所述，都擔任過瀋陽軍區聯勤部要職的侯樹森、王愛國、康曉輝等人相繼被查，除了貪腐外，顯見其中還深涉活摘器官的黑幕。

第二節

周永康夜半被捕的內幕

12 月 6 日，原中共政治局常委周永康的罪名被新華網拋出。（Getty Images）

2014 年 12 月 5 日是周五。沿襲了中紀委「周一抓蒼蠅、周末打老虎」的慣例，前中共政治局常委、掌控中共 400 多萬武警、保安的昔日「維穩沙皇」周永康被正式逮捕。5 日晚上習近平拍板把周永康移送司法審理，6 日凌晨周永康就被戴上手銬。

有民眾打趣的說，習近平選了一個好地方關押周永康：山東揭陽，昔日武松打虎的地方，不過，周永康真實被關地點應該是北京秦城，與薄熙來做鄰居。

6 日凌晨，中紀委把調查了一年多的厚厚的卷宗交給最高檢辦案人員，最高檢馬上下令武警當場逮捕周永康。據說，周永康在昔日公檢法的下屬們面前，毫無表情地機械配合著：從驗明正身、到在逮捕通知書上簽字、摁手印，周老虎早已沒有了往日的氣勢。

據牛淚博客報導：「他的頭髮花白而凌亂，目光混濁而黯淡，在褶皺滄桑的臉上，幾大塊老年斑在略顯刺眼的日光燈下看起來尤其明顯。」不過在最初被查時，周永康非常強硬，拒不認罪，當他的五大幫（四川幫、石油幫、公安部、親屬幫、祕書幫）親信紛紛招供、特別是觀看了前軍委副主席徐才厚的招供錄像後，在鐵證面前，周永康「全招了」。

新華社在報導周案時公布了兩個時間點：2013 年 12 月 1 日，中紀委內部立案調查周永康，2014 年 7 月 29 日，當局公開對周的立案審查。不過人們不知道，原定在 10 月四中全會公布對周永康的審查結果，為何延期了 2 個月，為何選在 12 月 6 日公布呢？

《新紀元》自 2012 年 4 月以來持續預測分析周永康將被逮捕，回顧兩年多以來的報導，不難看出這背後的內幕，以及周案曲曲折折的變遷過程。同時也印證「中國事務權威」《新紀元》準確並即時地報導了中共政局的走向。

官方故意放風「周永康被逮捕」

2013 年 12 月 7 日截稿的 356 期《新紀元》封面上，一把手槍抵住周永康周永康的額頭，以此比喻周正面臨的政治危機。（新紀元）

2013 年 12 月 7 日截稿的《新紀元》第 356 期封面上，一把手槍抵住周永康的額頭，以此比喻周正面臨的政治危機；第 356 期（2013 年 12 月 12 日出刊）的焦點新聞《內政危機 習近平擇日宣布「周永康被捕」》中，文章寫道：

「（2013 年）12 月 2 日，就在美國副總統拜登為了『東海防空識別區』問題出訪首日，台灣《聯合報》披露稱前中共政治局常委周永康 12 月 1 日被中紀委批捕。

《大紀元》獲悉，在拜登訪問時期，『周永康被逮捕』來自中共有意放料；但是中共官方何時宣布『周永康被逮捕』，事態如何發展，取決於局勢演變。

消息稱，中共 18 屆三中全會後，改革措施遭遇巨大的阻力，拋出周永康，是為了推進落實三中全會的決議，明年 5 月分還有大動作。周永康在重慶王立軍、薄熙來事件發生後、18 大之前，已經因為政變未遂而被迫交出所有的權力。此後，周永康所有的露面都是迫於政權需要，平衡局勢，其實早就被軟禁。」

在隨後一周（第 357 期，2013 年 12 月 19 日出刊）的報導中，《新紀元》刊出的封面故事《抓捕周永康 北京在等什麼？》，分析了周永康被捕傳言的真偽以及官方的用意。

文章寫道：「近日，中共通過非正式渠道釋放出『前中共政治局常委、政法委書記周永康被抓』的消息持續升溫。周涉及的罪名也不斷升級：聯手薄熙來密謀政變、刺殺習近平、殺死前妻、結幫黑社會、再到活摘器官等等。對此，中共官方既未證實也無否認，更沒有出來『闢謠』，保持罕見沉默。

三中全會前後，在政治、經濟和社會層面，中共都處於巨大的危機之中。當局為轉移矛盾，為公布『抓捕周永康』，繼續做輿論造勢和壓力測試。因為中共深知若正式公開公布周永康被捕，政權勢必遭遇即時崩潰的危機。」

隨後一周，《新紀元》獨家報導了《周永康十大罪》，文章稱：「《新紀元》獲知來自北京的前政法系統正部級官員的消息證實，周永康已經被抓，而周案涉及中共前政治局常委江澤民、曾慶紅和羅幹三人。目前中共最高層爭論焦點在於何時、以何種方式公布其罪宗、周案將要波及的範圍，以及如何將此三人與周切割。」

《新紀元》兩年前的預測應驗

2014 年 7 月 29 日，中共宣布對周永康立案審查，消息一出震驚各界。不過《新紀元》早在兩年前已預言了周的下台。2012 年 4 月 5 日出刊的《新紀元》第 269 期封面故事《溫家寶決戰周永康》，文中預測周永康也會和薄熙來一樣倒台，而且推倒周的主要力量就是溫家寶。2012 年 9 月 7 日《新紀元》出版的《中南海政治海嘯全程大揭祕（上）》，在書面封底上明確預言周永康將被抓，當時薄熙來還沒被雙開。

也許外界會好奇《新紀元》為何能準確預測呢？其實主要原因有二。第一，《新紀元》從各種複雜現象背後抓出了一個核心問題：法輪功。第二，中國人自古相信「善惡有報」，其實這不是哪個民族、哪個國家的傳統理念，而是全人類、全宇宙的真理。

而從這兩點出發也不難推測：傳已祕密被抓的曾慶紅很快也會被公布，而號稱「虎王」的江澤民也必將遭到歷史的審判、人民的審判。

「十一」鴻門宴 標誌江習「談妥」

　　隨後關於周永康案的發展，《新紀元》也做了及時報導。

　　《新紀元》第 398 期（2014 年 10 月 9 日出刊）《「十一」兩派對壘 酒宴上的死亡遊戲》和《四中全會定盤 周永康恐判死緩》中，先是介紹了中南海的鴻門宴：「江派張德江掌控的人大公布香港政改方案引爆香港『雨傘運動』之際，中共迎來『十一』——中共奪得政權 65 周年的日子。近 20 萬的香港民眾走上街頭力抗中共，讓中南海恐懼不已。

　　在此關鍵時刻，9 月 29 及 30 日的中南海『十一』慶典宴席上，江習陣營雙方同台亮相，⋯⋯人們從電視畫面上看出，身穿黑西裝的兩方人馬表情各異，個個黑著臉，各揣心腹事，或許都心知肚明聚會背後隱藏的刀光劍影和你死我活，⋯⋯因為沒有人可以保證，今日的坐上賓不會成為明日的階下囚⋯⋯」

　　《新紀元》當時分析說，「按往年慣例，四中全會在 9 月中旬就召開了，今年延期了近 1 個月。據說推遲的原因是四中全會將決定如何處置周永康，並對一些重要人事進行安排，但反對聲音很大，需要花時間讓各派勢力達成妥協。

　　9 月 30 日兩大陣營悉數露面，同日宣布四中全會日期，說明爭議已經解決，由此不難看出，這個最大爭議就是如何處置周永康。之前江系一直死保周，因為周永康是江澤民和曾慶紅家族的防波堤，只要能阻止習近平重判周，反腐大火就不會燒到江曾家族，如今江派人馬黑著臉出來露面，顯示雙方已達成協議⋯⋯這次江澤民為了自保，再次斷臂求生。周永康成了江派替罪羊，這已成定局。

　　沒有太子黨光環的周永康一旦落馬，其下場會比薄熙來慘很多，關鍵一點在於，周永康長期統領中共暴力機器『政法委』，這十多年來無惡不作，民憤官憤都非常強烈，周永康因此而被判處死緩，這是必然的。不過周永康的最大罪行是反人類罪，他是活摘法輪功學員器官罪行的主要負責人，《新紀元》在中國大變動系列叢書第 17 本的《周永康垮台驚天內幕》中，詳細揭示了周的罪行。」

江派再次毀約 雙方激戰

　　2014 年 10 月 16 日出刊的第 399 期《新紀元》的封面標題則是《習暗中布局 江澤民香港設局奪權流產》，裡面有《獨家：江派「港版六四」奪權行動流產》、《獨家：北京誤判香港局勢後的急招》。該期披露了江派人馬企圖利用香港黑社會在雨傘運動中進行破壞，伺機攪亂香港局勢，再利用張德江的人大來罷免習近平。

　　另外同期周刊還有《大戰劉雲山 習近平姐弟齊發聲助陣》、《劉雲山下令攻擊習的官場引路人耿飆》、《王岐山一日三動作回擊張德江》、《南京軍區司令與參謀長公開分裂》以及《習撤換駐印大使 張德江被指搞對抗》，足見江習陣營雙方爭鬥激烈。

　　隨後一周江習雙方博弈更加劇烈，江派令劉雲山公開挑釁習近平計畫在四中全會上提出的「依法治國」，以逃脫江派周永康之流等的罪行因此遭受重罰。於是，在 2014 年 10 月 23 日出刊的第 400 期《新紀元》的封面是《劉雲山瘋了？宣戰四常委 羞辱習家人》。

　　文章介紹說，2014 年 6 月 30 日，中共前軍委副主席徐才厚落馬後，江派下令各類五毛公布張瀾瀾與徐才厚、周永康之間的淫亂「祕聞」，於是網路上到處都在流傳張瀾瀾被徐才厚包養等消息，而張瀾瀾卻是習近平的弟弟習遠平的妻子。

　　四中全會召開前一周，掌控中共文宣口的江派常委劉雲山，除了推出「專政」言論攻擊習近平的「依法治國」外，並公開反對習近平、王岐山、李克強、俞正聲這四位常委，並刪除習近平親弟習遠平為妻張瀾瀾正名的文章。

　　當江派直接利用輿論攻擊習近平的家人時，江習對峙情勢再度升高，於是人們看到《四中全會的四大意外 兩大信息》（第 401 期，2014 年 10 月 30 日出刊）。兩周後，新紀元報導了《習死抓軍權 北京局勢詭異》（第 403 期，2014 年 11 月 13 日出刊）。

　　文章分析了習陣營未在四中全會中公布周永康案的原因：一方面是張德江在香港企圖發動的「政變」雖未成功，但也已攪亂香港局勢。一方面則是劉雲山的瘋狂反撲。文章寫道：

　　「『習大大』照片被『反佔中』人士肆意『撕臉砍脖』、香港局勢依舊動盪；大陸各地貪腐官員也開始大反撲；江派大員張德江下令其心腹公開宣稱：人大具有罷免國家主席的權力。凡此種種，都瀰漫著一股騷動不安的氣味。」

先處理軍中「活老虎」

　　中共四中全會沒有宣布周永康案進程，外界頗感意外。在記者會上很多人提及周案，官方回答是還在調查中。其實從習近平 10 月底的行蹤上就能看出，若想騰出手來懲治周永康，還得先把徐才厚案辦完。因為周永康已經是死老虎，無力再鬧出動靜，而徐才厚卻不同。徐雖然倒下了，但他十多年在軍隊提拔安置的江派人馬，隨時可能發動政變。

於是接下來，人們看到習近平開始整肅軍隊。《新紀元》在隨後的 405、406 期中，詳細報導了習近平為了懲治江派，在軍中大動干戈，整肅了大批因給徐才厚買官賣官而上位的眾多將官，據說 200 多人被查，數十人落馬，還出現了不少將軍自殺的局面。

待軍隊整頓好後，習近平便宣布周永康正式被逮捕，於是《新紀元》407 期的封面故事就是《周永康被深夜通報逮捕的內幕》。

雖然官方沒有公布周永康案是否會在法庭上公開審理，但外界分析根據習陣營的做法，很可能公審周永康，不過前提仍是在中共官方設定的罪名範圍之內。

與審判與薄熙來一樣，此次官方公布周永康的罪名時留有一個「尾巴」：調查還發現周永康「其他涉嫌犯罪線索」。外界可從中可以看出，江澤民派系與習近平陣營的搏殺仍在激烈進行中：一方面江澤民為了自保，不斷拋棄昔日馬仔，從薄熙來到周永康，目的就是為了斷臂求生，以求自保；另一方面習近平也想步步為營，一步一步地把江派逼到死胡同。預料下一個被宣布落馬的將是傳已被習軟禁的曾慶紅。而只有等到江習大決戰時，真正的大老虎「江澤民」才會被逮捕。

有讀者投書《新紀元》說，目前中共政局多變比好萊塢大片還精彩，也有讀者稱讚《新紀元》準確預測中國時局，是「中國事務的權威」。

中南海 4 次釋放動江信號

　　徐才厚、周永康相繼被公布落馬或逮捕之後，大陸官媒接連發表文章，包括法國檢察機關調查前總統、多國審判卸任領導人、中共前總書記向忠發叛變被處死等內容，被指直接影射徐才厚、周永康的後台：中共前黨魁江澤民。

　　與此同時，周永康被捕後，江澤民接連兩次缺席高層集體「露面」。分析指，北京高層或已開始輿論造勢，為查辦江澤民做準備鋪墊。

徐才厚落馬 官媒暗籲調查江澤民

　　6 月 30 日，中共前軍委副主席徐才厚落馬，徐一直被認為是江澤民在軍中的親信。

　　其後第三天即 7 月 2 日，新華網發表署名博客文章《法國檢察機關為何敢調查前總統？》。

文章首先質問，徐才厚落馬背後，「還有沒有更大的貪官呢？」「這些貪官是誰培植起來的，當初提拔他們是故意行為，還是帶著某種目的，還是個人失察呢？」

文章以剛剛遭到調查的前法國總統薩爾科齊為例稱：「在中國，可能有人還會認為，調查像薩爾科齊這樣的前總統，是會給中國抹黑，相反會給政府帶來負面消息，於是總會有一幫人通過各種各樣的方式來維護像薩爾科齊這樣的前任『大老虎』？其實，這些都是一廂情願的想法，對於中國民眾來說，不會覺得這是丟人的。」

文章還指：當局「就要破釜沉舟的氣概」，去調查諸如薩科齊高級別的「大老虎」，「這樣的人不除，更待何時呢」？

7月4日，「美國之音」發表名為《徐才厚上將落馬 習總向干政老人叫板？》的文章。文中，葉劍英的養女戴晴稱，對於徐才厚等巨貪在軍中的胡作非為，胡錦濤雖有責任，但胡當時手中無軍權，「那些誰強勢，權力在誰手裡，就是誰幹的。還是江澤民。」

時政評論員周曉輝分析認為，在徐才厚落馬之後，大陸媒體和海外媒體看似巧合的互動，其實都釋放出徐才厚的落馬有可能牽出江澤民這一信號。特別是大陸媒體針對江澤民的「騷動」，可能是北京高層有意為之，以此輿論造勢來為查辦江澤民做準備鋪墊。

周永康被捕後 陸媒盤點外國元首被審判

12月6日，周永康被批捕當天，大陸門戶網站「網易」發表文章《揭祕各國如何審判卸任領導人》，後被陸媒不斷轉載。文章盤點了法國、韓國、埃及、印尼等國卸任領導人被審判的情況。

時政評論員夏小強表示，周永康案被拋出後，陸媒報導《各國如何審判卸任領導人》的新聞，這個信息就已經不僅僅是限於周永康了，而是延伸到了周永康身後的江澤民。文章列舉的例子都是被審判的國家元首和總統，周永康不屬於這個級別，那麼這自然指向中共前黨魁江澤民。

夏小強認為，當局審判周永康不是終點，未來江澤民將被作為卸任的領導人接受審判，大陸媒體開始為此在造勢、鋪墊。

此前媒體不斷披露江澤民的雙重漢奸身分：第一奸，江本人和他的親生父親都是日偽漢奸；第二奸，他還是一個效力於蘇聯克格勃情報間諜機關和向俄出賣奉送大片中國領土的蘇俄奸細。

據國外情報部門資料披露，江澤民被派往蘇聯學習和工作期間，蘇聯情報部門查看江澤民的檔案，發現了江充當日本漢奸的歷史。蘇聯克格勃派出一位色情女間諜克拉娃引誘江就範，江澤民成為蘇聯遠東局特務。

江澤民在當上中共總書記以後，害怕自己間諜身分敗露，拱手把 150 多萬平方公里的中國北方領土，出賣給了俄羅斯。

周落網 江澤民接連缺席高層「露面」

12 月 8 日、9 日，習近平、胡錦濤、溫家寶等中共現任或退休高層連續兩次集體出現在去世中共高官黃靜波、李荒的哀悼名單上，但愛出風頭的、中共第三代黨魁江澤民接連缺席，引外界關注。

　　12 月 9 日，中共央視與《人民日報》盤點電信運營商「四重罪」。報導稱，與龐大的用戶數量相比，電信運營商的選擇卻依然限定在移動、聯通、電信這三家。長期壟斷地位使得電信運營商扣費貓膩、霸王條款頻現。

　　中移動是中國大陸電信業的領頭軍，長期被江澤民家族把持。中移動前副總裁張春江被指是江綿恆的「白手套」。

　　時政評論員夏小強表示，中共官員名字能否出現在悼念的名單上，已成為觀察中共高層政治動向的一個特殊的角度，在某種程度上成為其地位是否穩定的信號。江澤民的名字連續兩次缺席名單，應該不是偶然。官媒嚴厲批評被江澤民長子江綿恆壟斷的電信市場，可視為當局發出針對江澤民家族展開反腐的信號。

習近平南京宣戰江澤民

第十三章

軍頭北京宣誓
習南京向江宣戰

2014 年 12 月 12 日，中共軍隊 37 名高級將領集中撰文挺習近平，
此舉被視為是習近平陣營逮捕江澤民的「誓師」大會。隔天，習出
席南京大屠殺死難者國家公祭儀式時在講話中提到「反人類罪」，
直指被以「反人類罪」被多國起訴的江澤民。（AFP）

第一節

37 軍頭北京開「誓師大會」

2014 年 12 月 12 日，在前政治局常委周永康被移送司法、前中央軍委主席徐才厚調查結束後，中共 37 位最高將領集體在《中國軍法》雜誌撰文，向習近平表態。（AFP）

2014 年 12 月 12 日，在前政治局常委周永康被移送司法、前中央軍委副主席徐才厚調查結束後，中共 37 名最高將領集體在《中國軍法》雜誌撰文向習近平表態效忠。非比尋常的是，黨媒將 37 名將領的名字一一列出。他們是：

軍委副主席范長龍、許其亮，國防部長常萬全，總參謀長房峰輝，總政治部主任張陽，總後勤部部長趙克石，總裝備部部長張又俠，海軍司令員吳勝利，空軍司令員馬曉天，第二炮兵司令員魏鳳和，總後勤部政委劉源，總裝備部政委王洪堯，海軍政委劉曉江，空軍政委田修思，第二炮兵政委張海陽，軍事科學院院長劉成軍，軍事科學院政委孫思敬，國防大學校長宋普選，國防大學政委劉亞洲，國防科學技術大學校長楊學軍，國防科學技術大學政委王建偉，瀋陽軍區司令員王教成，瀋陽軍區政委褚益民，北京軍區司令員張仕波，北京軍區政委劉福連，蘭州軍區司令員劉粵軍，蘭州軍區政委苗華，濟南軍區司令員趙宗岐，濟南軍區政委杜恆岩，南京軍區司令員蔡英挺，南京軍區政委鄭衛平，廣州軍區司令員徐粉林，廣州軍區政委魏亮，成都軍區司令員李作成，成都軍區政委朱福熙，武警部隊司令員王建平，武警部隊政委許耀元。

這無疑是習近平軍隊班底大亮相。讓外界震驚的是，這已是中共軍頭們一年內至少第七次集體效忠習的公開表態。

第一次是 2014 年 3 月 7 日，中共軍報以兩個版面發表了包括七大軍區、空軍、海軍、二炮、總後、總裝、軍科、國防大學、國防科大的政委在內的 18 名中共將領參加第一期研討班時的發言摘登，表態效忠習近平。

就在這一周之後的 2014 年 3 月 15 日，徐才厚被正式調查，並在當天軟禁在 301 醫院。

4 月 2 日是第二次。中共七大軍區司令員、空軍司令員、二炮副司令員、武警部隊司令員在內的 18 名軍頭，在《解放軍報》發表署名文章，集體表態「效忠」習近平。該報以兩個整版刊登了這些軍頭們以個人名義表態，這在中共改革開放 35 年來前未有過。人們預感將有事情發生。

4 月 18 日，中共各軍區副司令、總政主任助理、總參謀長助理等 17 名副職將領發表署名文章，再次集體向習表「效忠」。這些代表了軍隊副職們的表態。

6 月 30 日徐才厚被宣布落馬，7 月 2 日，中共軍報報導，總參謀部、總政治部、總後勤部、總裝備部和各大單位要求官兵看徐才厚被查的相關新聞報導。隨後，中共軍方上下表態向習效忠。

9月21日，習近平從印度回國後，立刻召開中共全軍參謀長會議，22日習近平與會議代表見面。當天《解放軍報》刊載了包括海、空、二炮、七大軍區及武警部隊共11個正大軍區級單位表態擁護習的文章。

11月3日，中共軍報刊發包括副總參謀長乙曉光及七大軍區、空軍、海軍、二炮、總政、總後、總裝、軍科、國防大學、國防科大軍頭

在會議上的集體發言摘錄，各軍頭紛紛表態支援習在軍中反腐和肅清徐才厚影響。

這次12月12日的37個軍頭集體再度表態，是習近平上台後，第七次大規模軍頭集體表態，也是中共竊政以來的首次。

中共每到政局劇變關頭，「槍桿子」輿論屢屢先行。如1978年12月底中共11屆三中全會決定所謂「改革開放」後，各大軍頭曾表態支持鄧小平。1992年，鄧小平「誰不改革誰下台」的南巡講話之後，楊尚昆、楊白冰兄弟率各大軍區軍頭對第二輪「改革開放」表態。

習近平掌軍兩年，在拿下薄、徐、周之後，史無前例的大規模軍頭集體表態，顯示目前習江博弈異常激烈，政局敏感，更隱藏中南海分崩加劇的危機。

徐周將被重判 其後還有大老虎落馬

12月6日，在周永康被捕當天，大陸門戶網站「網易」發表文章《揭祕各國如何審判卸任領導人》，盤點了法國、韓國、埃及、印尼等國卸任領導人被審判的情況。此前，6月30日中共前

軍委副主席徐才厚落馬後，新華網也曾發表署名博客文章《法國檢察機關為何敢調查前總統？》。

12 月 10 日晚，《人民日報》發文盤點中共歷史 5 個高級「叛徒」均被處死的結局，其中包括中共前總書記向忠發叛變被處死等內容，被視為官方可能以此暗示周的下場或與中共歷史上的那些「叛徒」一樣。

12 月 10 日同一天，中共軍報批徐才厚是政治投機主義的「兩面人」，「用面具掩蓋骯髒靈魂和醜惡行為」；而這樣的「口言善，身行惡」的「兩面人」在歷史上被稱為「國妖」，治國者要「除其妖」。

這二人在同日被官媒發文批判，用詞之強烈，在近兩年落馬高官中前所未有；評論認為，習近平當局意圖向外界釋放二人的政變罪名；而懲辦「叛徒」，清除「國妖」，背後則透露出或將判處兩人死刑。

另外，11 月 23 日，大陸時政微信帳號「察時局」發表文章稱，官方正在加速辦徐才厚案，仍將有人在徐案中落馬，「最近一些動向顯示，軍中正在打另一隻『大老虎』，或將適時公布。」。

海外媒體一直有報導，早在 2013 年調查徐才厚的同時，針對另一「大老虎（指江澤民）」的情況正在大範圍調查，「這隻『大老虎』現在已經形同被軟禁」。

一些有中國官方背景的媒體，如《鳳凰周刊》等已經公開刊文《國賊徐才厚》和《谷俊山貪腐內幕》，並用代號 X、Y、Z 來暗指谷俊山的黑後台，而徐才厚、谷俊山都是中共前軍委主席江澤民的心腹，被視為江澤民的「軍中最愛」。

中南海多次釋放針對江澤民的信號

在拿下徐才厚後，習近平 10 月底在福建古田召開軍方會議，聲稱要對徐才厚「徹底肅清影響」及軍中反腐。

中共高層在採取重大政治行動之前，都需要獲得軍方的支持和表態，這種情況在過去也經常出現。現在軍方所有高級將領都發文表態支持習近平，一個是顯示出習近平對軍權掌控越來越穩固，還有就是可能將開始重大的政治行動。有分析認為，很可能前軍委副主席郭伯雄、前國防部長梁光烈，會像徐才厚那樣被懲治落馬。

也就是說，江澤民時代的三大軍頭都將被習陣營懲治。

習近平和江澤民的激烈博弈已經成為 18 大之後中國政治經濟的焦點。中通社引述北京權威消息稱，習近平在 2014 年 11 月召開的中央外事工作會議上，就進一步打大老虎脫稿「放出狠話」，「令在場人士均感到震驚」。習說，周永康案「絕不是句號」。

周案之後，習近平、王岐山的反腐重點放在「三大深水區」，即軍隊、國企、海外。其中軍隊首當其衝被確定「深挖」。挺習的軍中太子黨、中共國防大學政委劉亞洲 11 月也曾表示，查出徐才厚、谷俊山等軍老虎，「只是開始」，後面落馬的高官還很多。

逮捕江澤民的「誓師大會」

中共軍隊 37 名高級將領集中撰文挺習近平，被視為是習近平陣營逮捕江澤民的「誓師」之舉。高級將領撰文表態挺習，

2014 年已有 7 次之多，撰文將領軍銜權位之高、表態之密集，已屬 1927 年建軍以來之僅見。這次表態更有其新特點：

第一，這次表態的 37 將領全面覆蓋中共軍隊最高級別的兩個領導層：一級領導層（軍委）和二級領導層（四總部、軍兵種、大軍區、最高軍事學府）。換言之，中共軍隊第二把手至第三十八把手集體表態挺第一把手。徐才厚、周永康已是死老虎，不需習近平再費太多時間和精力。即使抓捕郭伯雄、曾慶紅之流，再如前 6 次表態形式即可。如此全編制、全陣仗、全體將領集中表態，只有對（前）最高領導人動手才有此現實需要。逮捕江澤民的大戲即將開演！

第二，這次將領都以（或同時以）個人名義表態效忠。例如，魏鳳和、張海陽分別是二炮軍、政主官，都有資格如以往那樣代表二炮撰文。遇到特別重大事件，兩人聯名代表二炮撰文也就行了。而這次軍方顯然還有以個人名義表態的要求，這可能是「軍委主席負責制」將要逐級下伸的一個信號。

第三，總參謀長房峰輝這次表態時提到，黨指揮槍、槍服從黨的原則和實踐具有其「唯一性、徹底性、無條件性」。預計此「三性」將成為中共軍方媒體的流行用語。在中共軍隊中，總參謀長的地位僅在軍委副主席之下。

第二節

江「露面」後習要「鎮江」

江「露面」舊聞包含的信息

2014 年 12 月 3 日，大陸媒體突然分別轉載刊登了中共前黨魁江澤民 10 月 3 日參觀國家博物館的「舊聞」。這則「舊聞」在國家博物館官網上 11 月 17 日就刊登了。

據報導，當時有李嵐清、劉延東、郭聲琨、由喜貴、蔡武、傅政華、呂章申和范迪安等陪同江澤民參觀。

李嵐清是江派前常委，劉延東是太子黨，由喜貴是江澤民心腹，蔡武是中共文化部部長，呂章申是國家博物館館長，范迪安是中國美術館館長。這些人陪同江澤民參觀都屬正常。但郭聲琨是中共公安部部長，傅政華是中共公安部副部長兼北京市公安局局長，兩個人同時出面「陪同」江澤民參觀，顯得頗為蹊蹺，極似「看管」江澤民，而不是「陪同」。

此前，7 月 29 日，江澤民的鐵桿心腹周永康被立案調查。當天，中紀委巡視組進駐江澤民的老家江蘇；其後，中紀委巡視組又分別進駐江澤民的老巢上海和發跡地一汽集團。

9 月份，《大紀元》獲悉，中紀委巡視組進駐上海後，江澤民害怕自己被抓，在 8 月初藉口病重躲進醫院。江澤民後來出院，但被習近平陣營的人馬監視居住。

9 月 29 日和 30 日，江澤民和其「頭號軍師」曾慶紅接連在中共建正 65 周年音樂會和招待會上「露面」。但 10 月 3 日江澤民的「露面」驗證其確實已經喪失完全的自由。

江澤民在陸媒上被「露面」後，12 月 6 日，中共官方通報，周永康被「開除黨籍」並予以逮捕。這一次，估計江澤民沒有辦法躲進醫院了。

江澤民的噩夢還遠沒有結束。12 月 13 日，中共舉行南京大屠殺死難者國家公祭儀式，中共國家主席習近平專程出席並發表講話。

當日中午，出席南京大屠殺死難者國家公祭儀式後，習近平先後到江蘇鎮江和南京「考察調研」。中共內部高層都知道，江澤民十分迷信，尤其忌諱「鎮江」一詞。雖然到處遊覽題字，但鎮江這個地方江澤民從來不去，因為怕被「鎮住」。

在江澤民「露面」、周永康被逮捕之後，習近平偏偏選擇去鎮江「考察」，是以「你懂的」方式傳遞一個政治信號，江澤民可能真的要被鎮住，真的危險了

習陣營高調點出鎮江含義

習近平去鎮江的消息，是由「學習粉絲團」微博首發。也許

學習粉絲團怕網友們看了這個新聞不敏感，決定點撥點撥。於是在 12 月 13 日當晚 9 點 35 分，學習粉絲團發了如下帖子：「鎮江這地點亮了」，然後寫道：「白天參加完公祭儀式後，去鎮江考察……」下面落款是「大大粉絲團 Android」。

果然，經這一點撥，網絡上「鎮江」這地點亮了！

江蘇官場地震不斷 江澤民鐵桿或遇麻煩

江蘇是江澤民的老家，自江澤民的「揚州大管家」、南京市前市長季建業落馬後，江蘇官場地震不斷。

10 月 11 日，退休 8 年的中共原江蘇省委常委兼祕書長趙少麟被宣布正接受調查。其子趙晉已於 7 月初被有關部門控制，調查。

9 月 17 日上午，江蘇省連雲港市市委書記李強在開完會後，被帶走調查。

9 月 13 日晚，江蘇省南京市委常委、建鄴區委書記馮亞軍落馬。之前，南京市 2014 年已有兩個區委書記被查。

海外自由亞洲電台特約評論員高新表示，趙少麟曾出任「省委祕書長」一職長達 8 年。中共黨媒《人民日報》的報導刻意強調趙少麟的問題都是其在擔任江蘇省委祕書長期間犯下的。而將趙少麟提拔進江蘇省委常委的是江澤民的心腹、時任江蘇省委書記回良玉。因此，高新認為，趙少麟落馬了，回良玉也快了。

第三節

習宣戰 江恐人頭不保

2013年11月3日，習近平到湘西考察，中共官媒發表了習採柚子的新聞與圖片，知情人透露習此番舉動很有寓意：摘下兩個柚子也即要摘下江澤民、周永康兩個土皇帝的人頭。（新紀元合成圖）

　　中國人非常注重日期。每逢大事，如結婚、開店、辦紅白喜事等，一定會找本黃曆來查找一個好日子。現代人即使不用黃曆，也還是喜歡有點特殊性的日子。如每年的 10 月 10 日，是國民政府的國慶，俗稱「雙十節」，每年的 11 月 11 日也被大陸商家炒作成了「光棍節」，2014 年 11 月 11 日，大陸一天的網購銷售額就達到 93 億美金，如今的 2014 年 12 月 12 日，也被習近平陣營操作成了一個很特殊的日子。

12 月 12 日發生的事都指向江澤民

　　12 月 12 上午 9 點，上海光明食品集團原董事長王宗南因「涉受賄、挪用公款」一案在上海市第二中級法院開庭審理。王宗南被指控受賄共計價值 269 萬餘元，夥同他人共同挪用公款 1.9 億元。

王宗南是江澤民父子的密友，據說江家過年請客，每年幾乎都有王宗南的位置。光明集團前身是上海益民食品一廠，而江澤民早期曾擔任副廠長。2006 年 8 月，光明集團在江澤民的過問下完成重組。該集團公司成立之後，王宗南被調任董事長。

有評論稱，審理王宗南案，就是在打擊江家。

12 月 12 日凌晨，大陸媒體報導，中共中紀委將向中共中央辦公廳、組織部、宣傳部、統戰部、中共人大機關、國務院辦公廳、中共政協機關等中共中央和國家機關新設 7 家派駐機構。這是一年前中共 18 屆三中全會早已決議之事，不過偏偏選在這個時間點對外公布，外界認為含義很深。特別是在負責人大的張德江，利用「白皮書」挑起香港混亂局面以及掌控中共中宣部的劉雲山不斷刪除、修改習近平的講話之後，人大和中宣部被中紀委常年進駐，更令外界關注。

有趣的是，同樣是在 12 月 12 日，中央紀委監察部網站發表了一個短消息，說王岐山會見泰國前國會副主席，王透露了北京反腐的一些方法和技巧，「要有靜氣、不颳風……踩著不變步伐，把握力度和節奏，」人們不禁想，打虎是保持怎樣的節奏呢？

除王岐山這番不平常的表態外，習近平也有大動作。

12 月 9 日至 11 日，習近平和全體政治局常委在北京開中央經濟工作會議。最近大陸經濟狀況很不妙，經濟增長速度實際已跌破 7％，人民幣降息，股市如過山車一樣異常起伏，就如同 2013 年 8 月 16 日的光大烏龍指事件，背後人為操控的跡象明顯。

外界分析，這波經濟異常現象，極可能是江派人為操控所為。因以江派為主體的既得利益群體，被習的反腐追打得惱羞成怒，他們最希望中國經濟出問題，進而造成社會混亂，以便亂中奪權，將習近平趕下台。就如同江派製造昆明血案等恐怖襲擊事件。

官方報導還說，12 月 11 日習近平現身江蘇省南京市考察，12 月 13 日，習以國家主席身分出席中共首個南京大屠殺公祭儀式，14 日，習以軍委主席的身分前往南京軍區機關視察，再次強調肅清徐才厚案的「惡劣影響」。外界認為背後的隱喻極深。

南京軍區主管安徽、江蘇、浙江、江西、福建、上海五省一市的共軍事事務，曾與習近平的父親習仲勛的淵源頗深。從 1999 年到 2002 年，習近平一直兼任南京軍區國防動員委員會副主任，南京軍區被稱為習的嫡系部隊。此前的 10 月 30 日，當局在福建古田鎮開共軍政治工作會議，習近平在 31 日出席該會議時首次公開提到徐才厚案，強調要「肅清徐才厚案影響」。

習在到訪南京的 4 天前，12 月 10 日，中共軍方《解放軍報》文章《做老實人不做「兩面人」》，把徐才厚定位為「國妖」。

南京軍區的管轄區域包括江蘇和上海，前者是江澤民的老家，後者是江澤民的老巢。在中共軍報稱徐才厚是「國妖」之後，習近平到南京軍區再提肅清徐案的影響，被視為矛頭指向徐才厚的後台老闆江澤民的意味明顯。

而奇怪的是，官方沒有報導 12 月 12 日習近平在南京做了什麼，但就在 12 月 12 日，中共軍方卻有大動作。

「滅江戰役」前的「誓師大會」

　　12 月 12 日，中共軍媒《中國軍法》報導了 37 軍頭向習近平表態「效忠」的消息。這是 2014 年一年之內，中共軍方至少第 7 次向習表態。這次表態的 37 共軍將領包含最高級別的兩個層級：一級領導層（軍委）和二級領導層（四總部、軍兵種、大軍區、最高軍事學府），換言之，中共軍隊第二把手至第三十八把手，集體公開地表態挺第一把手，這在中共歷史上是罕見的。

　　分析稱，軍方如此高頻率的表態，只能說明中南海局勢險惡，內部矛盾尖銳，習必須牢牢掌握軍權，才能坐穩中南海。

　　人們發現，這次將領都以（或同時以）個人名義表態效忠。例如，魏鳳和、張海陽分別是二炮軍、政主官，若在以往兩人聯名撰文即代表二炮，而這次軍方則要求以個人名義表態，外界認為這可能是「軍委主席負責制」將要逐級下伸的一個信號。

　　有分析說，徐才厚、周永康已是死老虎，不需習近平再費太多時間和精力。即使逮捕郭伯雄、曾慶紅之類，也只需中共軍隊像以往的表態形式，部分表態即可。如此全編制、全陣伙、全體共軍將領集中表態，只有對（前）最高領導人動手才有此需要。「這與此說是在效忠，不如說是在兩軍開戰前的誓師大會」。

　　「擒拿江澤民的戰役就要打響了！」消息人士如是說。

習藉「反人類罪」警告江派

　　12 月 13 日，中共舉行南京大屠殺死難者國家公祭儀式，習近平出席該儀式，並在講話中提到「反人類罪」，稱公祭不是要「延續仇恨」。另外，習提到「遠東國際軍事法庭和中國審判戰犯軍事法庭，都對南京大屠殺慘案進行調查並從法律上作出定性和定論」，這是國際社會對「反人類犯罪集團」進行公審的典型案例。

習近平說：「歷史不會因時代變遷而改變，事實也不會因巧舌抵賴而消失。南京大屠殺慘案鐵證如山、不容篡改。」分析認為，習這番話固然是對日本軍國主義勢力的表態，但恐怕也有對其他犯有「反人類罪」的一些人的警告意味。

之前大陸百度百科解禁「江石溪」的一文中曾用到「鐵證如山」一詞。最近百度百科也解禁了「江世俊」（江澤民之生父），在維基百科中直接把「江世俊」的日偽漢奸身分描繪得很清楚。令外界聯想，習近平提反人類罪，是否是針對江澤民呢？

有分析認為，習近平是在「借題發揮」，通過南京公祭向外界傳遞強烈的政治信號，實際上把南京公祭變成了一場宣誓大會，暗中指向發動對法輪功的殘酷迫害、犯有反人類罪的中共前黨魁江澤民，是在對江澤民宣戰。

習近平去鎮江 強化對江政治信號

12 月 13 日日中午，出席南京大屠殺死難者國家公祭儀式後，習近平先後到江蘇鎮江和南京「考察調研」。其中，習近平去鎮江的消息，是由「學習粉絲團」微博首發，更加強化了對江澤民宣戰的政治信號。

鎮江這一地名可引申出「鎮住江澤民」之意，故江澤民對「鎮江」這個地名和人名都特別嫌惡。2000 年 12 月，一名叫鄭鎮江的中共軍事戰略專家外逃美國，當江澤民得知後非常惱怒，並說

「要不惜一切代價將人找回來」，理由是不能讓他在海外到處「鎮江」。

江澤民雖然到處遊覽題字，但從來不去自己老家楊州對岸的鎮江，因為怕被「鎮住」。除了「鎮江」不去，連「鎮揚」也不去。江澤民甚至為了化解「煞氣」，1999 年在鎮江興建 24 小時發光的「鎮江巨蛋」，不到一年就淪為資金被虧空的「腐敗臭蛋」。

2005 年 4 月 30 日通車的潤揚大橋，是江澤民下令耗資 50 億人民幣興建的一座橫跨長江連結鎮江與揚州的長江公路大橋。2000 年 10 月 20 日，江澤民還參加了大橋奠基儀式。

潤揚大橋原名叫「鎮揚大橋」，因這座橋連結鎮江與揚州所得名，可揚州是江澤民出生地，江澤民一聽「鎮揚」就變了臉，這豈不是要鎮住他嗎？一急之下，有人想起取鎮江的古名「潤州」，將大橋定名為「潤揚大橋」，江澤民這才拍了板。不過，據說江對於自己出生地河對面的「潤州」改名為「鎮江」，一直耿耿於懷又百思不解。

江犯「反人類罪」 全球多地起訴

江澤民最害怕的事是法輪功被迫害真相的大面積曝光，江澤民最為恐懼的事情之一是有人提到「反人類罪」。

1999 年，江澤民一手挑起了針對法輪功學員的迫害運動，在中國大陸對修煉真善忍的法輪功群眾施行「名譽上搞臭、經濟上搞垮、肉體上消滅」，「打死白打、打死算自殺」等滅絕政策，導致 15 年來眾多法輪功學員廣泛遭受酷刑折磨、被活摘器官、及被其他方式迫害致死等。江澤民及其政治流氓集團，對這場迫害的發生、推行和延續，有著不可逃脫的罪責。

2014 年 9 月，追查迫害法輪功國際組織（簡稱：追查國際）公布的錄音調查報告中，原中共解放軍總後衛生部長白書忠供認，摘取法輪功學員器官做移植是江澤民親自批示的。

這與 2006 年時任中共商務部長的薄熙來訪德期間，親口承認是江氏下令活摘法輪功學員器官相互印證，進一步證實了中共活摘法輪功學員器官牟利的暴行是由原中共黨魁江澤民直接下令，操縱國家機器在全國範圍內對法輪功學員進行的群體滅絕性的大屠殺。

反人類罪是中共江澤民集團的死穴，為逃脫清算不惜政變。迄今，江澤民及其幫凶羅幹、周永康、劉京、薄熙來等 60 多名中共高官在美、澳、歐、非、亞五大洲 30 多個國家和地區被以「反人類罪」、「群體滅絕罪」或「酷刑罪」遭刑事控告或民事起訴，其中控告江澤民的至少有 19 個國家和地區。

經過 4 年調查，2009 年 12 月 17 日，阿根廷聯邦法院第九庭法官 Octavio Araozde Lamadrid 作出一項深具歷史意義的裁決：就中共前黨魁江澤民、「610」辦公室頭目羅幹因迫害法輪功而犯下的反人類罪行而下令阿根廷聯邦警察局國際刑警部逮捕該二名中共高級官員。

2009 年 11 月中旬，西班牙國家法庭曾針對法輪功學員以群體滅絕罪及酷刑罪起訴江澤民等 5 名迫害法輪功的主要責任人作出裁定，同意根據 7 名原告的訴狀內容，受理起訴江澤民、羅幹、薄熙來、賈慶林、吳官正 5 名被告所犯下的群體滅絕罪及酷刑罪等重大罪行。

習當著張德江的面說「害怕了吧」

據中共黨媒新華網報導，12 月 13 日習近平出席南京公祭儀式後，走進侵華日軍南京大屠殺遇難同胞紀念館。報導所附照片和圖說顯示江派常委、人大委員長張德江跟隨習近平一起參觀，但正文中未提及張德江。

該文報導，習近平參觀過程中，在南京大屠殺主戰犯谷壽夫被判處死刑的展板前，紀念館館長朱成山向習近平介紹說，谷壽夫臨刑前兩腿發軟。習近平說：「這個傢伙也有怕的時候啊！」在看到「百人斬」兩名戰犯被執行死刑的照片，習近平說：「好，害怕了吧！」

習近平當著張德江的面說「害怕了吧！」，被認為頗有弦外之音，針對的還是張德江的後台江澤民。

據密級史料披露，江世俊 1938 年參加日偽漢奸組織「和平救國會」，南京淪陷後又供職於「南京臨時維持會」，為侵華日軍效力。1940 年 3 月，汪精衛偽政府在行政院下設立宣傳部，江世俊出任宣傳部副部長兼社論委員會主任委員，主持偽中央政府宣傳部工作，替侵華日軍在淪陷區進行法西斯洗腦宣傳活動。

正是由於江世俊的高級漢奸身分，江澤民才得以於 1942 年進入偽中央大學，並參加了丁默村開辦的偽中央大學青年幹部培訓班第四期培訓，也成為日偽漢奸。

這次習近平在南京先提「反人類罪」，說「害怕了吧！」，再去「鎮江」，是以「你懂的」方式向外界釋放要對江澤民下重手的信號。

傳江派南京軍區參謀長楊暉被查

另外在 12 月 12 日前後，還發生了幾件與江澤民有關的事。

就在習近平視察南京軍區之際，網上有消息稱，前任總參二部部長、現任南京軍區參謀長楊暉，涉嫌瀆職、貪腐以及徐才厚的問題正接受審查。

據悉，楊暉是江派成員，利用其分管俄羅斯的機會，在江澤民的心腹熊光楷的牽線下與江澤民相識，從此傍上江澤民。在軍中，楊暉與江澤民的另外幾名心腹如由喜貴、賈廷安等稱兄道弟，楊暉和周永康的祕書關係也非常密切。

在薄熙來與周永康落馬之後，當 2014 年 9 月中共軍隊向習近平表態時，楊暉都還隻字不提習近平。有分析說，楊暉之所以敢如此公開挑釁習近平，是因自恃有江澤民等人在背後撐腰。分析表示，習近平在軍隊集體表態效忠下江澤民宣戰，拿下楊暉成為雙方正式交手的第一回合。

習近平要拿土皇帝江澤民的人頭

2013 年 11 月 3 日，中共三中全會前夕，北京天安門發生汽車爆炸案，湖南長沙也爆出至少 5 起機場「詐彈」案，此時，習近平突然出現在湘西「摘柚子」。

據官媒報導，在鳳凰縣廖家橋鎮菖蒲塘村，枝頭掛滿柚子，村民們正在採摘，習近平捧住一個柚子，輕輕一擰就摘了下來。一連摘了兩個，他說：「這是技術活啊。」

習陣營故意把這個細節報導出來，別有用意。湘西歷來出土匪，是江系殘餘勢力的天下，摘下兩個柚子也即要摘下兩個土皇帝的人頭，更宣稱是技術活，寓意很深。

當時薄案審判已結束，中共前政法委書記周永康成為薄案第二季主角。周永康曾掌控中共「第二中央」政法委，被民眾視為名副其實的「土皇帝」；而江澤民退位後因害怕其一手發動的迫害法輪功罪惡會被清算，一直霸權不放，也被稱為是一個真正的「土皇帝」。

2013 年 12 月初，中南海向外界放風稱周永康已經被抓捕。當時引起江派的極度恐慌。2014 年 1 月，江派接連策劃了陳光標紐約逼宮醜劇和「離岸解密」事件，被視為是發出，「要死，大家一起死」的信號。

2014 年 3 月 1 日，江澤民集團又策劃了昆明恐怖襲擊事件，一方面是企圖以殺戮民眾的方式推倒習近平下台，另一方面是想脅迫習近平當局以貪腐名義定罪周永康。

3 月 31 日，《大紀元》接獲來自北京的消息，習近平當局計畫以反人類罪、政變，這二項主要罪來起訴周永康。7 月 29 日，周永康被宣布立案審查。12 月 6 日，中共官方通報，周永康被「開除黨籍」並予以逮捕。

《大紀元》獲悉，習近平已經在中共內部提出，建議判處周永康死刑。

官方報導中也能看出些許端倪。12 月 10 日，中共《人民日報》發文盤點中共歷史 5 個高級「叛徒」均被處死，此被視為官方可能以此暗示周的下場和中共歷史上的那些「叛徒」一樣，將判處周永康死刑。

周永康的核心罪行是政變和活摘法輪功學員器官，其背後是江澤民、曾慶紅、羅幹等江派大佬。習近平藉南京大屠殺強調「反人類罪」，也是在暗示，要嚴懲江澤民。

分析認為，12月12日發生了這麼多事，概括地說，習陣營已經在這天對江澤民宣戰，一場逮捕江澤民的大戲即將開演。

附錄

討江檄文

　　天地涵大德而好生，秋風行霜威以肅殺。非秋刑何以至春榮，立天威旨在育群生。所以往觀歷代，考稽前朝，華胥大治，始於蚩尤之戮；貞觀盛世，起自玄武之誅。乃知天道至大，不包奸邪之罪；地德至廣，不容十逆之徒。今有江氏，水澤之民，奸邪之謂不足稱其惡，十逆之諭不足數其罪，為天地所不容，致人神之共憤，遂乃九州傳檄，以彰天討。

　　江逆澤民，漢奸之後，論其出身，蓋有「二奸」，觀其起家，全賴「二假」。

　　所謂「二奸」者，乃江逆為日、俄間諜之漢奸祕史。日偽年間，江逆從其父往來南京，日就讀南京偽中央大學，夜徜徉秦淮河花光燈影。又入青年幹訓班，受特務之專訓。於是質本愚下，獨精於詐偽，心無長策，偏鑽於陰謀。先有漢奸之名思效力於日寇，後有賣國之實以舔痔於俄國。而後者之尤為駭然驚心者，當屬 1999 年 12 月，以中俄東段邊界土地逾 100 萬平方公里拱手奉予俄人，竭民族未來之資源，斷炎黃子孫之後路。

所謂「二假」者，乃江逆冒名共黨烈士遺孤，謊稱中共地下黨徒，以「假遺孤」全身避禍，以「假黨徒」混跡紅朝。而江逆欺上瞞下，精於偽詐，正與中共邪黨之流氓本性沆瀣一氣，終以無德之器，鬥筲之量，結黨之行，阿諛之能，從九品科長平步青雲，一介江澤小民，官至上海市長。

坊間傳聞，江逆澤民，水族下類，蛤蟆之屬。而其蹲踞上海灘，陰伏黃浦江，可謂先得地利。時至 1989，事逢學運四起，江逆又逞天時，力挺屠城與鄧氏為奸，吐吶戾氣與中共迎合，一鼓作氣，躍出黃浦江，跳進中南海，蛙譟一時，昔日江蛤蟆，變身兒皇帝。嗚呼，千里江山，盡為蟾毒染指；萬姓嗷然，俱沉江底之泥。

1994 年，江逆小試蛤蟆功，上馬三峽工程，截斷長江龍脈。勞民傷財，破壞生態，遺患無窮。如此禍國工程，各地蝦官蟹將，大唱讚歌以悅江逆，爭相效仿以樹政績。不數年間，江河之上，大壩相望，水庫紛立，遂至地震頻發，非旱即澇，天災連年，污染口劇。

1998 年，長江大水，江逆適逢本命年，蠢物再展蛤蟆功。專家意見，置若罔聞，迷信妖人，死守龍脈，力拒分洪，戰天鬥地，五千人轉作澤國之鬼，小洪水竟成百年大災。

江逆巨蠹，不曉治國之術，不通經濟之策，自知無德無才，遂嫉賢而妒能。雖有大權在握，坐鎮紅朝，每覺資歷淺薄不足以服眾，嘗思「文革」故事殺人以立威。

1999 年 7 月，江賊嫉火攻心，迫害法輪功；逆天謗法，詆毀

「真、善、忍」。一時黨媒放毒，喉舌鼓譟，全國蛙聲一片；監獄爆滿，鷹犬遍布，漫天黑雲壓頂。十五載於今，迫害致死者，數以百萬計，其餘慘遭酷刑、強制洗腦、藥物摧殘、非法關押、流離失所、蕩產傾家，種種慘狀，不可計數……嗟我神洲罹浩劫，億萬蒼生盡塗炭。而江逆之毒，更窮凶極惡，活摘器官，毀屍滅跡，慘絕人寰！江逆賊民，罪業滔天，雖萬死不能報其惡；地獄無門，收江鬼豈止十八層。

江賊凶逆，當為神明所殛，而天地共誅。遂有雷霆之下，全球訴江案風起雲湧，討逆呼聲此起彼應；而靈旗所指，正義之士莫不集結，四海英傑紛紛響應，或曰「追查國際」、或曰「全球訴江律師團」、或曰「全球審江大聯盟」……風雲玄感，天地異色。

反觀江逆，死黨羽翼，盡遭剪除，苟延殘喘，坐待天誅。尤以近月以來，江逆軍中左膀徐才厚，削官奪籍，坐守秦城。江逆政法右臂周永康，一人授首，禍及九族。江逆喉舌劉雲山步步告危，江逆耳目曾慶紅已遭軟禁，如今之江逆，形如人彘，境如湯火，惟仰天而待死，歎果報之不虛。

嗟呼，天滅中共大勢已至，孰當霜雪之鋒，討江除逆勢在必行，奮彼雷霆之震！古語云：聽天命而盡人事，善莫大焉。今者，天滅中共，此天命也，討江除逆，此人事也。君子出必有名，動必乘時。於是海內仁人，莫不聽天命以滅共，四方志士，奮力盡人事而討江，遂傳檄四海，以彰天討，爰立泰誓，神人共鑒！

中國大變動系列 **029**

習近平南京(公開)宣戰江澤民

作者：新紀元編輯部。**執行編輯**：王淨文 / 張淑華 / 黃采文。**美術編輯**：吳姿瑤。**出版**：新紀元周刊出版社有限公司。**地址**：香港荃灣白田壩街5-21號嘉力工業中心B座3樓25。**電話**：886-2-2949-3258 (台灣) 852-2730-2380 (香港)。**傳真**：886-2-2949-3250 (台灣) / 852-2399-0060 (香港)。**Email**:mag_service@epochtimes.com。**網址**：www.epochweekly.com。**香港發行**：田園書屋。**地址**：九龍旺角西洋菜街56號2樓。**電話**：852-2394-8863。**台灣發行**：高見文化行銷股份有限公司。**地址**：新北市樹林區佳園路二段70-1號。**電話**：886-2-2668-9005。**規格**：21cm×14.8cm。**國際書號**：ISBN978-988-13131-6-4。**定價**：HK$128 / NT$450。**出版日期**：2015年1月。

新紀元
NEW EPOCH WEEKLY